BIBLIOTHÈQUE ROSE ILLUSTRÉE

LES GRIMPEURS DE ROCHERS

SUITE DU CHASSEUR DE PLANTES

PAR

LE CAPITAINE MAYNE-REID

TRADUIT DE L'ANGLAIS
AVEC L'AUTORISATION DE L'AUTEUR
PAR Mme HENRIETTE LOREAU

PARIS
LIBRAIRIE DE L. HACHETTE ET Cie
BOULEVARD SAINT-GERMAIN, N° 77

PRIX : 2 FRANCS

LES

GRIMPEURS

DE ROCHERS

PARIS. — IMPRIMERIE GÉNÉRALE DE CH. LAHURE
Rue de Fleurus, 9

C'est ici que nous devons vivre, ici que nous devons mourir ! (Page 18.

LES

GRIMPEURS

DE ROCHERS

SUITE DU CHASSEUR DE PLANTES

PAR

LE CAPITAINE MAYNE-REID

TRADUIT DE L'ANGLAIS

AVEC L'AUTORISATION DE L'AUTEUR

PAR Mme HENRIETTE LORCAU

PARIS

LIBRAIRIE DE L. HACHETTE ET Cie

BOULEVARD SAINT-GERMAIN, N° 77

1865

LES

GRIMPEURS

DE ROCHERS.

CHAPITRE I.

L'HIMALAYA.

Qui n'a pas entendu parler des monts Himalaya, de ces masses colossales qui s'interposent entre les plaines brûlantes de l'Inde et les froids plateaux du Thibet, séparant ainsi les deux plus grands États du monde : l'empire des Mongols et celui du fils du Ciel, dont elles constituent la digne frontière? Le moins avancé de vous tous en géographie n'ignore pas que ce sont les plus hautes montagnes du globe, qu'une demi-douzaine au moins de leurs sommets ont une altitude perpendiculaire de plus de cinq milles[1] au-dessus du niveau de

1. Le mille anglais équivaut à 1609 mètres.

l'Océan; qu'il en est plus de trente dont l'élévation dépasse vingt mille pieds anglais, c'est-à-dire six kilomètres; et que leur faîte est couvert de neiges éternelles.

Un géographe habile, un *géognoste* pourrait, à propos de ces montagnes majestueuses, vous apprendre des centaines de faits intéressants; et les pages attrayantes que l'on écrirait sur la faune et la flore de cette région formeraient de nombreux volumes. Mais nous ne pouvons nous occuper ici que des points les plus saillants, dont nous dirons un mot pour que vous puissiez vous faire une idée de la grandeur titanique de ces rocs au front neigeux, qui, déchirant les nues, répandent leur ombre sur le vaste empire de l'Inde, ou paraissent lui sourire.

Les écrivains désignent l'Himalaya sous le nom de chaîne de montagnes; les Espagnols le qualifieraient de *sierra*, comme ils ont fait pour les Cordillères américaines; mais, ici, ni l'un ni l'autre de ces termes n'est exact. La forme de l'Himalaya ne rappelle en rien celle d'une chaîne; l'aire immense, occupée par les montagnes qui le composent, n'a pas moins de deux cent mille milles carrés, ce qui est le triple de la Grande-Bretagne. Ce n'est pas qu'elle soit très-longue : un peu plus seulement de sept ou huit fois sa largeur; la longueur du massif étant d'environ un millier de milles sur une épaisseur qui en maint endroit s'étend sur deux degrés de latitude.

En outre, à partir de l'extrémité occidentale située dans le Caboul, jusqu'aux dernières ondulations qui, à l'orient, vont gagner les bords du Brahmapoutra, il n'y a pas cette continuité qui motiverait la qualification de chaîne. La masse, entre ces deux points, est coupée transversalement, et cela en maint endroit, par des vallées d'une incroyable profondeur, qui servent de chenal à de grandes rivières, et se dirigent souvent du nord au sud, contrairement à la disposition du massif qui paraît se déployer d'occident en orient.

Il est vrai que pour celui qui aborde l'Himalaya des plaines de l'Inde, ces montagnes offrent l'aspect d'une barrière continue ; mais c'est tout simplement une illusion d'optique. Loin de former une chaîne régulière, elles doivent être envisagées comme un agrégat de chaînons courant dans tous les sens, et qui rayonnent vers tous les points de la rose des vents, sur un espace de deux cent mille milles, ainsi que nous l'avons dit plus haut.

Le sol, le climat, et partant les productions de ce groupe colossal, offrent nécessairement la plus grande variété. Aux échelons inférieurs, qui avoisinent les plaines de l'Inde, ainsi que dans les vallées profondes du centre, le caractère de la flore est celui des tropiques, ou à peu près. Les palmiers, les bambous, les fougères arborescentes y acquièrent tout leur développement.

A l'étage supérieur apparaît la végétation de la zone tempérée, que représentent des chênes gigantesques, des châtaigniers, des pins, des noyers, des sycomores. Viennent ensuite les rhododendrons, les bouleaux et les bruyères, que remplacent des pentes et des plateaux couverts de riches herbages. Enfin, s'élevant toujours, on arrive aux *cryptogames*, aux lichens et aux mousses des Alpes, qui s'étendent jusqu'aux neiges perpétuelles, absolument comme on les rencontre aux environs du cercle polaire. Si bien qu'un voyageur qui, des plaines de l'Hindostan, ou du fond des vallées centrales, se dirige vers l'un des sommets de l'Himalaya, traverse en quelques heures tous les climats du globe, et voit successivement des échantillons de toutes les espèces végétales qui sont connues sur terre.

Il ne faut pas croire que ces montagnes soient désertes; elles renferment au contraire des États nombreux, tels que le Bhoutan, le Sikkim, le Ghéroual, le Koumaon, la célèbre vallée de Cachemire et le Népaul, qui est un royaume considérable. Quelques-uns de ces États jouissent de leur indépendance; mais la plupart d'entre eux vivent sous la domination anglaise, ou sont tributaires de la Chine.

Les habitants de ces diverses provinces n'appartiennent pas à la même race, et diffèrent beaucoup des populations de l'Inde. Vers l'est, dans le Bhoutan et le Sikkim, ils sont principalement d'origine mongole; et par leurs coutumes et leurs manières, ils se rapprochent des Thibétains, dont ils pratiquent la religion, qui est celle du Grand Lama. Dans la partie occidentale, on rencontre un mélange de montagnards Gourkas, de Sikhs de Lahore, d'Hindous arrivés du Sud, de mahométans sortis de l'ancien empire mongol; d'où il résulte qu'on y trouve en plein exercice les trois grandes religions de l'Asie, qui sont le mahométisme, le boudhisme et le brahmanisme.

Toutefois la population est très-restreinte, comparativement à la superficie du territoire qui la renferme. Il existe dans l'Himalaya des milliers de milles carrés où n'habite point un seul homme, où jamais un foyer n'envoie sa fumée dans l'air. On y trouve d'immenses régions, surtout près des neiges, que pas un être humain n'a parcourues, ou qui ne l'ont été que bien rarement par des chasseurs aventureux.

D'autres endroits sont complétement inaccessibles; je n'ai pas besoin de vous dire que les pics les plus élevés, tels que le Choumoulari, le Kinchindjounga, le Donkia, le Dawalghiri, et leurs pareils, défient les plus audacieux grimpeurs. Je ne sais pas si jamais quelqu'un est monté à plus de huit kilomètres au-dessus du niveau de l'Océan; il est même probable qu'à cette hauteur la vie animale s'éteint, en raison du froid qui est extrême, et de la raréfaction de l'air.

Bien que l'Himalaya ait été connu dès les temps les plus reculés, puisque c'est l'*Imaüs* et l'*Emodus* des anciens, nous n'avons eu en Europe de données précises à son égard que dans le siècle où nous sommes. Les Portugais et les Hollandais, qui furent les premiers colons européens des Indes orientales, nous en ont dit peu de chose; et les Anglais, eux-mêmes, ont été longtemps avant d'en rien écrire. Des récits exagérés sur le caractère hostile et cruel des Himalayens, principalement des Gourkas, avaient empêché les explorations particulières. A peine avait-on quelques ouvrages concernant presque tous la partie occidentale du massif; ils n'offraient qu'un intérêt bien mince, en raison du peu de savoir de leurs auteurs; et cette vaste région était restée jusqu'à nos jours presque une terre inconnue.

Toutefois nous avons acquis dans ces dernières années de précieux renseignements sur cette portion du globe. Royle et Hooker, attirés par la magnificence de la flore himalayenne, nous ont ouvert ce nouveau monde végétal. Le zoologiste, également séduit par la faune variée de cette région intéressante, nous a fait connaître de nouvelles formes animales, dont Hodgson et Wallich ont été les historiens; et c'est tout au plus si notre dette est moins grande envers les chasseurs, tels que Markham, Dunlop et Wilson, qui nous ont enrichis de leurs découvertes.

Mais à ces noms devenus fameux par l'éclat des ouvrages qu'ils ont signés, il convient d'en ajouter d'autres qui sont demeurés inconnus. L'utile voyageur commissionné par le pépiniériste, l'humble chasseur de plantes, a dirigé ses pas vers les monts Himalaya; il a pénétré dans leurs gorges les plus lointaines, a gravi leurs flancs abruptes, suivi la lisière de leurs neiges permanentes.

Pour vous apporter une fleur nouvelle, un nouveau feuillage, il a traversé des eaux fangeuses, bravé des torrents furieux, oublié l'avalanche, escaladé les rocs, franchi les glaciers aux crevasses effroyables; et bien que ses recherches méritantes ne soient point inscrites dans les livres, il n'en a pas moins contribué à nous faire connaître cette grande zone montagneuse. L'histoire de ses découvertes peut être lue dans nos jardins : le rhododendron, le magnolia, le déodora nous la répètent. On la retrouve dans les fleurs excentriques de l'orchis, dans la forme curieuse du pandanus et dans les racines et les fruits destinés à paraître sur nos tables.

Nous avons raconté les périls d'une humble expédition de ce genre, et nous continuons aujourd'hui l'histoire du jeune voyageur qui l'avait entreprise au compte d'un marchand de graines bien connu dans la métropole du monde.

CHAPITRE II.

LE CHOUMOULARI.

La scène de notre histoire est, on se le rappelle, au cœur même de l'Himalaya, dans la partie de la montagne que les Anglais ont le moins explorée, bien qu'elle ne soit pas la plus éloignée de Calcutta, cette capitale de l'Inde anglaise.

On peut trouver le point qui nous occupe, au nord de cette grande ville, dans la région himalayenne qu'embrasse l'immense courbe décrite par le Brahmapoutra. C'est bien littéralement un point, quand on compare son étendue à celle du vaste désert qui l'environne ; un désert froid et désolé : des glaciers étincelants, des crêtes arides, des pics neigeux qui se dressent au-dessus les uns des autres, ou s'amoncellent en désordre comme les nuages à l'horizon.

Au milieu de ce chaos de rochers, de glace et de neige, le Choumoulari s'élève, drapé de blanc, comme il convient à son caractère sacré. Autour de lui apparaissent, sous d'autres formes, ses acolytes et ses serviteurs, montagnes d'une moindre stature; mais néanmoins puissantes, et comme lui revêtues de la robe sans tache.

Si vous étiez à la cime du Choumoulari, vous auriez sous les yeux, à des milliers de mètres au-dessous de vos pieds, l'arène où se passent les divers incidents de notre histoire; c'est-à-dire une sorte d'amphithéâtre, qui ne diffère d'une salle de spectacle que par le petit nombre des personnages du drame et l'absence complète de spectateurs.

En abaissant vos regards sur les monts qui entourent le Choumoulari, vous apercevriez une vallée d'un caractère si étrange, qu'elle fixerait tout d'abord votre attention. Vous remarqueriez, au premier coup d'œil, que sa forme est une ellipse régulière, et qu'au lieu d'être close par des pentes plus ou moins inclinées, elle a pour enceinte une falaise à peu près verticale, dont la ligne paraît être continue. Cette muraille, d'un granit de couleur sombre, n'a pas moins de plusieurs centaines de pieds de hauteur, à partir du fond de la vallée. Si vous étiez dans la belle saison, vous pourriez voir derrière cet ourlet de granit se dresser les flancs brunis de la montagne; double enceinte couronnée par un cercle de pitons et de crêtes déchiquetées qui, dominant la ligne des neiges, gardent toujours le manteau d'un blanc pur qui leur est tombé du ciel.

Votre œil après avoir reconnu ces détails, qu'il aurait saisis du premier regard, plongerait alors dans le vallon et s'y trouverait fixé par la singularité de la scène et le charme du tableau, dont la douceur forme un contraste si frappant avec le rude horizon qui l'encadre.

La forme de ce vallon elliptique vous ferait penser au cratère d'un volcan ; mais au lieu des scories sulfureuses que l'on pourrait s'attendre à voir joncher la base de la falaise, vous contempleriez un paysage verdoyant, d'une grâce souriante, des bouquets d'arbres et des taillis, entremêlés de clairières pareilles aux pelouses d'un parc; enfin, çà et là, un monceau de rocailles que l'on croirait être fait de main d'homme, et que l'on prendrait pour un objet décoratif.

Au pied de la falaise se déroule une ceinture d'arbres forestiers d'un vert sombre; tandis que le milieu du bassin est occupé par un lac transparent, dont la surface argentée réfléchit, à une certaine heure du jour, une portion de la cime du Choumoulari.

Avec une bonne lunette d'approche, vous distingueriez les quadrupèdes de différente espèce qui vaguent dans les clairières, les oiseaux nombreux qui volent d'un arbre à l'autre, ou qui folâtrent à la surface du lac.

Vous chercheriez le manoir, et votre œil plongerait dans les massifs pour y voir les cheminées et les tourelles percer à travers le feuillage ; mais votre attente serait déçue.

D'un côté du vallon, près de la muraille d'enceinte, vous découvririez une vapeur blanche qui s'élève de la terre ; toutefois ce serait une erreur que de la prendre pour de la fumée ; c'est tout bonnement un léger brouillard, planant au-dessus d'une eau chaude qui sort du roc en bouillonnant, forme une petite rivière pareille à un ruban d'acier, et va tomber dans le lac qu'elle unit à sa source.

La vue de ce lieu charmant fait naître en vous le désir de l'explorer. Vous suivez la pente du Choumoulari; et, traversant avec efforts le labyrinthe montagneux qui l'entoure, vous gagnez la lisière du précipice qui forme l'enceinte du vallon; mais, arrivés là, vous vous arrêtez forcément : aucun sentier ne conduit au bas de la falaise, et si vous avez toujours à cœur de vous approcher de ce lac qui vous attire, vous n'y arriverez qu'au moyen d'une échelle de corde ayant une centaine de mètres.

Les camarades aidant, cela n'a rien d'impossible; mais une fois dans la vallée, vous ne pouvez plus en sortir qu'avec ladite échelle.

Vous apercevez en face de vous une brèche dans la muraille ; et vous croyez n'avoir qu'à la rejoindre pour gagner l'autre versant de la montagne.

On arrive aisément à cette brèche par une côte peu rapide; mais après l'avoir franchie, on se trouve dans une gorge, fermée sur les deux rives par une falaise non moins haute que celle du vallon.

Un glacier occupe la première partie de la gorge, et vous offre un passage ; mais, à moitié chemin, vous rencontrez cet abîme de cent pieds d'ouverture dont vous avez gardé le souvenir. Impossible d'aller plus loin, à moins de jeter un pont sur le gouffre ; et, quand vous y seriez parvenu, vous trouveriez plus bas de nouvelles crevasses plus profondes et plus larges.

Revenant alors sur vos pas, afin d'examiner l'étrange vallon, vous y verriez des arbres de toute espèce, des oiseaux, des quadrupèdes, des insectes variés et nombreux, toutes les formes de la vie animale, excepté l'homme.

Si néanmoins vous n'apercevez pas les maîtres de la vallée, vous en découvrez les traces. Appuyée contre la falaise, près de la source d'eau chaude, est une cabane grossière, construite avec des quartiers de roche qu'on a cimentés avec de la vase.

Entrez dans cette cabane, vous n'y trouverez personne : elle est froide et vide. Pour unique mobilier, des couchettes de pierre, recouvertes de grandes herbes sur lesquelles on a dormi; et deux ou trois blocs de granit où l'on a dû s'asseoir. Quelques morceaux de cuir sont pendus à la muraille; et les os, dont le sol est jonché, permettent de voir quelle fut la nourriture des habitants de la cabane : il est évident que ces hommes étaient chasseurs.

Qu'ils aient pénétré dans ce vallon, cela n'a rien qui vous surprenne, puisque vous-même vous y êtes descendu. Peut-être, d'ailleurs, savez-vous leur histoire. Quant à leur sortie, elle a dû s'effectuer avec une échelle.

Cette explication toute naturelle pourrait vous satisfaire, sans une circonstance dont vous êtes frappé. En examinant la falaise, un détail singulier arrête vos regards : une ligne, ou pour mieux dire une série de lignes dentelées part du pied de la montagne, et se prolonge verticalement. Lorsqu'on approche de ces lignes, on reconnaît que ce sont des échelles; la première, qui est posée sur le sol, gagne une espèce de corniche où s'appuie la deuxième échelle, qui va rejoindre une seconde tablette; et ainsi de suite jusqu'à la demi-douzaine.

A première vue, il semblerait que les anciens propriétaires de la hutte ont recouvré la liberté par ce moyen; et j'en serais persuadé si les échelles atteignaient le faîte de la muraille. Mais une distance qui aurait exigé deux ou trois fois la longueur des échelles précédentes sépare le dernier échelon du haut de la falaise, et n'a pu être franchie avec celles que nous avons sous les yeux. Il n'est pas probable que les dernières aient été reprises par les fugitifs; et si le vent les avait fait choir, elles seraient dans la vallée, où nous les retrouverions.

Toutefois le caractère même de la tentative démontre que ceux qui l'ont faite se trouvaient dans une situation désespérée. Vous verrez en outre, par une complète exploration des lieux, qu'il n'y avait aucun moyen d'en sortir, du moins en apparence; et rien ne prouve que les habitants de la cabane aient pu s'échapper de leur étrange prison. Nous ne pouvons donc faire que des conjectures au sujet des malheureux qui ont habité ce coin perdu. Mais les pages suivantes nous apprendront ce qu'il faut penser à leur égard

CHAPITRE III.

LES HÉROS DE NOTRE HISTOIRE.

Ceux qui ont lu le chasseur de plantes se rappellent qu'un étudiant allemand, du nom de Karl Linden, ayant pris part aux luttes révolutionnaires de 1848, avait été envoyé en exil, et s'était réfugié à Londres. Ainsi que presque tous les exilés, Karl était dépourvu d'argent; mais au lieu de rester oisif, il chercha du travail, et ne tarda pas à obtenir un emploi dans une de ces magnifiques pépinières que l'on rencontre dans les faubourgs de Londres. Le chef de l'établissement était un de ces hommes remplis d'ardeur, et qui ont l'amour des grandes entreprises. Il ne se bornait pas à cultiver les végétaux introduits dans nos jardins et dans nos serres; il entretenait des voyageurs dans toutes les parties du monde pour découvrir quelque fleur nouvelle, un arbre ou un fruit que nous n'avions pas encore.

Ces émissaires, qu'on peut avec raison nommer chasseurs de plantes, parcourent sans cesse les régions les plus sauvages du globe, telles que les sombres forêts qui bordent l'Amazone, l'Orénoque et l'Orégon, les jungles pestilentielles des Indes, les contrées brûlantes de l'Afrique, ou les archipels de l'extrême Orient; bref, tous les pays inexplorés qui leur offrent en perspective quelque trésor végétal.

L'exploration du Sikkim par le savant botaniste Hooker, relatée dans des ouvrages qui ne le cèdent pas à ceux de l'illustre Humboldt, avait fait comprendre les richesses florales de l'Himalaya. C'est alors que l'habile pépiniériste, chez qui travaillait Karl Linden, frappé des connaissances botaniques de celui-ci, éleva le jeune ouvrier au grade de chasseur de plantes, et l'envoya explorer les montagnes du Thibet.

Accompagné de son frère Gaspard, le voyageur se rendit au Bengale, d'où il s'éloigna bientôt pour se diriger vers le Nord, et gagner l'Himalaya.

Il avait pris pour guide un Shikarri célèbre, c'est-à-dire un chasseur hindou, qu'on appelait Ossaro, et qui à lui seul composait la suite des deux frères.

N'oublions pas toutefois un grand chien, de l'espèce avec laquelle on chasse le sanglier, une forte bête que Linden avait amenée d'Europe, et qui répondait au nom de Fritz.

Inutile de raconter de nouveau ce qui advint à nos amis durant le voyage; nous l'avons dit ailleurs. Qu'il nous suffise de rappeler qu'en poursuivant un chevrotain porte-musc, joli petit animal d'une agilité sans pareille, ils s'étaient engagés dans un ravin où se trouvait un de ces glaciers qui abondent dans le haut Himalaya, et que ce ravin les avait conduits à la charmante vallée que nous venons de décrire.

Cette vallée singulière, n'ayant pas d'autre issue que la brèche par laquelle on y arrivait, les trois voyageurs avaient repris le chemin de la ravine, quand ils découvrirent à leur grande consternation qu'une fente du glacier, dont ils avaient franchi l'ouverture à la suite du porte-musc, s'était élargie pendant leur absence et rendait leur sortie impossible.

Ils avaient essayé de construire un pont, étaient parvenus à réunir plusieurs pins de manière à s'en faire une passerelle, et avaient traversé la crevasse, mais pour en trouver d'autres que nul moyen ne leur permettait de franchir.

Contraints d'abandonner leur projet, nos amis étaient rentrés dans la vallée, qui, malgré ses charmes, leur était devenue odieuse depuis qu'elle était pour eux une prison.

Une foule d'aventures n'avaient pas tardé à leur arriver. Tout d'abord ils avaient découvert un petit troupeau d'yaks, ou bœufs grognants, qui habitaient la vallée, et qui avaient fait pendant quelque temps la base de leur alimentation.

Il s'en était fallu de bien peu que le pauvre Gaspard, qui, moins âgé que son frère, n'en était pas moins plus habile tireur que Charles, ne fût tué par le chef de cette famille d'yaks, un vieux taureau dont notre chasseur eut enfin raison.

Ossaro avait failli être dévoré par une meute de chiens sauvages, qu'il avait tués ensuite; et il avait bien

L'ours lui-même s'était réfugié dans une caverne. (Page 19.)

manqué d'être englouti par un sable mouvant, où il avait enfoncé pendant qu'il était à la pêche.

Karl n'avait pas couru moins de dangers; il avait été poursuivi par un ours qui l'avait contraint à une descente périlleuse; tandis que l'ours lui-même s'était réfugié dans une caverne, où nos chasseurs avaient fini par le tuer, avec l'assistance de Fritz.

Malgré cette victoire, nos amis avaient été bien près de leur perte; non pas que cet ours les eût mis personnellement en péril; mais ils s'étaient perdus dans la caverne où ils l'avaient chassé : un labyrinthe dont ils ne purent sortir qu'après avoir fait du feu avec la crosse de leurs fusils, et fabriqué des chandelles avec la graisse de l'ours, chandelles qui leur permirent de retrouver leur chemin.

Cette aventure fit reconnaître à nos chasseurs les énormes dimensions de la grotte où l'animal s'était réfugié; et dans l'espoir que l'une de ses galeries traversait la montagne, et pouvait leur offrir une issue, ils fabriquèrent des torches et se mirent à explorer la caverne d'un bout à l'autre. Malheureusement ils acquirent la certitude qu'elle n'avait pas de communication avec le dehors, et ils durent renoncer à leur espérance.

C'est à partir de ce moment que nous reprenons le récit des tentatives que les captifs ont faites pour recouvrer leur liberté, alors qu'ils eurent acquis la conviction que le seul moyen d'y parvenir était d'escalader la muraille qui les emprisonnait.

CHAPITRE IV.

RETOUR A LA CABANE.

Sortis de la caverne après leurs recherches inutiles, les trois amis allèrent s'asseoir sur des rochers, vis-à-vis de la falaise, et restèrent silencieux. Leurs regards exprimaient un profond découragement; une même pensée traversait leur esprit : ils se voyaient retranchés du monde, et se disaient, qu'à l'exception des leurs, ils n'apercevraient plus une seule figure humaine.

Gaspard fut le premier qui exprima cette pensée douloureuse.

« Quel terrible sort! dit-il d'une voix gémissante. Il nous faudra vivre et mourir ici, loin de tout ce que nous aimons, loin du reste des hommes; vivre seuls, entièrement seuls!

— Non, répondit Karl, profondément ému; non Gaspard, nous ne sommes pas seuls; Dieu est avec nous; qu'il soit notre univers. »

Bien qu'au fond de sa conscience le pauvre Gaspard

reconnût la justesse de ces paroles, il n'en fut pas moins désolé. Son frère les avait dites sans conviction; il était facile de le voir. La force de Karl était feinte; et la peine qu'il se donnait pour dissimuler sa tristesse faisait d'autant mieux comprendre qu'il avait peu d'espoir.

Gaspard ne répondit rien aux paroles de son frère. Quant à Ossaro, il secoua la tête, et sous l'inspiration du fatalisme oriental : « Si le grand Sahib qui est au ciel, dit-il, veut que nous sortions d'ici, nous en partirons; s'il ne le veut pas, nous y resterons toujours. »

Bien qu'inspirés par une foi profonde, ces mots ne contribuèrent point à relever le courage des trois captifs ; et ils retombèrent dans un morne silence.

Toutefois, si Gaspard et Ossaro paraissaient accablés par cette nouvelle déception, Karl semblait moins disposé à perdre toute espérance; et tandis que les deux premiers s'abandonnaient à leur chagrin, il combinait évidemment quelque nouvelle entreprise.

Ses compagnons finirent par s'en apercevoir; mais ni l'un ni l'autre ne voulut troubler sa rêverie, supposant bien qu'ils ne tarderaient pas à connaître sa pensée.

Effectivement, quelques minutes après Karl rompit le silence, et d'une voix encourageante: « Allons! dit-il, ne cédons pas au désespoir; il sera temps de nous désoler quand nous n'aurons plus de chances de salut, et il nous en reste encore. Vous savez quel était mon projet lorsque je gagnai la saillie de la falaise où j'ai trouvé la caverne, et l'ours qui l'habitait. Je pensais alors que si nous rencontrions une série de corniches, s'étageant audessus les unes des autres, nous pourrions y placer des échelles, et par ce moyen escalader la muraille. Nous avons justement en face de nous ces tablettes successives ; malheureusement, au-dessus de la dernière que nous puissions atteindre est un espace de soixante à soixante-dix pieds qu'il est impossible de franchir. Nous ne pouvons pas faire une échelle de cette dimension ; et d'ailleurs comment la hisser jusque-là? Il n'y a donc pas moyen d'escalader la falaise.

— Qui sait! reprit Gaspard ; il y a peut-être un endroit où les saillies de la muraille sont moins éloignées les unes des autres ; les as-tu examinées sur tous les points?

— Non, repondit Karl ; je n'ai étudié que celle où j'ai rencontré l'ours. Depuis lors nos aventures avec ledit animal, ainsi que notre exploration de la caverne ont pris tout notre temps, et m'ont fait oublier ce projet d'échelles. Mais on peut y revenir. La première chose à faire est de chercher un endroit où l'escalade soit plus facile ; nous nous y mettrons dès demain matin ; pour ce soir il est trop tard ; le jour baisse, et la lumière nous est indispensable. Retournons au logis, prenons quelque chose, et endormons-nous après avoir prié Dieu pour le succès de l'entreprise. Nous nous lèverons mieux disposés, et nous commencerons nos recherches. »

Ces paroles ne soulevèrent aucune objection de la part des auditeurs. Bien au contraire, en entendant parler de souper, Gaspard et Ossaro, qui avaient grand faim, se levèrent avec une vivacité remarquable ; et le frère aîné, prenant la tête, ils le suivirent, ayant derrière eux le bon Fritz qui les suivait à son tour.

Arrivés à la maison, ils préparèrent le souper et lui trouvèrent ce zest incomparable que la faim donne toujours, même aux aliments les plus grossiers. Puis ayant accompli la dernière partie du programme, c'est-à-dire élevé leur cœur à Dieu en priant pour la journée du lendemain, les trois amis allèrent s'étendre sur l'herbe qui leur servait de matelas, et s'endormirent avec de nouvelles espérances.

CHAPITRE V.

UN VISITEUR NOCTURNE.

Ils dormaient déjà depuis quelques heures, lorsqu'ils furent réveillés tout à coup par les aboiements de Fritz.

Pendant la nuit, ce fidèle compagnon habitait la cabane, où lui aussi avait un lit d'herbe sèche. Entendait-il un bruit inaccoutumé, il s'élançait au dehors, faisait sa ronde en grondant; et après s'être assuré qu'il n'y avait pas d'ennemi dans le voisinage, il revenait paisiblement au gîte.

Ce n'était pas un chien d'humeur bruyante; il avait vu trop de choses, avait acquis trop de sagesse pour gaspiller son haleine en paroles inutiles, et ce n'était que dans les grandes occasions qu'il condescendait à se faire entendre. Mais en pareil cas sa voix prenait des accents terribles.

Dans la circonstance dont nous parlons, et qui se produisait vers minuit, les trois dormeurs furent réveillés par les hurlements de Fritz, hurlements qui remplissaient toute la vallée, et qui, multipliés par l'écho, semblaient être continus. Après avoir jeté son cri d'avertissement, il s'était précipité hors de la cabane; et c'était des bords du lac, ou à peu près, que sa voix paraissait venir.

« Qu'est-ce que cela peut être? se demandèrent ceux qu'il avait réveillés.

— Quelque chose qui lui fait peur, dit Gaspard, à qui la nature de Fritz était plus familière qu'aux deux autres. Jamais il n'aboie de la sorte après un animal dont il sait avoir raison. Il faut que ce soit un ennemi qui l'effraye. Si le vieux taureau n'était pas mort, je supposerais que c'est lui qui est le sujet de son inquiétude.

— Il peut y avoir des tigres dans ce vallon, répondit Karl; je n'y avais pas encore songé; mais rien n'est plus probable. On croit en général que le tigre habite exclusivement la région des tropiques; c'est une erreur; le tigre du Bengale remonte vers le nord, au moins jusqu'au parallèle de Londres; il a été vu sur les bords de l'Amour, par cinquante degrés de latitude.

— Miséricorde! s'écria Gaspard, tu as raison; et notre cabane qui n'a pas même de porte! Si par malheur.... »

Des sons étranges qui faisaient chorus avec les abois de Fritz interrompirent brusquement l'hypothèse du jeune homme.

Cette voix particulière se rapprochait du son de la trompette; seulement le diapason en était plus aigu, et la note plus perçante; elle avait en effet plus du timbre criard de la trompette d'un sou que des notes vibrantes du clairon; et cependant elle inspirait la terreur.

Fritz l'avait éprouvé lui-même; car à peine l'avait-il

entendue qu'il était revenu dans la cabane avec autant d'effroi que s'il avait été poursuivi par une légion de taureaux; et bien qu'il continuât d'aboyer avec fureur, il ne paraissait nullement disposé à quitter la maison.

Au même instant le bruit singulier retentit près de la hutte; quelque chose entre un sifflement et un cri; mais d'autant plus terrible que l'être qui le proférait, que ce fût un oiseau, un quadrupède ou un homme, était dans le voisinage, et continuait d'approcher.

Des trois individus qui se trouvaient dans la cabane, un seul avait eu l'occasion d'entendre cette voix particulière; c'était Ossaro, le vieux Shikarri. Il savait à merveille à qui appartenait l'instrument qui venait de retentir; mais la surprise, aussi bien que la terreur, l'empêcha tout d'abord d'en faire part à ses compagnons.

« Par les roues du char de Jaggernaut! murmura-t-il enfin; mais non, cela ne peut pas être; c'est impossible. Comment serait-il ici?

— Qui donc! s'écrièrent à la fois Karl et Gaspard.

— C'est lui, c'est lui! Voyez plutôt reprit l'Hindou qui étranglait de frayeur. Nous allons mourir.... c'est le Dieu tout-puissant, le Dieu terrible. »

Le pâle reflet de la lune qui brillait au dehors éclairait seul la cabane; mais il n'y avait pas besoin de lumière pour savoir combien était grande la frayeur du Shikarri. Ses compagnons pouvaient juger par le point d'où venait ses paroles qu'il s'était vivement retiré au fond de la case, tandis que sa voix étouffée les suppliait de se taire..

Karl et Gaspard, sans connaître le danger qui les me-

La pelouse fut couverte d'une ombre épaisse. (Page 29.)

naçait, obéirent à cette injonction pressante et demeurèrent immobiles et silencieux.

Bientôt les sons étranges frappèrent de nouveau leurs oreilles, et cette fois comme si l'instrument qui les produisait avait pénétré dans la cabane.

Au même instant la pelouse qui s'étendait devant la porte, et qui resplendissait à la clarté de la lune, fut couverte d'une ombre aussi épaisse que si la reine des nuits eût disparu derrière le plus noir des nuages. Cependant on la voyait briller un peu plus loin ; ce n'était donc pas elle qui tout à coup s'était voilée.

Karl et Gaspard s'imaginaient d'ailleurs que cette ombre était mouvante ; puis elle devint fixe, et ils crurent apercevoir à l'entrée de la cabane un corps gigantesque, soutenu par des membres énormes. A vrai dire leur effroi, bien qu'il provînt d'une autre source, égalait presque celui d'Ossaro, et pouvait leur troubler la vue.

Fritz n'était pas le moins terrifié des quatre ; la frayeur produisait sur lui le même effet que sur l'Hindou ; et tapi dans un coin, il s'y tenait immobile dans un mutisme complet.

Cet effroi silencieux parut influer sur l'objet qui le faisait naître ; car après avoir sonné une dernière fanfare, il se retira sans bruit, comme s'il n'avait été qu'une ombre.

Mais Gaspard éprouvait une curiosité trop vive pour qu'elle fût plus longtemps dominée par la crainte. Aussitôt que l'étrange apparition se fut évanouie, il se glissa hors de la cabane ; son frère ne tarda pas à le suivre ; et l'Hindou lui-même se hasarda à sortir de son coin.

Une masse informe et obscure, ayant l'aspect d'un quadrupède, mais d'une taille colossale, se dirigeait du côté du lac. Elle s'éloignait lentement ; son allure était majestueuse ; et ne pouvait pas être celle d'une ombre ; car au moment où le colosse traversa la petite rivière, on entendit le flic flac de ses pas, et l'on vit des remous se dessiner à la surface de l'eau.

« Sahibs, murmura le Shikarri d'une voix mystérieuse, c'est l'un ou l'autre : ou le dieu Brahma, ou bien....

— Quoi ? demanda Gaspard.

— Un vieux *rogue*[1]. »

1. Rogue, coquin, scélérat, esprit mauvais ou malin.

CHAPITRE VI.

QUELQUES MOTS SUR LES ÉLÉPHANTS.

« Un vieux rogue? s'écria Gaspard ; que veux-tu dire Ossaro?

— N'est-ce pas ainsi répliqua l'Hindou, que vous appelez les vieux éléphants qui vivent tout seuls, et n'ont plus de rapports avec les autres?

— Ah! reprirent les deux frères, enchantés de cette explication toute naturelle, ah! c'est un éléphant!

— La chose en avait l'air, dit Gaspard; mais comment cet animal a-t-il pu venir ici? »

L'Hindou ne répondit rien. Il était lui-même fort intrigué par la visite du pachyderme[1], et se figurait toujours que c'était l'une ou l'autre des trois personnes de la trinité de Brahma qui avait pris cette forme pour leur

1. Mot qui signifie cuir épais, et qui est le nom d'une famille d'animaux très-variés parmi lesquels se trouve l'éléphant.
(*Note du traducteur.*)

apparaître. Aussi ne faisait-il aucun effort pour trouver le mot de l'énigme.

« Après tout, dit Karl d'un air pensif, il a pu venir des parties inférieures de la montagne.

— Mais comment a-t-il pénétré dans cette vallée? redemanda Gaspard.

— Comme nous l'avons fait nous-mêmes, répondit Karl ; en suivant la gorge, puis en remontant le glacier.

— Et la crevasse! reprit Gaspard; il ne serait pas plus difficile à un éléphant de s'envoler que de la franchir; tu l'oublies donc?

— Certes non, reprit Karl; mais je n'ai pas dit qu'il l'eût traversée.

— Alors tu supposes qu'il est venu ici avant nous.

— Précisément, poursuivit le chasseur de plantes; il n'y a pas d'autre moyen d'expliquer le fait. La seule chose qui m'étonne c'est que nous ayons pu arriver jusqu'à présent sans découvrir la trace d'un pareil animal. Toi, Gaspard, qui vas et viens plus que nous, as-tu jamais vu dans tes courses quelque chose qui ressemblât à la piste d'un éléphant?

— Non, dit Gaspard; et je n'y ai jamais pensé; qui songerait à rencontrer un de ces colosses à une pareille hauteur? on ne s'imagine pas que des créatures aussi peu ingambes soient capables de gravir une montagne.

— Voilà comme on se trompe, dit le botaniste; quelque singulier que cela paraisse, l'éléphant est un merveilleux grimpeur; et de tous les endroits où l'homme a pénétré, il en est bien peu qu'il ne puisse atteindre. Dans l'île de Ceylan, par exemple, on trouve des éléphants sauvages à la cime du Pic d'Adam, qui soumet à une rude épreuve les voyageurs les plus alertes. Il ne serait donc pas surprenant d'en rencontrer ici ; je peux même dire, qu'il y en a ; puisque la visite que nous venons d'avoir est celle d'un éléphant. Il aura franchi le glacier à l'époque où il y avait, au-dessus de l'abîme, cette roche qui nous a servi de pont, et qu'il a pu escalader comme nous. Peut-être, même, est-il arrivé ici avant que la crevasse existât ; il pourrait y avoir passé toute sa vie ; c'est-à-dire plus d'un siècle.

— Je croyais, dit Gaspard, que les éléphants ne se rencontraient que dans les plaines des tropiques, où la température est chaude, et la végétation luxuriante.

— C'est encore une erreur, et qui est généralement admise, reprit le naturaliste. Mais bien loin d'affectionner les plaines tropicales, l'éléphant habite de préférence les lieux élevés, et gravit les montagnes chaque fois qu'il en trouve l'occasion. Il recherche un climat frais, où il est moins exposé aux persécutions des insectes, qui malgré l'épaisseur de sa peau lui causent de vives souffrances. De même que pour le tigre, la région des tropiques ne forme nullement son habitat exclusif ; il peut vivre et prospérer à une assez grande élévation pour qu'il n'y fasse pas chaud ; ou dans les hautes latitudes de la zone tempérée. »

Karl, néanmoins, exprima de nouveau son étonnement de n'avoir jamais aperçu aucun vestige de la présence du colosse, qui devait être leur voisin depuis qu'ils habitaient la vallée. Son frère partageait sa surprise ; quant à Ossaro, il persistait dans cette croyance que la créature qu'il avait entrevue n'était pas de ce monde; mais une apparition divine de Brahma ou de Vishnou.

Sans essayer de combattre cette idée absurde, Karl et Gaspard cherchèrent à deviner comment il s'était fait qu'ils n'eussent pas rencontré plutôt leur énorme voisin.

« Après tout, dit le plus jeune des deux, cela n'a rien de si étrange. Il y a dans ce bassin une foule d'endroits que nous n'avons pas visités; cette forêt ténébreuse, par exemple, qui est à l'autre bout de la vallée, nous est à peu près inconnue. Excepté au commencement de notre séjour, où nous avons poursuivi un cerf qui nous a menés de ce côté-là; et, plus tard, quand nous avons examiné la falaise, nous n'y avons mis les pieds ni l'un ni l'autre. Pour moi je n'en ai pas même approché, car c'est au bord du lac, et dans les terrains qui l'avoisinent, que j'ai toujours trouvé mon gibier. Il est possible que notre éléphant habite ces bois et n'en sorte que la nuit. Quant à ses traces, elles doivent être nombreuses; mais comme je le disais tout à l'heure, je n'y ai pas pris garde; nous avons été si occupés, d'abord à faire notre passerelle, ensuite à explorer la caverne, que je n'ai pas songé à autre chose. »

Rien de plus vrai que cette remarque; les pas de l'énorme bête avaient pu échapper également au botaniste et à l'Hindou; car depuis qu'ils étaient dans ce bassin les trois captifs ne s'étaient préoccupés que des moyens d'en sortir, et n'avaient fait attention à rien de ce qui ne tendait pas vers ce but.

Gaspard lui-même, dans ses chasses qui avaient été

peu nombreuses, n'avait pas parcouru la moitié de la vallée. Trois ou quatre jours lui avaient suffi pour se procurer une énorme quantité de venaison; et grâce à l'Hindou, qui avait boucané toute cette viande avec soin, la nourriture quotidienne était assurée pour longtemps.

Ce n'était que dans les grandes occasions qu'ils recouraient à leurs fusils pour avoir de la chair fraîche : soit une paire de canards sauvages, ou l'un de ces menus gibiers qui se trouvaient chaque matin à cent pas de la cabane. Dès lors il n'y avait rien d'impossible à ce qu'un éléphant séjournât dans la partie inconnue de la vallée, sans avoir été aperçu de Gaspard ni de ses deux compagnons.

Il y avait plus d'une heure que les trois amis se perdaient en conjectures, lorsqu'ils supposèrent que, ne s'étant pas fait entendre depuis le commencement de leur entretien, l'éléphant ne reparaîtrait pas de la nuit. Cette supposition leur ayant rendu la confiance, ils se rendormirent tous les trois; mais non sans avoir décidé qu'à l'avenir ils surveilleraient activement le dangereux voisin qui venait de se révéler d'une manière si imprévue.

CHAPITRE VII.

RÉPARATION DES ARMES.

Le lendemain matin, réveillés avant l'aube, nos trois amis sortirent dès le point du jour. Karl et Gaspard étaient pressés de reconnaître la piste de l'éléphant, dont Ossaro penchait encore à nier l'existence. Il faut avouer que l'animal avait disparu avec tant de mystère, que sans les trois ou quatre coups de sifflet qu'ils avaient entendus, nos jeunes gens auraient pu croire qu'ils avaient rêvé.

Mais un pareil colosse n'avait pas pu bouger sans laisser quelque trace ; et comme il avait franchi la rivière à l'endroit où elle se jette dans le lac, on devait y retrouver la marque de ses pas.

Ce fut donc vers l'embouchure du ruisseau que nos trois amis se dirigèrent, dès les premières lueurs du jour.

Impossible d'avoir le moindre doute à l'égard de leur visiteur. D'énormes empreintes de la dimension d'un boisseau[1], étaient gravées dans le sable qui bordait la rivière, et l'on voyait des marques semblables en travers du détroit, ainsi que nos chasseurs appelaient un rétrécissement formé entre le lac et la petite baie de l'embouchure, empreintes qui se retrouvaient sur la rive opposée.

Le Shikarri lui-même, ne pouvait pas douter plus longtemps de la nature de l'animal qui avait laissé de pareilles traces. Il avait chassé l'éléphant dans les jungles bengalaises, et connaissait tout ce qui a rapport à ce dernier. Les empreintes qu'il avait sous les yeux n'étaient pas le fait d'une ombre; mais bien celui d'un éléphant en chair et en os.

« L'un des plus grands de son espèce, ajouta l'Hindou, qui maintenant plein de confiance, prétendait savoir, à un pouce près, quelle taille avait l'animal.

— Tu pourrais le dire? s'écria Gaspard avec surprise.

— C'est très-facile, répondit Ossaro, et vous le pouvez comme moi, jeune sahib; il suffit pour cela de mesurer l'un des pieds de l'éléphant. »

En disant ces mots le Shikarri tira de sa poche un grand bout de ficelle, puis choisissant l'une des empreintes les mieux marquées, il en entoura soigneusement l'extérieur avec sa cordelette. De cette façon il obtint la circonférence du pied de la bête.

« Maintenant, dit-il, en montrant aux deux frères la portion de ficelle qu'il avait appliquée autour de l'em-

1. Le boisseau anglais contient un peu plus de trente-six litres.

preinte, deux fois cette longueur atteindraient le haut de l'épaule du vieux rogue ; voilà comment je peux dire que la bête est de grande taille. »

En effet, la circonférence de l'empreinte mesurée par le Shikarri, ayant environ deux yards[1], il en résultait, suivant la règle précédente, que l'animal en question avait près de douze pieds de hauteur, et Karl savait bien que c'était la taille des plus grands éléphants.

Il ne mit pas en doute l'exactitude de la conclusion d'Ossaro, car il savait, par des chasseurs en qui l'on pouvait avoir une foi pleine et entière, que la circonférence du pied d'un éléphant donnait la moitié de la hauteur de celui-ci.

L'Hindou ayant enfin renoncé à croire que l'animal en question était l'un de ses dieux déguisés, affirma de nouveau qu'il s'agissait d'un *solitaire*. Il n'eut pas besoin d'expliquer à ses compagnons ce qu'il voulait dire ; car les deux chasseurs n'ignoraient pas qu'on appelle de la sorte un vieux mâle qui, par un motif quelconque, peut-être pour sa mauvaise conduite, se voit expulsé de la troupe dont il faisait partie.

Ainsi repoussé de tous, et condamné à faire bande à part, son caractère s'aigrit, il devient excessivement morose, parfois d'une méchanceté noire ; et non-seulement il attaque les animaux qui par hasard viennent à passer près de lui ; mais il va jusqu'à les rechercher dans la seule intention d'assouvir sa vengeance.

1. Le yard est composé de trois pieds anglais, valant chacun trente centimètres.

Il y a, en Asie comme en Afrique, beaucoup de ces solitaires; et l'homme étant compris dans la haine qu'ils ont vouée à toute la nature, un éléphant de cette espèce est regardé comme un voisin des plus dangereux. On cite une foule de circonstances où des créatures humaines ont été sacrifiées à la furie de ces monstres. Parfois même on a vu de ces animaux qui ont été se mettre en embuscade au bord d'un chemin fréquenté afin de pouvoir occire les voyageurs qu'ils pourraient y surprendre.

Il y a eu dans la vallée du Dheira Doon, un éléphant de cette catégorie, qui après avoir été réduit en esclavage, avait recouvré sa liberté, et qui tua une vingtaine de personnes avant qu'on ait pu le détruire.

Ossaro, à qui tous ces détails étaient familiers, recommanda aux jeunes sahibs d'agir avec la plus grande prudence. Karl était trop sage pour rejeter ce bon conseil; et Gaspard lui-même, en dépit de sa témérité, l'accepta sans mot dire.

Il fut donc résolu qu'avant d'explorer de nouveau la falaise, nos trois amis commenceraient d'abord par remettre leurs armes en état, afin de pouvoir se défendre s'ils rencontraient le solitaire.

Leurs fusils n'avaient plus de crosses; il fallait remmancher la hache; et la lance d'Ossaro attendait une hampe; car, on s'en souvient, le bois de toutes ces armes avait été brûlé dans la caverne pour fondre la graisse de l'ours, graisse dont on avait fait des chandelles.

La prudence exigeait qu'on retardât l'examen de l'enceinte jusqu'au moment où l'on serait convenablement armé.

Ayant pris cette sage détermination, les trois amis revinrent à la cabane en toute hâte; ils se pressèrent de déjeuner, et s'occupèrent immédiatement de choisir les matériaux dont ils avaient besoin.

Rien n'était plus facile; le vallon renfermait du bois de service de différente espèce; et des arbres d'essences variées, abattus depuis longtemps, gisaient aux environs de la hutte où ils avaient séché, et se trouvaient sous la main des trois amis.

Nos jeunes gens se mirent à l'œuvre avec ardeur; et travaillant du matin au soir, ils durent expédier promptement une besogne aussi mince puisqu'il ne s'agissait que de remonter deux fusils, de renmancher une hache, et de refaire un épieu.

CHAPITRE VIII.

EXAMEN DES ROCHERS.

Deux jours suffirent pour que la hache, les fusils et la lance fussent entièrement réparés. Ossaro, pendant ce temps là, s'était fait un nouvel arc et une quantité de flèches.

Le lendemain, après le déjeuner, les trois jeunes gens se mirent en route, avec la détermination d'examiner les moindres saillies de la falaise.

Karl avait déjà étudié avec le plus grand soin la partie qui s'étendait entre la cabane et la grotte où il avait rencontré l'ours. Les trois amis se dirigèrent donc vers le point qui se trouvait de l'autre côté de la caverne ; et c'est à partir de là qu'ils commencèrent leur exploration.

Ils avaient déjà, il est vrai, examiné le pourtour de la falaise ; mais c'était immédiatement après leur arrivée ; et le but qu'ils avaient alors était bien différent de celui qu'ils se proposaient au moment dont nous parlons.

A cette époque, où l'idée de construire des échelles ne leur était pas encore venue, ils cherchaient tout simplement une brèche qui leur permît de s'évader. Maintenant qu'ils songeaient à un nouvel expédient, ils recommençaient leurs recherches avec l'intention de découvrir si leur nouveau moyen était praticable. L'enquête, par conséquent, prenait un nouveau caractère : il s'agissait de trouver une série de corniches, ou de saillies du rocher, placées au-dessus les unes des autres, et permettant d'y asseoir des échelles d'une construction praticable avec les moyens dont ils disposaient.

Qu'ils pussent donner à ces échelles une prodigieuse longueur, ils n'en doutaient pas le moins du monde ; c'était une question de temps. Les grands pins du Thibet, ceux qui leur avaient fourni les matériaux de leur passerelle, croissaient dans le voisinage ; ils y étaient nombreux, et en choisissant les plus minces, on pouvait avoir des montants, qui n'auraient pas moins de quarante à cinquante pieds de longueur.

Si donc nos amis découvraient une place où la falaise présentât une série de tablettes n'ayant pas entre elles plus de cette dernière distance, ils pouvaient espérer d'accomplir leur escalade, et ils sortiraient d'un endroit qui, bien que l'un des plus charmants du monde, leur devenait aussi odieux que l'intérieur d'une prison.

Nos amis avaient à peine commencé leurs recherches, qu'à leur grande joie, ils aperçurent une série de terrasses qui, au moins en apparence, offraient toutes les conditions voulues. Certes, il n'y avait pas plus d'une dizaine de yards entre les deux plus éloignées, et beaucoup d'entre elles ne présentaient pas un aussi grand écart.

Cette partie de l'enceinte, il est vrai, était un peu plus haute que celle où le botaniste avait d'abord pris ses mesures; mais elle n'avait guère plus de cent mètres; une grande hauteur assurément, qui toutefois était peu de chose, si on la comparait à l'élévation des autres points de la falaise.

Pour gagner en cet endroit la crête de la muraille, il fallait encore plus de douze échelles de vingt à trente pieds; et la construction de pareilles machines, avec d'aussi pauvres outils que ceux de nos chasseurs, devenait quelque chose d'effrayant, capable, direz-vous, de faire abandonner l'entreprise.

Mais pour bien comprendre la situation, il faut que vous vous mettiez à la place de nos amis; rappelez-vous qu'ils n'avaient pas d'autre espoir de recouvrer leur liberté; et cela présent à l'esprit, vous trouverez tout simple qu'ils fussent disposés à entreprendre même un plus grand travail.

Ils savaient bien qu'ils ne le finiraient pas en un jour; qu'il leur faudrait plusieurs mois pour l'accomplir; et qu'une fois les échelles terminées, il resterait à les hisser, chacune à la place qu'elle devait occuper.

Vraiment cela devait paraître impossible à de pauvres ouvriers qui n'avaient pas d'autres engins que leurs bras.

Jamais en effet ils n'y seraient parvenus, si leurs échelles avaient été du poids ordinaire. Mais, prévoyant la difficulté, ils avisèrent au moyen d'en diminuer la pesanteur, en leur donnant bien juste la solidité qu'elles devaient avoir pour qu'un jeune homme pût y monter sans les rompre.

Ayant acquis la demi-certitude que ce point de la falaise pouvait être escaladé, nos trois amis s'y arrêtèrent pour l'examiner plus en détail. Ils devaient ensuite continuer leurs recherches, afin de découvrir, si faire se pouvait, un endroit plus favorable à leur projet d'escalade

La place où nos amis étaient alors, touchait au grand bois dont nous avons parlé, et qui, jusqu'à présent, était pour nos chasseurs une forêt complétement vierge.

Entre les arbres et le point de la falaise qu'étudiaient les jeunes gens, se déroulait une bande de terrain découvert, qui offrait un lit de cailloux détachés de la montagne. Des quartiers de roche, d'un très-gros volume, gisaient sur le sol, à peu de distance les uns des autres ; et parmi eux se trouvait une espèce d'obélisque d'une vingtaine de pieds de hauteur, sur un diamètre de cinq ou six, dont l'érection paraissait faite de main d'homme. C'était cependant un simple caprice de la nature ; et il est probable qu'il devait sa position verticale à un ancien glacier. Des entailles, assez profondes pour servir d'escalier à un homme agile, s'échelonnaient sur une de ses faces, et permettaient d'en gagner le faîte. Ossaro, moitié pour s'amuser, moitié pour mieux voir la falaise, profita de la circonstance et grimpa sur cet obélisque, d'où il descendit au bout de quelques minutes.

CHAPITRE IX.

INTERRUPTION.

Bien que sous l'empire d'une crainte salutaire nos explorateurs fussent partis de la cabane en se promettant d'agir avec prudence, la joie qu'ils éprouvèrent de leur découverte effaça de leur esprit jusqu'au souvenir de l'éléphant. Ils n'apercevaient que la falaise, ne pensaient qu'à leurs échelles, au moyen de les construire, de les hisser de corniche en corniche; et se voyant déjà au but de leurs efforts, ils parlaient d'une voix qui s'animait de plus en plus.

Juste au moment où le Shikarri descendait de son monolithe, après y être resté quelques minutes, Fritz qui allait et venait parmi les arbres, poussa des cris horribles, pareils à ceux qu'il avait jetés à l'approche de l'éléphant. Sa voix exprimait la terreur, et la pensée du solitaire revint à nos amis. Ils se tournèrent du côté d'où venaient les aboiements, et d'un commun accord, tous les trois saisirent leurs armes: Karl son rifle[1], Gaspard son fusil à deux coups, et le Shikarri son arc et ses flèches.

Inutile de dire qu'un certain effroi était peint sur leurs visages, et que cet effroi devint plus grand lorsque Fritz, venant à déboucher, se dirigea vers son maître en courant à perdre haleine et la queue entre les jambes. Il poussait en outre des hurlements qui témoignaient de sa frayeur; et pour inspirer à cette vaillante bête une pareille crainte, il fallait qu'il eût rencontré un ennemi bien puissant.

Les trois explorateurs en eurent bientôt la preuve; car à peine le chien était-il sorti du bois, qu'apparut un objet cylindrique, ayant la forme d'une trompette, et qui, d'une teinte grise lavée de bleu, s'avançait entre deux croissants jaunâtres semblables à de grandes cornes d'ivoire. Derrière ces cornes était une paire d'oreilles qu'on aurait prises pour deux battants de gros cuir; et par delà ces oreilles venait le coffre massif d'un énorme éléphant. Écrasant tout sur son passage, le monstre se dégagea bientôt du fourré et traversa la bande pierreuse, en sonnant de la trompe à mesure qu'il avançait. Il suivait Fritz en ligne directe, du moins autant que le permettait la nature des lieux; et selon toute évidence, la vue du chien l'avait mis en fureur.

Nous avons dit qu'en sortant du bois, le malheureux Fritz accourait vers ses maîtres. Or, puisque la bête furieuse le suivait, c'était du côté de nos amis qu'avançait l'éléphant.

1. Riffe, grand fusil rayé; prononcez *raïfle*.

Il n'était plus question de protéger Fritz, mais de se défendre soi-même ; car aussitôt qu'il eut aperçu des adversaires plus dignes de sa fureur, l'éléphant oublia l'infime quadrupède qui l'avait provoqué, et se dirigea vers les trois nobles créatures qu'il voyait en face de lui, comme pour les châtier de l'insolence de leur subordonné.

Un simple coup d'œil suffit aux trois chasseurs pour voir que Fritz n'était plus l'objet de la colère du monstre. Celui-ci venait droit à eux, et arrivait au pas de charge.

Impossible à nos amis de s'entendre, de se donner un conseil; le temps manquait. Chacun devait agir suivant son instinct, et c'est là ce que firent les trois chasseurs. Karl envoya la balle de son rifle entre les défenses du solitaire, pendant que Gaspard déchargeait ses deux coups, pan, pan, dans le front du monstre. Quant à Ossaro, il avait planté sa flèche dans la trompe du colosse, et tournait déjà les talons à l'ennemi.

Karl et Gaspard en firent autant; car il y aurait eu folie à rester une seconde de plus dans un pareil voisinage; disons même, pour être juste à l'égard d'Ossaro, que ce sont les deux autres qui se sauvèrent tout d'abord. Ils avaient tiré les premiers, et n'avaient pas attendu pour prendre la fuite que le Shikarri leur en donnât l'exemple.

Ils se retrouvèrent tous les deux au pied d'un gros arbre, dont les branches horizontales leur permirent heureusement d'en gagner la cime avec promptitude.

Il n'y avait pas eu plus d'une seconde entre leur retraite et celle du Shikarri; toutefois il n'en fallut pas davantage pour décider du choix de l'éléphant, et c'est Ossaro qui demeura l'objet de sa colère.

L'Hindou pensait bien à gagner l'arbre où ses deux compagnons s'étaient réfugiés; mais la trompe du pachyderme se trouvait déjà dans cette direction, et il est probable qu'il aurait été saisi avant d'avoir pu arriver aux branches supérieures. Il eut un moment d'incertitude, où le sang froid qui lui était habituel parut l'abandonner.

L'éléphant avançait toujours, fouettant l'air de sa petite queue, dirigeant vers l'Hindou sa trompe qu'il projetait en ligne droite, et où la flèche était restée. Il paraissait reconnaître dans Ossaro l'individu qui lui avait planté cette brochette dans son énorme grouin, brochette dont il souffrait bien plus que des balles qui étaient venues s'aplatir sur son crâne, et qui lui faisait prendre l'archer pour sa première victime.

Il n'est pas au monde de situation plus périlleuse que celle où était alors Ossaro. Le danger était si pressant que Karl et Gaspard, relativement en sûreté, poussèrent un cri simultané, croyant bien que leur pauvre ami était mort.

L'Hindou semblait affolé par l'imminence du péril; toutefois son égarement fut de courte durée : l'instant de comprendre qu'il ne pouvait pas gagner l'arbre sauveur. Dès qu'il en eut la certitude, il retrouva toute sa présence d'esprit, et il courut dans une direction contraire.

Où allait-il donc? du côté de l'obélisque?

Précisément; celui-ci, par bonheur, se trouvait à dix

pas tout au plus. L'Hindou le rejoignit en quatre ou cinq bonds ; il jeta au loin ses armes inutiles, s'accrocha aux saillies du roc, et arriva au faîte avec la légèreté d'un écureuil.

C'était l'occasion ou jamais, de faire preuve d'agilité ; une seconde de plus, une demi-seconde, et il était trop tard.

Ossaro n'avait pas atteint le sommet du pilier, que l'espèce de doigt qui est au bout de la trompe de l'éléphant le prenait par la tunique, et l'aurait fait descendre plus vite qu'il n'était monté si l'étoffe du vêtement avait été plus solide.

Mais le calicot dont la tunique était faite, usé par le temps, le soleil et le grand air, céda au moindre effort ; et bien qu'il y perdît un coin de sa chemise, et qu'une partie de lui-même fut dénudée, Ossaro n'en eut pas moins la satisfaction d'arriver sain et sauf en haut de la pyramide, grâce au peu de résistance qu'avait offert ladite chemise.

CHAPITRE X.

SUR L'OBÉLISQUE.

Le Shikarri était donc au sommet de l'obélisque; mais il était loin de s'y trouver en sûreté: l'implacable éléphant ne semblait pas renoncer à l'espoir de l'y saisir, au contraire. La déception qu'il venait d'éprouver, la déchirure de la tunique de son ennemi l'avait exaspéré. Il jeta avec rage le morceau d'étoffe qui lui était resté au bout de la trompe, se mit sur les pieds de derrière, et appuya ceux de devant contre la paroi du rocher.

On aurait dit qu'il voulait escalader l'obélisque; et il l'aurait fait très-certainement si la chose avait été possible. Vous voyez que le Shikarri n'était pas hors de danger. Non-seulement l'éléphant était dressé; mais sa trompe qu'il tendait avec énergie, finissait par atteindre à quinze centimètres des pieds de l'Hindou.

Celui-ci était immobile comme une statue, sans en avoir toutefois la sérénité. La consternation était peinte sur son visage, et cela n'a rien d'étonnant. Il se disait avec raison que si l'effroyable bête, en s'étirant, parvenait à gagner quelques pouces, il serait balayé de son piédestal comme une mouche.

C'était dans une pareille attente qu'il regardait le monstre faire de nouveaux efforts pour arriver jusqu'à lui. L'éléphant y déployait non moins de sagacité que de persévérance. Après s'être dressé de toute sa hauteur, après s'être mis littéralement sur la pointe des sabots, ne se trouvai t pas d'une taille suffisante, il était retombé sur ses pieds, et au bout de quelques minutes, s'était dressé de nouveau en s'efforçant d'atteindre à une plus grande élévation.

Il renouvela plusieurs fois ses tentatives, essayant d'arriver à son but en changeant de côté, comme s'il avait eu l'espoir de trouver dans les inégalités du sol un point qui lui donnât les quelques pouces dont il avait besoin pour saisir sa victime.

Heureusement pour Ossaro, l'éléphant avait gagné de prime abord l'endroit le plus élevé qu'il pût atteindre, et malgré tous les essais qu'il fit ensuite, il ne parvint qu'à effleurer le bord de la petite plate-forme où posait le Shikarri.

Il ne pouvait pas arriver plus haut; l'Hindou commençait à le comprendre; et il aurait fini par se rassurer complétement sans une circonstance qui renouvelait toutes ses craintes. La petite plate-forme qui lui servait de piédestal n'avait pas un pied de diamètre, et il lui devenait très-difficile de se tenir en équilibre sur un espace aussi étroit. S'il avait été par terre il n'y aurait pas songé; mais à plus de vingt pieds de hauteur la chose était différente; et avec l'ébranlement nerveux que lui causait l'effroyable danger qui le menaçait, le pauvre homme avait toutes les peines du monde à garder son équilibre.

Néanmoins Ossaro, bien qu'il fût Hindou, possédait un grand courage. Ayant passé à la chasse la plus grande partie de son existence, il avait souvent risqué sa vie, et s'était habitué à voir la mort de près. Eût-il été poltron, ou seulement moins accoutumé à de semblables périls, notre Shikarri, pris de vertige, serait probablement tombé sur les épaules du monstre qui cherchait à l'exterminer.

Avec toute sa bravoure c'était cependant tout ce qu'il pouvait faire que de rester sur sa colonne. Malheureusement il avait dû quitter sa lance pour gravir le rocher, sans quoi elle lui aurait servi de support. Il tira le couteau qu'il portait à la ceinture; non pas qu'il pût en faire usage contre l'éléphant, mais avec l'intention de l'employer comme balancier. A vrai dire, il se serait taillé avec joie une ou deux grillades dans la trompe de l'affreuse bête; mais il n'osait pas se baisser; le moindre mouvement pouvait le précipiter du haut de son obélisque et avoir les plus tristes conséquences.

La seule chose qu'il eût à faire était de garder l'attitude qu'il avait prise; il en était convaincu; et se raidissant contre l'émotion qu'il éprouvait, il demeura droit et ferme comme une statue de bronze.

CHAPITRE XI.

CHUTE INÉVITABLE.

Il y avait déjà plusieurs minutes qu'Ossaro était sur son monolithe; il y conservait la même pose; et l'éléphant, de son côté, persistait dans ses efforts pour arriver jusqu'à lui.

Peu éloignés de la scène, Karl et Gaspard, installés dans l'arbre où ils avaient trouvé asile, ne perdaient rien de ce qui se passait entre les deux antagonistes. A part le danger qui l'accompagnait, la position du Shikarri était assez étrange pour exciter les rires du plus jeune des deux frères. Mais le péril était si évident que, bien loin de songer à s'égayer de cette horrible situation, les deux chasseurs en attendaient la fin avec angoisse.

Il leur avait fallu, ainsi qu'à l'Hindou, jeter leurs armes pour atteindre la branche où ils étaient alors, et n'ayant pas de moyens d'attaque, ni l'un ni l'autre ne pouvait secourir l'assiégé.

Karl surtout déplorait son impuissance. Quelle que fût l'anxiété de son frère, la sienne était encore plus vive Non pas qu'il eût pour Ossaro plus d'affection que Gaspard, et que si l'éléphant avait tué l'Hindou il eût pleuré celui-ci avec plus d'amertume ; c'était tout bonnement parce qu'il comprenait mieux le péril.

Après avoir observé pendant quelques minutes les efforts du monstre, Gaspard avait très-bien vu que l'éléphant ne pourrait pas atteindre Ossaro tant que celui-ci resterait au même endroit. Son frère n'en était pas moins convaincu ; et tous les deux ne cessaient de crier à leur ami qu'il n'avait rien à craindre.

Mais Karl observa bientôt une particularité qui échappait à Gaspard ; et c'était là ce qui augmentait ses appréhensions. Il avait remarqué à diverses reprises que chaque fois que l'éléphant se dressait contre le pilier, celui-ci éprouvait une légère secousse. L'Hindou s'en était aperçu avant lui, et s'en inquiétait d'autant plus que cette circonstance augmentait la difficulté qu'il avait déjà à conserver son aplomb.

A la fin Gaspard lui-même remarqua l'oscillation du roc. Toutefois, il y attacha peu d'importance en voyant que le Shikarri n'en restait pas moins ferme à sa place.

Mais c'était moins la crainte de voir Ossaro pèrdre l'équilibre qui tourmentait le chasseur de plantes, que les déductions qu'il tirait du fait en lui-même ; et ces déductions ne se présentaient pas à son frère dont l'esprit était moins sérieux.

Quelles étaient donc ces pensées que l'ébranlement du roc suggérait au botaniste?

Le dialogue suivant qu'il eut avec son frère va nous l'apprendre.

« Si le roc allait tomber ! s'écria-t-il tout à coup.

— Tomber! répondit Gaspard, oh ! non, je t'assure qu'il tient bien. On le voit, il est vrai, s'ébranler quand l'éléphant s'y appuie en sautant ; mais si peu, si peu! il n'y a pas de danger, va, sois tranquille.

— Au contraire, répondit Karl, j'y vois beaucoup de danger; il n'existera pas tant que la bête agira comme à présent; mais elle peut faire autre chose. Ces animaux-là sont d'une sagacité merveilleuse; que le nôtre vienne à s'apercevoir que le rocher s'ébranle, chaque fois qu'il s'y appuie, une nouvelle idée lui germera dans la tête, et alors tout sera fini pour Ossaro.

— Ah! je comprends, dit Gaspard. Tu as raison, le danger est réel; mais que faire pour le prévenir! Si nous pouvions tirer sur la bête! En supposant qu'elle n'en mourût pas, cela suffirait à la détourner d'Ossaro qui échapperait ainsi au danger dont tu parles. Ne pouvons-nous pas aller chercher nos fusils? qui nous en empêche? L'éléphant est trop occupé pour faire attention à nous.

— Tu as là une bonne idée, Gaspard !

— Eh! bien, exécutons-la. Je vais descendre, tu me suivras jusqu'à la dernière branche où tu t'arrêteras; j'irai prendre les fusils, et je te les passerai l'un après l'autre. Courage Ossaro, n'aie pas peur, ajouta Gaspard; nous allons lui chatouiller le cuir avec quelques onces de plomb, et il te quittera immédiatement. »

En disant ces mots Gaspard, suivi de son frère, se

mit à descendre de branche en branche avec rapidité. Il avait gagné la dernière, et Karl se trouvait immédiatement au-dessus de lui, quand un fracas épouvantable, auquel se mêla un cri perçant, arrêta la descente des deux frères, et leur fit jeter les yeux du côté de l'obélisque.

Il avait suffi de l'instant bien court où tous les deux avaient le dos tourné pour changer complétement la scène. Au lieu d'une colonne de vingt pieds de hauteur on n'apercevait qu'une masse de branches, plus ou moins brisées, où s'appuyait l'extrémité de ladite colonne, dont la position actuelle était presque horizontale. A sa base, et sur le point de compléter sa culbute, l'éléphant battait l'air de ses quatre pieds énormes, et faisait d'incroyables efforts pour se remettre sur ses jambes.

Quant à Ossaro, on ne le voyait nulle part.

Ce que le botaniste avait prévu était arrivé. L'éléphant comprenant qu'il lui serait impossible d'atteindre le Shikarri, et sentant que le pilier s'ébranlait, avait fini par se remettre sur ses quatre jambes; plaçant alors contre le rocher sa forte épaule, chargée du poids énorme de tout son corps, il avait envoyé l'obélisque au milieu d'un châtaignier voisin, qui, cédant sous le choc, s'était brisé avec un fracas épouvantable.

De son côté, l'éléphant qui s'attendait à éprouver plus de résistance, avait perdu l'équilibre par la puissance même de l'effort qu'il avait fait.

Bref, des quatre objets qui composaient le tableau : rocher, bipède, quadrupède et châtaignier, pas un

L'éléphant battait l'air de ses quatre pieds énormes. (Page 56.)

n'avait gardé sa position ; car il est superflu de vous dire qu'Ossaro avait suivi l'obélisque dans sa chute.

Mais qu'était-il devenu?

C'est précisément la question que se faisaient Karl et Gaspard.

« Il se sera tué, dit celui-ci, j'en ai bien peur. »

Le botaniste garda le silence; et pourtant la réflexion de Gaspard ne demeura pas sans réponse. Elle venait à peine de sortir des lèvres du jeune homme qu'une voix partie des branches du châtaignier s'écria gaiement :

« Non, jeunes sahibs ; moi, pas tué le moins du monde ; pas même avoir de mal. Que je puisse seulement échapper à la bête, et je me porterai mieux que jamais ; il ne s'agit que de courir. »

Au même instant l'Hindou émergea des branches sous lesquelles il était enseveli, et prenant ses jambes à son cou, il se précipita vers l'arbre qui servait d'asile aux deux frères.

L'éléphant n'était pas encore sur pied, que déjà Ossaro avait gagné les branches supérieures où il n'avait plus rien à craindre, et où Karl et Gaspard, ne pensant plus à leurs fusils, avaient regagné leur ancien poste.

CHAPITRE XII.

MANÉGE.

L'arbre où s'étaient réfugiés les trois chasseurs était d'un volume à braver l'éléphant le plus vigoureux; et non-seulement le solitaire n'y était pas à redouter, quelle que fût sa fureur; mais de cet asile inexpugnable on pouvait suivre tous les mouvements de l'ennemi.

Le seul de la bande qui eût à craindre le voisinage de l'effroyable trompe, c'était Fritz; mais averti des mauvais desseins de la terrible bête, il se tenait sur ses gardes, et possédait assez de prudence et de vitesse pour échapper aux coups du monstre.

Quant à celui-ci, une fois réinstallé sur ses jambes, il s'éventa pendant un instant avec ses grandes oreilles, ne sachant trop ce qu'il voulait faire, et comme abasourdi par l'accident qui venait de lui arriver.

Néanmoins il ne resta pas longtemps dans cette paisible attitude. La flèche, qui lui était plantée dans la chair vive, le ramenait à ses projets de vengeance.

Tout à coup relevant la queue, et poussant un cri de guerre, il se précipita vers le châtaignier dont la cîme couvrait le sol, et y plongea sa trompe. Il en écarta les branches et les prit une à une, comme pour y trouver quelque chose : c'était Ossaro qui était l'objet de ses recherches.

Lorsqu'il eut fouillé l'amas de branchages pendant quelque temps, il y renonça, releva la tète et regarda autour de lui. Évidemment il était intrigué, et se demandait qu'était devenu son homme. Il ne l'avait pas vu s'enfuir, puisque la retraite du Shikarri avait eu lieu pendant qu'il était sur le dos et cherchait à se relever.

Sur ces entrefaites, il arriva que Fritz apparut au pied de l'arbre où ses maîtres, dont il enviait la position, avaient trouvé un refuge.

Il n'en fallait pas davantage pour exaspérer l'éléphant. C'était Fritz qui, le premier, avait troublé son repos en approchant de sa retraite, et l'avait attiré dans cet endroit perfide où pleuvaient les balles et les flèches. A la vue du chien, le solitaire eut donc un redoublement de fureur, et, dressant la queue, il fondit avec rage vers son premier ennemi.

C'eût été un sanglier, même un taureau, que Fritz aurait tenu ferme, ce n'est pas douteux, ou bien aurait seulement fait un bond de côté pour éluder l'attaque et prendre l'offensive à son tour.

Mais en face d'un animal aussi gros qu'une maison, et qui, par suite de votre origine lointaine, vous est à peu près inconnu ; en face d'un monstre d'un aspect terrible, pourvu des armes les plus formidables, et qui, entre d'énormes défenses, porte un nez mobile et prenant, d'une longueur démesurée, il est naturel de s'enfuir ; et le blason du brave limier n'en fut pas terni.

Toujours est-il que Fritz décampa, et si bien qu'en vingt secondes il fut hors de vue, non-seulement des trois chasseurs, mais encore du solitaire.

Après avoir fait quelques pas, ayant compris que suivant toute probabilité il serait inutile d'aller plus loin, l'éléphant abandonna sa poursuite.

Lorsque les trois chasseurs l'avaient vu s'éloigner sur les traces de Fritz, chacun d'eux avait espéré qu'il s'en irait à une assez grande distance pour leur donner le temps de descendre de leur arbre, et de gagner un autre endroit.

Mais leur espoir devait être déçu. Lorsque l'éléphant eut renoncé à courir après le chien, il revint sur ses pas, et s'arrêta au lieu même d'où il était parti. Il se rapprocha de l'arbre tombé, en fouilla de nouveau les branches avec la pointe de sa trompe, et se mit à décrire autour du pilier abattu des cercles aussi réguliers que s'il avait été dans un manége, ou qu'ayant à paraître sur un théâtre, il eût répété son rôle.

Il continua cette marche circulaire pendant plus d'une heure ; parfois il s'arrêtait pour lancer un cri aigu ; mais en général il gardait un morne silence.

De temps à autre il jetait les yeux vers les branches du châtaignier, comme s'il avait encore soupçonné que l'individu qui lui avait envoyé cette flèche devait être caché là. Une ou deux fois même il revint y fouiller, persuadé qu'il était du fait ; et malgré l'inutilité de ses recherches, il n'en guetta pas moins cet épais branchage, de peur que l'ennemi ne lui échappât.

Du reste, il y avait longtemps que la flèche ne le blessait plus ; il l'avait arrachée en mettant son pied sur la tige du fer et en relevant sa trompe.

Pour en revenir à Fritz, il n'était pas bien loin : c'est à la lisière du bois qu'il se trouvait ; mais il s'était rasé de si près que l'éléphant ne le voyait pas.

Quant à nos amis, toujours perchés dans leur arbre, ils commençaient à trouver le temps un peu long, et se demandaient le moyen de recouvrer leur liberté.

Gaspard et Ossaro parlaient encore d'aller ramasser les fusils ; mais Karl jugeait l'opération trop dangereuse. Il n'y avait pas vingt yards entre leur perchoir et l'endroit où gisait le pilier abattu ; et l'éléphant, qui était sur le qui-vive, les aurait découverts s'ils avaient quitté leur asile.

En dépit de sa masse, le colosse, dont l'allure paraissait pleine de lenteur, n'en était pas moins capable d'arriver au pas, tout aussi vite qu'un bon cheval au galop ; et s'il avait vu nos trois amis opérant leur descente, les pauvres garçons auraient eu peu de chances de lui échapper.

Leur vue d'ailleurs, en supposant qu'ils aient pu remonter sur l'arbre, aurait sans aucun doute rallumé la fureur du monstre, et prolongé le séjour qu'il faisait dans leur voisinage.

Autre chose, en outre, les condamnait à prendre patience ; ils avaient sur eux peu de munitions ; l'article devenait rare, et la prudence leur recommandait à cet égard une stricte économie. Le botaniste n'avait plus que deux charges de poudre; Gaspard n'était pas mieux pourvu. En supposant qu'ils atteignissent leur but, ils pouvaient fort bien ne pas tuer un animal, qui s'éloigne parfois avec une vingtaine de balles sous la ceinture, et n'en triomphe pas moins du chasseur. Ils n'auraient pu qu'exaspérer la bête, et lui faire prolonger indéfiniment une promenade déjà beaucoup trop longue.

C'était un vieux mâle, ainsi qu'on le voyait à ses défenses; le Shikarri l'avait déclaré depuis longtemps. Il n'y avait donc pas d'animal plus dangereux. Nos amis ne pouvaient être en sûreté qu'après sa mort; ils ne l'ignoraient pas; mais ils savaient aussi que pour le détruire, il leur fallait attendre une occasion favorable, sous peine de manquer l'entreprise, et de compromettre leur existence.

Par tous ces motifs ils résolurent de demeurer tranquillement sur leur perchoir, et d'attendre la fin du curieux manége dont le solitaire leur donnait le spectacle.

CHAPITRE XIII.

SINGULIÈRE DÉCOUVERTE.

Pendant plus d'une heure encore, les trois amis virent leur patience à l'épreuve. L'éléphant était toujours là, continuant ses pérambulations et creusant autour du rocher une piste profonde, qui ressemblait à celle d'un cirque après une représentation nocturne.

Inutile de répéter combien le temps paraissait long aux spectateurs de cette promenade, sans parler de Fritz, qui aurait désiré que la séance fût plus courte.

Mais le programme aurait pu être moins agréable à nos jeunes gens qu'il ne le fut en réalité, car le hasard y introduisit un intermède d'un si grand intérêt, surtout pour le naturaliste, qu'ils en oublièrent un instant qu'ils étaient assiégés.

Favorisés par leur situation, les trois chasseurs furent témoins de l'un de ces épisodes qui ne se produisent qu'au sein d'une nature sauvage.

A peu de distance de l'arbre où ils s'étaient réfugiés, il

s'en trouvait un autre d'égales dimensions; mais d'une espèce entièrement différente. C'était un platane; Gaspard, lui-même, très-ignorant en botanique, ne pouvait s'y tromper; l'écorce unie, tachetée de vert et de gris blanchâtre, les rameaux largement étalés, ainsi que la forme des feuilles, ne laissaient aucun doute à ce sujet; c'était bien un platane, absolùment pareil à celui qu'en Europe on nomme platane d'Orient.

Ce bel arbre a pour habitude de se creuser avec l'âge; non-seulement la partie inférieure de sa tige offre des cavités profondes; mais il en présente en haut du tronc, et même dans ses plus fortes branches.

Celui dont nous parlons, situé à quelques pas des trois chasseurs, devenait le point de vue naturel de nos amis, chaque fois qu'ils détournaient leurs regards du manége de l'éléphant; et la rareté du feuillage de cet arbre permettait d'en voir le tronc et les branches principales.

Gaspard, qui avait le coup d'œil rapide et sûr, venait à peine de jeter les yeux pour la seconde fois dans la direction du platane, lorsqu'il y aperçut quelque chose de très-particulier. C'était sur le tronc de l'arbre, à six pieds environ des premières branches, que se trouvait cet objet bizarre. On aurait dit une espèce de corne, pareille à celle d'une chèvre, ou plutôt la défense d'un très-jeune éléphant, et peut-être la dent courbe d'un rhinocéros. Cela paraissait planté dans l'arbre, et avait la pointe dirigée vers la terre. Dans tous les cas, ce n'était pas une branche, ni aucun appendice du platane.

Gaspard, dont cette chose attirait l'attention, crut une

ou deux fois la voir bouger ; mais il n'en était pas sûr, et n'en dit rien, de peur que les autres ne vinssent à se moquer de lui. C'eût été du reste la première fois que le botaniste, malgré sa supériorité, se fût permis de rire aux dépens de son frère.

Cependant, fort intrigué par ce machin, qui vraiment paraissait mobile, Gaspard n'en détourna plus les yeux. Il aperçut alors autour de cette chose, un disque, très-différent de l'écorce du platane ; la couleur en était beaucoup plus foncée, et comme dimension, il pouvait avoir huit ou dix pouces de diamètre.

Cette plaque, de forme ronde, n'était pas composée d'une matière ligneuse ; du moins elle n'en avait pas l'air, et différait autant du bois que le machin dont elle entourait la base. Si on avait demandé à Gaspard à quoi elle ressemblait, il aurait cité, comme objet de comparaison, la terre gâchée dont les hirondelles bâtissent leurs nids ; et certes on aurait pu croire que c'était la même substance.

Notre jeune homme continua l'examen de ces deux objets ; toutefois ce ne fut qu'après avoir acquis la certitude que la machine qui sortait du disque était vivante, qu'il fit part de sa découverte à ses compagnons.

Il n'y avait pas à en douter ; l'espèce de corne était douée de mouvement, puisqu'elle venait de disparaître, comme si on l'eût tirée de l'intérieur, laissant à sa place un trou noir, percé au milieu du disque.

Bientôt d'ailleurs cette corne jaunâtre apparut de nouveau ; elle repassa par le trou, et reprit son ancienne attitude.

Gaspard, au comble de la surprise, ne pouvait pas rester plus longtemps seul dépositaire d'un pareil secret ; il le dit à son frère, et le Shikarri eut naturellement sa part de la découverte.

Les yeux de Karl et d'Ossaro prirent en même temps la direction du platane ; mais, le botaniste, en dépit de ses connaissances, ne fut pas moins intrigué que Gaspard à la vue de cette corne jaunâtre.

Il n'en fut pas de même du Shikarri ; dès qu'il eut aperçu la courbe d'ivoire, et la plaque brune d'où elle sortait, il dit tout simplement d'un ton d'indifférence :

« C'est un nid de calao. »

CHAPITRE XIV.

UN NID CURIEUX.

L'Hindou n'avait pas achevé sa phrase, que la corne se renfonça dans l'arbre, ne laissant, comme la fois précédente, qu'une ouverture d'une faible dimension, et qui paraissait être l'orifice d'une assez grande cavité. De même que son frère, Karl vit ce mouvement avec une extrême surprise.

Quant à Gaspard, que la chose étonnait moins puisqu'il l'avait déjà remarquée, il se retourna vers le Shikarri et lui demanda ce qu'il voulait dire :

« Est-ce un nid d'oiseau? ajouta-t-il.

— Oui, Sahib, répondit l'Hindou.

— C'est très-curieux, reprit Gaspard à qui cette explication ne paraissait pas suffisante. Je vois bien quelque chose qui ressemble à un morceau de corne, ou plutôt d'ivoire; cela peut être un bec; mais je ne vois pas d'oiseau, et n'aperçois pas de nid.

— Le nid est creusé dans l'arbre, répliqua l'Hindou,

et l'oiseau est dans le nid, précisément derrière son bec, ainsi qu'il arrive toujours.

— Bah! s'écria Gaspard, il y a un oiseau dans ce trou d'où je vois sortir ce machin blanc? C'est impossible; tu vois bien que le trou est exactement rempli par le machin; si vraiment c'était le bec d'un oiseau, il faudrait que celui-ci n'eût pas le corps plus gros que son bec, et cela ne s'est jamais vu; sans cela comment aurait-il fait pour entrer? car je ne vois pas d'autre ouverture. Mais j'y pense, c'est peut-être un toucan; j'ai entendu dire qu'il y avait des oiseaux de cette famille-là dont le corps passait dans tous les endroits où leur bec pouvait s'introduire. Est-ce un toucan, Ossaro? »

L'Hindou n'en savait rien; il ignorait même jusqu'au nom qui venait d'être proféré. Ses connaissances en ornithologie se bornaient aux oiseaux du Bengale; et le toucan ne se trouve qu'en Amérique. Tout ce qu'il pouvait dire c'est que l'oiseau en question était nommé calao par les Européens, et qu'il l'avait entendu appeler quelquefois l'oiseau-rhinocéros. Il ajoutait que ce calao était de la dimension d'une oie; et que si volumineux que parût être son bec, il était bien moins gros que son corps.

« Et il a son nid dans l'intérieur de l'arbre? demanda Gaspard en désignant la petite ouverture qui n'avait pas plus de huit centimètres de large.

— J'en suis sûr, répondit l'Hindou.

— Certes il y a là un être vivant, puisque je le vois bouger, reprit Gaspard; mais s'il est aussi gros qu'une oie, m'expliqueras-tu de quelle façon il est entré et comment il pourra sortir. Il faut qu'il y ait de l'autre côté de l'arbre une issue beaucoup plus grande.

— Non, Sahib, affirma le Shikarri ; l'ouverture que vous voyez est la seule qu'il y ait au nid du calao.

— Bravo, fidèle Ossy! répliqua Gaspard. Suivant tes propres paroles, un oiseau de la grosseur d'une oie peut aller et venir par ce petit trou. Mais un moineau aurait de la peine à s'y fourrer.

— Le calao, reprit l'Hindou, n'a pas besoin d'y passer ; il restera dans l'arbre jusqu'au moment où la couvée sortira du nid.

— De mieux en mieux, s'écria Gaspard. L'histoire est trop jolie pour être vraie ; tu ne supposes pas que je vais y mordre. Si le calao reste dans l'arbre, il faut qu'il y soit entré; et s'il doit en sortir, est-ce la nichée qui l'y aidera? comment d'ailleurs les jeunes calaos feront-ils eux-mêmes? car je suppose qu'ils ne partiront du nid que lorsqu'ils seront déjà grands. Allons! bon Ossaro, pas de plaisanterie, dis-moi la chose, et fais-le sans ambage. »

Ainsi mis en demeure de s'expliquer, l'Hindou prit la parole en ces termes :

« Lorsque, dit-il, le calao est sur le point d'avoir des petits, il choisit un arbre qui lui convienne, c'est-à-dire offrant une cavité assez grande pour qu'il puisse s'y établir, et y loger sa couvée.

« Dès que le berceau est construit, et que la ponte est achevée, la femelle ne sort plus ; elle reste à la maison, non-seulement jusqu'à l'éclosion des œufs, mais bien après la naissance des petits. En somme, elle attend pour partir que la nichée ait des ailes, et soit dans le cas de pourvoir à ses besoins.

« Or, pendant ce temps-là, une foule d'ennemis pourraient l'assaillir ; elle aurait à craindre les fouines, les belettes, les ichneumons, un tas de vermine pareille ; il faut donc la protéger contre les maraudeurs ; et pour y arriver le mâle a recours à un expédient qui prouve chez lui une sagacité merveilleuse.

« Aussitôt que sa femelle est installée sur ses œufs, le calao devient maçon. A l'aide de son grand bec, dont les mandibules lui servent de truelle, après avoir fait l'office d'auge à mortier, il ferme l'entrée du nid par un mur, où il ne laisse qu'un trou juste assez grand pour livrer passage au bec de la recluse.

« Cette muraille est faite avec de la terre agglutinée, ou de la vase qu'il se procure dans un marais, un cours d'eau, un étang du voisinage ; bref, sa bâtisse est du même genre que celle de l'hirondelle.

« Une fois séchée, cette cloison devient extrêmement dure, et défie les attaques des maraudeurs, qu'il s'agisse d'un oiseau ou d'un quadrupède. L'ouverture, elle-même, étant close par le bec de la couveuse qui se projette au dehors, il n'y a pas moyen qu'un serpent puisse se glisser dans le nid ; et la femelle n'ayant plus rien à craindre, se livre tranquillement aux soins de l'incubation.

— Comment, s'écria Gaspard, la pauvre bête demeure ainsi, pendant plusieurs semaines, sans bouger, sans prendre l'air ! Mais il faut bien qu'elle mange ; où trouve-t-elle sa nourriture ? »

Gaspard achevait à peine sa question, et l'Hindou n'avait pas eu le temps de lui répondre, lorsqu'un bruit particulier, qui semblait venir d'en haut, résonna subitement. D'une grande violence, ce bruit était fait pour inspirer de la terreur à ceux qui ne l'avaient jamais entendu, ou qui en ignoraient la cause. Figurez-vous une espèce de claquement, ou plutôt une série de coups rapides ayant de l'analogie avec les grondements de la tempête.

Il en résulta qu'au lieu de répondre à Gaspard, l'Hindou, qui savait quel était ce bruit, dit tout simplement :

« Attendez un peu, jeune Sahib ; voici le calao ; il va vous apprendre comment se nourrit sa femelle. »

Au même instant la cause du bruit qu'on entendait se révéla aux yeux de Gaspard ; un grand oiseau, qui en était certainement l'auteur, passa en donnant de vigoureux coups d'aile, et se dirigea vers l'arbre où le nid était renfermé.

Il se percha sur le moignon d'une branche, ou plutôt sur un nœud en forme d'éperon qui s'avançait au-dessous du nid.

L'Hindou n'eut pas besoin de dire à Gaspard que l'arrivant était le mâle de la recluse. Il était facile de reconnaître dans l'énorme bec de cet oiseau la pointe qui passait par le trou de la muraille ; et la singulière protubérance qui surmontait la mandibule supérieure, où elle formait une espèce de casque ayant plusieurs pouces de long, justifiait le nom de rhinocéros que le Shikarri avait donné à cette espèce de calao.

CHAPITRE XV.

LE CALAO.

Bien qu'il ne l'eût jamais rencontré vivant, Karl avait eu plusieurs fois l'occasion de voir cet oiseau dans les galeries d'histoire naturelle, aussi le reconnut-il aisément. Il alla même jusqu'à dire quelle en était l'espèce; car il y a plusieurs sortes de calaos, bien qu'ils ne forment qu'une seule famille, qui est celle des *bucéros*.

Le Shikarri ne s'était pas trompé; l'oiseau qui s'offrait aux regards de nos chasseurs était précisément le *calao-rhinocéros*. On le nomme aussi *topaou*, et quelquefois on l'appelle *corbeau-indien*, en raison d'une certaine ressemblance avec le corbeau vulgaire, dont il a un peu la forme, et surtout les habitudes.

Ossaro n'avait rien exagéré à l'égard de la taille et de la grosseur; au contraire il avait été modéré dans son estime. Le rhinocéros, dont il est question, paraissait plus grand qu'une oie, ou même qu'un jars; il mesurait au moins trois pieds, à partir de la queue jusqu'à la pointe du bec ; il est vrai que ce dernier avait à lui seul près du tiers de cette longueur.

Vêtu de noir sur le dos, il avait le dessous du corps d'un blanc jaunâtre, et la queue d'un blanc pur rehaussé, vers le milieu des pennes, d'une large bande de la couleur du manteau. Son bec, de même que celui de la femelle, était d'un blanc tirant sur le jaune, et lavé de rouge à la naissance de la mandibule supérieure, tandis que la protubérance en forme de casque était variée de blanc et de noir.

Bien que cet oiseau curieux soit natif de l'Inde, où l'on en trouve plusieurs espèces, il y est assez rare ; et le Shikarri avait débité à peu près tout ce qu'il savait sur son compte.

Le botaniste aurait pu en dire beaucoup plus long sur les mœurs des calaos en général, et sur leurs différents genres ; il l'aurait certainement fait dans toute autre circonstance ; mais dans la situation où ils se trouvaient alors, assiégés qu'ils étaient par un éléphant irrité, Karl ne se sentait pas d'humeur à faire un cours d'histoire naturelle.

Autrement il n'aurait pas manqué d'apprendre à Gaspard, et en même temps au Shikarri, que les ornithologistes n'ont pas toujours été d'accord sur la place que doivent occuper les bucéros. Plusieurs d'entre eux les ont rangés parmi les toucans, tandis que pour d'autres ils sont de la famille des corbeaux.

Leur énorme bec, sans proportion avec le corps, n'est pas le seul point de ressemblance qu'ils aient avec les premiers. De même que les toucans, ils jettent leur proie en l'air, afin de la saisir et de l'avaler au moment où elle retombe; mais ils n'ont pas comme eux la faculté de gravir les arbres; d'où il résulte qu'on ne peut pas les mettre avec les *scansoripèdes* ou *grimpeurs*.

On a dit que le calao était omnivore, ce qui le rapprocherait des corbeaux; mais nous avons établi dans les pages précédentes qu'il y a plusieurs espèces de bucéros, et les mœurs de ces différentes espèces, confondues par la plupart des auteurs, sont fort loin d'être les mêmes.

Il y a des bucéros en Afrique, il y en a dans l'Inde et dans les îles voisines; enfin la Nouvelle-Guinée en compte une ou deux espèces que l'on ne trouve pas ailleurs.

Tous ces calaos diffèrent entre eux non-seulement par la taille, le costume, la forme du bec, la protubérance qui le caractérise; mais encore par leur genre de nourriture.

Ceux d'Afrique par exemple, et une espèce de l'Asie, peut-être plusieurs de cette partie du monde, sont essentiellement carnivores[1]. Il en est même qui se repaissent de charognes. Ce sont des oiseaux répugnants dont la chair et les plumes ont l'odeur repoussante de celles des vautours.

D'autre part il y a dans les îles de la mer des Indes,

1. Nécessairement carnivores dans les parties arides de l'Afrique où la végétation est rare, et disparaît à certaines époques de l'année, les calaos s'y nourrissent de fruits dans les endroits fertiles; ainsi au Natal, le *calao-buccinateur* est essentiellement frugivore. (*Note du traducteur.*)

principalement aux Moluques, une espèce de calao dont la muscade est la seule nourriture, ce qui lui donne un fumet exquis, et le fait rechercher des plus fins mangeurs de l'extrême Orient.

A une certaine époque, le bec de ces muscadivores présente des cannelures irrégulières plus ou moins prononcées. Les Hollandais qui habitent les Moluques, ayant observé qu'on ne trouvait ces rides que chez les vieux bucéros, ont pensé qu'elles indiquaient l'âge de l'oiseau, à raison d'une par an; et c'est pour cela qu'ils ont nommé leur calao *yervogel*, c'est-à-dire *l'oiseau à l'année*[1].

Karl, ainsi que je l'ai dit plus haut, n'ignorait aucun de ces détails; mais il ne songeait pas à en instruire ses compagnons.

Oubliant le solitaire qui poursuivait son manége, il était, ainsi que Gaspard, beaucoup trop intéressé par les allures du calao pour s'en distraire un instant. Évidemment celui-ci n'était pas frugivore; car il lui sortait du bec un objet cylindrique, et d'une assez grande longueur, qui n'était autre chose que le cadavre d'un serpent. Les trois chasseurs le virent d'une manière positive.

1. Chez les calaos la dimension du bec est acquise aux dépens de la solidité; il a fallu que ce bec énorme fût poreux et mince pour que son poids n'excédât point les forces de l'oiseau. Or, ces mandibules fragiles portent des dentelures qui se brisent à la longue en mangeant des muscades; mais le bord de ces mandibules repousse; et les cannelures du *yervogel* ne sont que les cicatrices de ces dents fracturées et renouvelées. Il est tout simple qu'elles ne s'observent que chez les vieux calaos; mais leur apparition n'a rien de périodique. (*Note du traducteur.*)

La femelle également n'était pas habituée à un régime végétal; car il était certain, d'après les manœuvres du mâle, que le tronçon de reptile lui était destiné.

La preuve ne s'en fit pas attendre. A peine le pourvoyeur se fut-il perché sur le nœud du platane, qu'imprimant à sa tête une vive secousse, il jeta en l'air le bout de serpent qu'il apportait, et le rattrapa dans sa chute, non pas avec l'intention de l'avaler, mais pour le placer avec plus d'adresse entre les mandibules de la recluse, dont le bec sortait par la petite fenêtre, et s'ouvrait pour recevoir la proie.

L'instant d'après la bouchée friande, saisie par la femelle, disparaissait dans la cavité, où l'entraîna la pince d'ivoire qui la tenait solidement.

Sans plus attendre le pourvoyeur s'éloigna du platane. La recluse avait eu à dîner; peut-être allait-il lui chercher du dessert. Dans tous les cas il reprit son vol étourdissant, dont les coups d'aile furent accompagnés cette fois d'un bruit de castagnettes, produit par le claquement de ses mandibules cornées; bruit non-seulement étrange; mais bien fait pour remplir d'effroi ceux qui en ignoraient la source.

CHAPITRE XVI.

UN VOLEUR A QUATRE PATTES.

Après le départ de l'oiseau qui venait de leur apprendre un chapitre si intéressant d'histoire naturelle, nos trois amis se préoccupèrent plus que jamais de leur éléphant. Non pas qu'il y eût dans la conduite de celui-ci quelque chose de nouveau ; car il continuait sa promenade, et tournait toujours dans le même cercle.

Mais combien cela durerait-il ? nos amis se le demandaient. Rien dans ses allures n'annonçait qu'il eût envie de s'éloigner ; il persistait dans son manége sans donner le moindre signe de fatigue ou d'ennui ; et tant qu'il serait là nos assiégés ne pouvaient pas quitter leur asile.

Tandis qu'ils regardaient l'éléphant, les trois chasseurs tournaient le dos au platane, et il est probable qu'ils n'auraient plus songé à ce dernier, si des sons étranges, qui paraissaient venir de l'endroit où se trouvait le nid du calao, n'avaient frappé leurs oreilles.

Les sons étaient doux, légèrement plaintifs, et ne ressemblaient en rien à ceux qu'avait fait entendre l'oiseau-rhinocéros. C'était plutôt l'accent d'un quadrupède ou même d'une créature humaine qui aurait proféré la syllabe *ouah*, *ouah*, plusieurs fois de suite.

Mais dès qu'il l'eut entendue le Shikarri put affirmer que cette voix n'était pas plus celle d'un homme que celle d'un oiseau ; et ses compagnons en eurent bientôt la certitude. En se retournant vers le platane, ils virent l'auteur de cet accent plaintif perché sur l'éperon où s'était posé le calao, lorsque celui-ci avait apporté le dîner de la recluse. C'était bien un quadrupède ; s'ils avaient été en Amérique, ils l'auraient pris pour un raccoon ; mais après mûr examen, les différences que présentent les deux espèces les auraient certainement frappés.

De même que le raccoon, cet animal était plantigrade[1], avait le corps ramassé, arrondi, couvert d'un poil épais, et terminé par une queue touffue, présentant des bandes annulaires d'une teinte prononcée qui tranchaient sur un fond plus pâle.

Mais au lieu du museau effilé qui distingue le raccoon, ce plantigrade avait la figure ronde à peu près comme celle d'un chat ; et son épaisse fourrure au poil fin et brillant, dont les raies et les mouchetures d'un jaune vif rehaussaient la teinte brune, différait essentiellement de la robe unie du raccoon. C'était du reste, au

1. Qui marche sur la plante des pieds comme les ours. (*Note du traducteur.*)

dire de Gaspard, l'une des plus jolies bêtes qu'on pût voir.

Il y avait longtemps que cette remarque avait été faite par Cuvier; et Karl, en entendant son frère émettre cette opinion, fut entièrement de son avis.

Pour Ossaro c'était une vieille connaissance; il avait plus d'une fois rencontré ce joli animal, et savait qu'on le nomme *panda*, *chitoua*, ou tout simplement *ouah*, appellation qui dérive de son cri habituel.

Le botaniste l'avait reconnu précisément à ce cri particulier, et pouvait encore lui donner un autre nom : celui d'*ailurus*, qui est un nom générique, dont le ouah est encore seul possesseur.

Depuis le jour où le célèbre Cuvier l'a baptisé de la sorte, on n'a pas découvert d'autre espèce d'ailure. Il était donc au moins superflu de créer ce nom scientifique, et d'en affubler le chitoua qui le possède à lui seul.

Toujours est-il qu'on le lui a donné, et qu'on l'appelle en outre *ailurus fulgens* en raison de l'éclat de sa fourrure.

Bien qu'obéissant à leurs tendances pédantesques, les naturalistes de cabinet aient créé un genre tout exprès pour lui, cet animal ne présente rien dans son aspect ou dans ses habitudes qui le sépare des raccoons, des blaireaux, des coatimondis, et autres créatures de même farine. Il se nourrit d'oiseaux, en mange les œufs comme tous ces rapaces; y ajoute les quadrupèdes de petite espèce, et grimpe aux arbres avec la même facilité que le raccoon.

La situation dans laquelle le panda qui nous occupe

s'offrit d'abord aux yeux de Karl et de Gaspard en était une preuve suffisante, et sa passion pour les œufs fut bientôt confirmée.

Il n'y avait pas une minute que les trois amis suivaient tous ses mouvements, lorsqu'ils acquirent la certitude qu'il en voulait aux œufs du calao, et peut-être à la chair de la recluse.

Solidement appuyé sur la plante des pieds de derrière, qui, à leur tour, posaient sur la saillie du platane, il se dressa comme un petit ours ; et avec les ongles de ses pieds de devant il se mit à gratter la muraille que le bucéros avait élevée à grand'peine.

Il est possible qu'avec le temps il eût réussi à forcer l'entrée du nid; la chose est même probable, sans quoi il n'eût pas tenté l'entreprise.

Mais il fallait pour cela que rien ne le troublât dans sa besogne ; et c'est le contraire qui arriva.

Ce n'était cependant pas la recluse qui pouvait l'arrêter ; bien qu'il fut évident, à la manière dont elle manœuvrait du bec, et au sifflement qu'elle faisait entendre, que la pauvre mère connaissait le péril dont elle était menacée.

Le panda n'en continuait pas moins son grattage, et la muraille diminuait d'épaisseur, quand un bruit violent, accompagné d'un cliquetis furieux, s'entendit au-dessus des arbres.

L'instant d'après l'ombre d'un corps, soutenu par de grandes ailes, couvrait l'entrée de la cellule où se débattait la recluse, tandis que l'énorme bec dentelé du bucéros, pareil à un coutelas, s'abattait sur le maraudeur.

Le panda, pris à l'improviste, faiblit sous le choc, tant le coup avait été porté avec force; car ainsi que tout père de famille qui, en rentrant chez lui, trouverait un voleur brisant la porte de sa maison, le rhinocéros avait fondu sur le chitoua avec toute l'impétuosité de la colère.

Le malfaiteur, néanmoins, évidemment habitué à cet accueil, fut bientôt remis de son émotion. Loin d'abandonner son poste, il se planta plus fermement sur ses pieds de derrière, et faisant face à l'ennemi, il se prépara au combat.

La lutte fut immédiatement engagée. L'oiseau s'abattit à plusieurs reprises en frappant du bec et des ailes, tandis que le quadrupède, se tenant sur la défensive, para les coups de son adversaire avec les dents et les griffes, et arracha plus d'une gueulée de plumes de la poitrine du calao.

CHAPITRE XVII.

INTERVENTION DE FRITZ.

Il est impossible de dire comment l'affaire se serait terminée, si les deux parties avaient été abandonnées à elles-mêmes. Selon toute probabilité, le quadrupède aurait triomphé de l'oiseau; la citadelle aurait été prise, la couveuse arrachée du nid, peut-être dévorée, et le vainqueur eût ensuite gobé les œufs.

Mais il était écrit au livre du destin que ce petit drame aurait un autre dénoûment. La lutte se prolongeait avec des chances à peu près égales des deux côtés, lorsqu'un incident imprévu, suivi de plusieurs autres, vint changer la nature du débat, et amena une conclusion à laquelle ne s'attendaient ni les combattants, ni ceux qui les regardaient.

Le premier de ces épisodes, celui qui détermina la crise d'où tous les autres découlèrent, fut assez drôle pour provoquer les rires des spectateurs.

Il arriva par hasard que le chitoua, en parant les coups

de son antagoniste, fit un mouvement qui le plaça de profil, et qu'un de ses yeux fut précisément en face de la petite ouverture qui servait de fenêtre au nid du calao. Ne supposant pas qu'il eût rien à craindre dans cette direction, il ne pensait à défendre que sa partie découverte. Mais la femelle, qui, de l'intérieur de sa cellule, voyait assez bien ce qui se passait, ne pouvait rester impassible en face d'un combat dont sa nichée était l'enjeu, sans parler de sa propre vie. Elle saisit donc l'occasion qui lui était offerte, car la joue du panda se trouvait à sa portée, et rentrant sans bruit dans sa cellule, afin de prendre son élan, elle rejeta au dehors son grand bec d'ivoire, qui, lancé avec force, alla tomber comme une pioche dans l'œil droit du panda, où il pénétra jusqu'au fond.

Ahuri par la surprise, non moins que par la douleur que lui causait sa blessure, le plantigrade jeta un cri perçant, et dégringola aussitôt, n'ayant plus d'autre désir que de s'éloigner en toute hâte.

Il y serait parvenu sans aucun doute, et en aurait été quitte pour la perte d'un œil, si un autre quadrupède, avec lequel il devait avoir maille à partir, n'avait eu les yeux sur lui.

Ce quadrupède c'était Fritz. Attiré par le bruit du combat, il avait gagné le platane, et levant la tête, il avait suivi du regard la lutte qui se passait à l'étage supérieur.

Il est plus que probable que la sympathie du brave limier fut dès lors acquise au bon droit, et qu'il embrassa immédiatement le parti du bucéros.

Mais quelle que fût sa première impression, il est

certain qu'aussitôt que le panda eut mis pied à terre, il se jeta sur lui avec autant de fureur que s'il eût rencontré son plus cruel ennemi.

En dépit de la soudaineté de cette nouvelle attaque, non moins imprévue que le coup qu'il avait reçu dans l'œil, le panda manifesta l'intention de ne céder le terrain qu'après l'avoir disputé; et malgré l'infériorité de ses forces, il résolut de faire au moins à son antagoniste une ou deux égratignures dont celui-ci emporterait le souvenir dans la tombe.

Mais en ce moment l'honnête Fritz courait un bien autre danger que celui dont le menaçait les ongles du panda; et si, par hasard, en bondissant pour éviter un coup de griffe, il n'avait pas tourné les yeux dans une direction particulière, il serait tombé sous les coups d'un ennemi qui ne lui aurait pas montré plus de pitié qu'il n'en ressentait pour le chitoua.

Heureusement, disons-nous, qu'il détourna les yeux, car ce n'était rien moins que l'éléphant qui, le regard animé par la vengeance, et la trompe levée pour le saisir, se dirigeait vers lui.

Fritz n'eut pas besoin de réflexion pour savoir ce qu'il avait à faire. Il lâcha le panda comme si l'animal eût été empoisonné, et s'enfuit à toutes jambes dans la direction contraire à celle de l'éléphant. Un tiers de minute après on ne voyait plus que le bout de sa queue dont la pointe disparut dans le fourré.

De tous les individus qui prirent part à cette curieuse affaire, le panda est peut-être celui qui inspire le moins de pitié, et c'est lui pourtant qui fut le plus malheureux.

Le bec du calao tomba dans l'œil droit du panda. (Page 85.)

Il n'avait trouvé que des ennemis dans ceux qu'il avait rencontrés, et le dernier de tous devait l'expédier lestement.

En apercevant Fritz, l'éléphant était revenu à la charge, et cette fois avait bien résolu de se venger. Mais Fritz disparaissant de nouveau, il renonça au projet de le poursuivre.

C'est alors que découvrant le chitoua, il le prit pour sa victime.

Presque aveuglé par la perte de son œil, et à demi dévoré par le chien, ce pauvre panda ne s'aperçut pas, comme Fritz, de l'approche du solitaire. Il est possible qu'il ait vu le péril ; mais trop tard pour y échapper.

Avant qu'il eût pu faire le moindre effort pour partir, le panda était saisi par la trompe de l'éléphant et secoué dans l'air comme s'il avait été une plume.

Sans lâcher sa victime, l'impitoyable colosse rejoignit, en quelques enjambées, l'endroit où gisait l'obélisque ; et là, choisissant une place qui lui convînt, il y déposa le corps pantelant du chitoua, qu'il piétina jusqu'à ce que la malheureuse bête n'offrit plus qu'une masse informe de poils et de chair sanglante.

Ce fut pour nos amis un pénible spectacle ; mais le dénoûment fut si agréable, qu'ils oublièrent la douloureuse impression dont cette vue les avait pénétrés.

Soit qu'il eût satisfait sa vengeance, soit qu'il voulût courir à la recherche de Fritz, l'éléphant se dirigea vers le fourré, avec l'intention évidente de ne plus revenir. C'est ainsi que fut levé le siége, dont la durée commençait à devenir fastidieuse.

CHAPITRE XVIII.

MORT AU SOLITAIRE !

Aussitôt que l'éléphant eut déguerpi, les assiégés délibérèrent, afin de savoir s'il était prudent de descendre. Ils étaient horriblement fatigués de la position qu'ils avaient prise, et qu'il leur avait fallu conserver. Être à cheval sur une branche n'a rien de désagréable quand on y est peu de temps; mais, à la longue, cela devient tellement dur qu'il est fort pénible d'y rester.

Gaspard surtout, qui ne supportait pas l'inaction, ne pouvait plus y tenir, et il s'exaspérait contre l'ennemi qui lui infligeait cette torture.

A plusieurs reprises, il avait été sur le point de descendre pour aller chercher son fusil ; mais Karl ayant chaque fois deviné son projet, avait eu la prudence de l'y faire renoncer.

Les deux autres n'étaient pas moins désireux de quitter leur perchoir, et ils l'auraient abandonné sur-le-champ, s'ils avaient été sûrs que l'ennemi fût parti pour de bon. Mais ils craignaient que son absence ne fût que temporaire ; cela pouvait être un moyen pour les engager à descendre ; car on a vu de ces solitaires vicieux avoir recours à des ruses non moins adroites que celles des aigrefins d'espèce humaine.

Tandis que les deux frères se consultaient sur le parti qu'il fallait prendre, Ossaro coupa court aux délibérations en descendant pour aller voir si l'éléphant était parti, ou s'il se tenait en embuscade à la lisière de la forêt.

Comme le Shikarri pouvait ramper sous bois sans faire plus de bruit qu'un serpent, sa démarche n'offrait aucun danger, pourvu toutefois qu'il n'allât pas trop loin. En supposant qu'il eût découvert la bête, il l'aurait aperçue d'une assez grande distance pour avoir le temps de regagner son perchoir.

Il quitta donc la branche qui lui donnait asile, et glissa vivement dans l'herbe, en suivant la direction qu'avait prise l'éléphant.

Karl et Gaspard attendirent cinq minutes; l'Hindou ne revenait pas ; ils s'impatientèrent, et descendirent à leur tour.

Leur première action fut d'aller reprendre leurs fusils, qu'ils se hâtèrent de recharger. Ils se placèrent ensuite au pied de leur arbre, afin d'y remonter en cas d'attaque ; et ils restèrent immobiles en attendant l'Hindou.

Il se passa beaucoup de temps sans que les deux frères vissent reparaître le Shikarri, ou que le moindre bruit les avertit de son arrivée. Autour d'eux régnait le plus grand silence, interrompu seulement de temps à autre par le vol du calao, qui croisait aux environs du nid, et paraissait se demander par quelle mystérieuse influence il avait été si brusquement débarrassé du panda.

Mais les mouvements de l'oiseau n'avaient plus aucun intérêt pour les deux frères, qui commençaient à se tourmenter de l'absence de leur ami.

Bientôt néanmoins ils furent délivrés de leur inquiétude en entendant le Shikarri sortir du fourré et s'avancer d'un pas rapide. Ils eurent en outre le plaisir de voir que le chien l'accompagnait et qu'il était sain et sauf; car Fritz avait rejoint l'Hindou à la lisière du bois, où ce dernier s'était blotti pour échapper aux regards du solitaire.

Quand Ossaro fut près d'eux, Karl et Gaspard remarquèrent sur son visage une expression qui, jointe à la rapidité de sa marche, annonçait qu'il avait à leur dire quelque chose d'important.

« Eh bien, Ossy! lui cria Gaspard; quelles nouvelles? As-tu aperçu le vieux scélérat ?

— Ah! oui, répliqua l'autre, d'un ton empreint de frayeur, scélérat est bien le mot, jeune sahib.

— Que veux-tu dire? Est-ce que tu l'as vu depuis que tu es parti.

— Si je l'ai vu, sahib! Où pensez-vous qu'il soit allé ?

— Comment veux-tu que je le sache, dit Gaspard.

— Il se rend chez nous.

— A la cabane?

— Tout droit, jeune sahib ! Ah ! continua le Shikarri en parlant à voix basse et d'un air effrayé, cette bête-là en sait trop long pour être de ce monde. J'ai bien peur que ce ne soit pas un éléphant, mais le diable qui en aura pris la forme. Que va-t-il faire à la cabane? Pourquoi y retourne-t-il ?

— Je te le demande, reprit l'autre. Est-ce dans l'espoir de nous y trouver? Si telle est son intention, poursuivit Gaspard, nous n'aurons pas de repos tant qu'il sera en vie. Il faut qu'il meure, ou c'est lui qui nous tuera.

— Sahib, répliqua l'Hindou en secouant la tête d'un air significatif, impossible à nous de le tuer; cet éléphant-là ne doit pas mourir.

— Quelle sottise ! s'écria le jeune homme avec dédain ; nous le tuerons parfaitement, si nous l'atteignons au bon endroit; affaire d'adresse, voilà tout, et sur ma parole le plus tôt sera le meilleur. Il est évident que s'il retourne à la cabane, c'est dans une mauvaise intention. Fritz est parti de là tout d'abord ; il se le rappelle, et comme il pense que le chien peut y être maintenant, il y va pour le chercher. Oh ! toi, Fritz, mon vieux camarade, tu n'as pas besoin d'avoir peur, il t'est facile de lui échapper; ce sont tes maîtres qui doivent trembler pour eux. »

Plongé dans ses réflexions, le botaniste avait jusqu'ici gardé le silence.

« Es-tu bien sûr, dit-il enfin au Shikarri, es-tu bien sûr que l'éléphant soit allé chez nous? »

Ossaro ne pouvait pas l'affirmer; il aurait fallu pour

cela qu'il eût trouvé le solitaire sur les lieux-mêmes, et il n'avait pas été à la case ; mais il avait suivi les pas de l'éléphant à travers la futaie, et là, montant sur un arbre, il avait vu la bête se diriger vers la hutte. Qu'elle se rendît à la cabane, cela ne faisait pas le moindre doute ; mais dans quel dessein ? il n'en pouvait rien dire ; sa terreur superstitieuse l'empêchant de tirer la moindre conjecture.

« Il y a dans tout cela une chose certaine, reprit Karl après un nouveau silence, nous ne pouvons pas continuer l'exploration de la falaise avant de nous être délivrés de l'éléphant. Ce que tu disais tout à l'heure est vrai, Gaspard. Maintenant qu'il est instruit de notre présence et que de plus il est irrité par les blessures que nous lui avons faites, il n'est pas probable qu'il nous laisse tranquilles ; nous n'aurons plus de repos tant qu'il vivra.

« Il faut donc en finir ; je ne vois pas de raison pour différer cette affaire, et il y en a beaucoup pour la régler tout de suite ; le moindre délai peut nous être fatal.

— Bravo ! s'écria Gaspard. En chasse à l'instant même, et que notre devise soit : Mort au solitaire ! »

CHAPITRE XIX.

RUINES ET DÉBRIS.

Nos amis reprirent le chemin de la cabane sans plus tarder; c'était précisément la route qu'avait suivie l'éléphant, ainsi qu'on pouvait le reconnaître à la piste qu'avait déjà vue l'Hindou, et qu'il fit remarquer aux deux frères.

Çà et là, où le sol était humide, se voyaient d'énormes empreintes qui n'avaient rien d'équivoque; et dans les endroits où les traces disparaissaient, les feuilles et les ramilles qui jonchaient la terre, les branches d'un volume considérable qui venaient d'être brisées, détachées de l'arbre et portées à quelque distance du lieu où elles avaient été rompues, indiquaient nettement le chemin qu'avait pris l'animal.

Ossaro avait suivi maintes fois la piste des éléphants sauvages dans les jungles du Bengale, et il connaissait parfaitement leurs allures. C'est ainsi qu'il put dire à ses compagnons que le solitaire n'avait pas mangé sur sa route, car ni les feuilles, ni les branches ne portaient la trace de ses dents ; mais qu'il avait marché en toute hâte, sans aucune hésitation, et comme sous l'influence d'un dessein arrêté. Enfin, les rameaux qu'il avait semés sur son chemin avaient dû être brisés de dépit, au souvenir du traitement qu'il avait reçu, et de la non-réussite de ses projets de vengeance.

L'Hindou n'avait pas besoin de recommander à ses compagnons d'être prudents ; ils savaient aussi bien que lui tout le danger que l'on peut courir en présence d'un éléphant sauvage, dont on a troublé le repos, alors même qu'il s'agit d'une bête sociable, et non d'un solitaire. Le péril s'augmentait pour eux de la nature particulière de leur ennemi, et de l'état de fureur où ils venaient de le voir.

Ils avançaient donc avec la plus grande précaution, l'œil ouvert, l'oreille tendue, tout leur être sur le qui-vive, et en gardant le silence ou en ne parlant qu'à voix très-basse.

La route qu'ils suivaient n'était pas celle qu'ils avaient prise pour venir. Voulant examiner la falaise, c'est en longeant cette dernière, c'est-à-dire en faisant le tour du vallon, qu'ils avaient gagné le point où ils s'étaient arrêtés. Maintenant ils se rendaient chez eux par la voie la plus courte ; et c'était, comme on l'a vu, celle qu'avait prise l'éléphant.

Impossible de ne pas voir que l'ennemi était toujours devant eux ; des indications précises ne leur permettaient pas d'en douter ; elles se mutipliaient à mesure qu'ils approchaient de leur demeure ; et comme ils savaient que dans le voisinage immédiat de la source chaude, par conséquent de la hutte, il n'y avait pas d'arbre où ils pussent se réfugier en cas d'attaque, ils avancèrent avec un redoublement de prudence.

En venant par le chemin qu'ils avaient pris, la cabane ne s'apercevait que lorsqu'on n'en était plus qu'à deux cents pas. Une ceinture de grandes herbes en dérobait la vue à nos chasseurs ; mais une fois cette jongle franchie elle apparaîtrait à leurs regards.

Entrés dans ce fourré, où ils ne marchaient qu'avec des précautions infinies, ils virent non sans inquiétude que l'éléphant les y avait précédés; et reconnurent que ses pas se dirigeaient toujours vers la hutte.

Quel motif pouvait l'y attirer? nos amis se le demandèrent. Il était donc à leur recherche? cela paraissait évident. Ne les ayant pas revus sur la scène du combat, il avait sans doute pensé qu'ils étaient revenus chez eux ; et avait pris le parti de les y rejoindre.

Après ce qu'ils avaient observé ils finissaient par attribuer à cet éléphant une intelligence quelque peu surnaturelle; et bien que cette idée fût absurde, elle n'en eut pas moins pour effet d'éveiller en eux un sentiment d'appréhension des plus pénibles. Ce qu'ils découvrirent en sortant du fourré, non seulement ne calma pas leurs inquiétudes, mais les frappa de terreur.

La cabane, qui, maintenant aurait dû paraître à leurs regards, puisqu'ils n'en étaient qu'à deux cents pas, la cabane n'existait plus. On n'en voyait que les ruines. Les grosses pierres dont les murailles avaient été construites, le chaume et les soliveaux qui en avaient composé la toiture, la couche d'herbe qui servait de literie, les ustensiles de ce pauvre ménage, les quelques objets qui remplaçaient les meubles, tout cela jonchait la terre; et pas le moindre vestige d'une maison ou d'une case; rien qui montrât qu'une habitation avait été là!

A la place de leur ancienne demeure, les trois amis n'apercevaient que des ruines; à peine y restait-il deux ou trois pierres l'une sur l'autre.

Ils contemplaient ces débris avec terreur; disons plus: à leur effroi se mêlait un accablement respectueux. L'adorateur de Brahma n'était plus seul dans ses idées superstitieuses; les deux chrétiens devenaient, comme lui, victimes de la foi au surnaturel.

La destruction de leur demeure n'avait rien de mystérieux. Bien que l'auteur du mal ne se montrât nulle part, ils savaient tous que c'était l'éléphant. Cela ne faisait pas le moindre doute.

Mais ce n'était pas le fait en lui-même qui effrayait tant nos amis; ce qui les frappait de stupeur, c'était l'intelligence en quelque sorte humaine, ou plutôt démoniaque, dont l'animal avait fait preuve dans cet acte de vengance; d'autant plus que cette action réfléchie pouvait n'être que le prélude d'une guerre impitoyable.

Bien que cette dévastation n'eût pu être achevée que depuis quelques instants, son cruel auteur restait inaperçu. Les frères et l'Hindou, je n'ai pas besoin de le dire, regardaient avec soin de tous côtés. Craignant à leur tour de se laisser voir, ou de se rapprocher de l'ennemi, ils demeurèrent cachés sous des buissons, à distance du lieu du désastre; et ce ne fut que longtemps après, qu'ils

A la place de leur ancienne demeure les trois amis n'apercevaient que des ruines.
(Page 98.)

se hasardèrent à quitter leur asile, et à venir s'assurer de l'étendue des ravages qu'avait faits l'éléphant.

La destruction était complète ; nous avons dit que la cabane était entièrement démolie et que les matériaux en étaient dispersés. Nos chasseurs l'avaient vu tout d'abord; mais une découverte, qui devait leur être bien autrement douloureuse, leur était réservée : la poudre qu'ils avaient ménagée avec tant de soin, était répandue parmi les décombres ; et la ramasser devenait chose impossible.

A leur départ elle était renfermée dans une gourde, préparée tout exprès ; et cette gourde, ainsi que le reste du mobilier, avait été écrasée par l'éléphant.

La viande qu'ils avaient fait sécher, toutes leurs provisions avaient été foulées aux pieds, et se trouvaient également perdues ; mais c'était une perte moins cruelle ; on pouvait la réparer, bien qu'à grand'peine, tandis que rien ne pouvait remplacer la poudre.

CHAPITRE XX.

BRANCHÉS DE NOUVEAU.

Sans la crainte qu'ils avaient du retour de l'ennemi, les deux frères, et même l'Hindou, se seraient lamentés plus longuement au sujet de cette perte irréparable. Mais qu'était devenu le solitaire? Ils se le demandaient tour à tour, en cherchant des yeux dans toutes les directions.

Quelques minutes à peine s'étaient écoulées depuis son départ; l'herbe qu'il avait écrasée sous ses pas était encore mouillée de la séve qu'elle renfermait; et à plus d'un mille à la ronde il n'y avait pas un fourré, pas un bouquet d'arbres qui pût cacher un animal de cette taille.

Ainsi, du moins, pensaient Karl et Gaspard; mais le Shikarri était d'une opinion différente. Un éléphant, disait-il, pouvait très-bien se remiser dans la jongle qui bordait la clairière. Il ajoutait que cet animal, quelle que fût sa grosseur, parvenait à dissimuler sa présence avec une habileté merveilleuse, et sous le couvert le plus mince; il affirmait en avoir eu maintes et maintes fois la preuve dans sa carrière de chasseur.

Non-seulement, disait Ossaro, l'éléphant a une sagacité remarquable pour se choisir un abri; mais il n'a pas besoin de s'accroupir ou de se coucher pour n'être pas aperçu. Il y arrive en gardant une immobilité complète, qui jointe à la place qu'il a su prendre, et à la structure de sa masse informe, trompe souvent les yeux du chasseur le plus expert.

Enfin, bien que ses deux compagnons eussent de la peine à le croire, Ossaro prétendit que c'était justement dans cette jongle étroite, qui leur inspirait toute confiance, que se trouvait le solitaire.

Malheureusement pour eux, l'assertion du Shikarri fut bientôt confirmée.

Les yeux braqués sur la jongle en question, l'oreille tendue pour saisir le moindre bruit, les deux frères espéraient toujours que l'Hindou était dans l'erreur, quand ils virent se mouvoir légèrement la pointe des jeunes arbres qui s'élevaient du fourré.

Au même instant deux argus magnifiques s'envolèrent en poussant un cri d'alarme.

Ils fuyaient la jongle; et en passant au-dessus de la tête des trois chasseurs ils crièrent d'une voix si perçante, que Fritz, y mêla ses aboiements.

L'ennemi se tenait-il en embuscade, n'attendant qu'une occasion pour frapper ses victimes; ou la voix détestée du chien réveilla-t-elle sa vengeance? on l'ignore. Ce qu'il y a de certain, c'est que les trois chasseurs n'avaient pas eu le temps d'échanger deux paroles, qu'une trompe énorme, suivie d'épaules massives, apparut au milieu des grandes herbes.

Il était clair, pour nos amis, que le monstre se dirigeait de leur côté, avec cette marche trompeuse qui semble être un pas ordinaire, et qui donne à l'éléphant la vitesse d'un cheval au galop.

Tout d'abord nos chasseurs restèrent cloués à leur place, non pas afin d'attendre l'assaut, ou de le repousser; mais tout bonnement parce qu'ils ne savaient quelle direction prendre. La stupeur qu'ils éprouvèrent à la vue de leur ennemi fut telle, qu'il s'écoula plusieurs secondes avant que ni l'un ni l'autre pût concevoir une idée. Si Karl et Gaspard mirent le fusil à l'épaule, ce fut plutôt machinalement, qu'avec l'intention d'envoyer leurs coups à l'ennemi; car il y avait peu d'espoir que la décharge de leurs armes, de faible calibre toutes deux, pût arrêter le solitaire.

Néanmoins les deux fusils partirent. Gaspard déchargea son second coup immédiatement; et comme il s'y attendait, l'ennemi n'en continua pas moins d'avancer.

L'Hindou, fort heureusement pour eux, n'avait pas fait usage de son arc; il savait par expérience qu'une flèche, en pareil cas, est une arme inutile. Autant vaudrait donner une chiquenaude à l'éléphant, ou lui ficher une épingle dans la trompe; ces deux procédés auraient même sur la flèche, qui ne fait pas de blessure beaucoup plus grave, l'avantage de ne pas irriter la bête.

Connaissant donc l'inutilité de ses efforts, le Shikarri, au lieu de perdre son temps à une résistance chimérique, employa les quelques secondes qui lui étaient laissées à reconnaître le terrain, afin de voir quelle chance de salut il pouvait offrir.

Les environs, il faut l'avouer, présentaient peu de ressources. A la falaise, pas de banquette où l'on pût grimper. La jongle avait bien caché le solitaire aux regards des chasseurs, mais ne les aurait pas dissimulés aux yeux du sagace animal. L'éléphant, d'ailleurs, se trouvait dans cette direction, et c'eût été courir au-devant de sa trompe que d'aller de ce côté-là.

Mais dans ce moment critique un point tutélaire apparut au Shikarri sous la forme d'un arbre, le seul qu'il y eût dans le voisinage.

Une fois déjà cet arbre l'avait sauvé, car c'était celui qui, placé au bord de l'eau, entre le lac et l'embouchure de la rivière, avait fourni à Gaspard le moyen de retirer le Shikarri du sable mouvant où il allait disparaître.

L'arbre était gros, et ses branches libres de s'étendre, puisqu'il était isolé, se déployaient au loin dans toutes les directions.

L'Hindou, sans perdre une seconde en réflexions oiseuses, appela les jeunes sahibs; puis leur montrant l'exemple, il courut vers l'arbre avec toute la vitesse dont il était capable, et ne se retourna, pour voir s'il était suivi, que lorsqu'il fut arrivé aux branches supérieures.

Karl et Gaspard avaient obéi à son appel sans la moindre hésitation, et furent à la cime de l'arbre presqu'en même temps que lui.

CHAPITRE XXI.

UN ASSIÉGEANT IMPLACABLE.

Fritz avait couru à la suite des deux frères; mais n'ayant que des ongles de chien, il n'avait pu suivre ses maîtres jusqu'au bout, car il n'était pas grimpeur. Toutefois son intention n'était point de rester au pied de l'arbre, où l'éléphant n'aurait pas tardé à le rejoindre; et, puisqu'il n'avait pas le moyen de se brancher, il se jeta dans la rivière, gagna l'autre rive, et se glissant dans l'herbe, alla se cacher au milieu des roseaux qui croissaient au bord du lac.

Il avait opéré sa retraite d'autant plus aisément, que cette fois le solitaire ne faisait pas attention à lui; c'était sur les chasseurs que celui-ci avait les yeux fixés et qu'il paraissait vouloir décharger sa colère. Il les avait vus se diriger du côté de l'arbre, et les y avait suivis de si près que les deux frères avaient été de nouveau contraints de lâcher leurs fusils pour gagner les branches au plus vite. Le moindre délai pouvait leur être fatal; une seconde de plus, et il était trop tard.

Au moment où le botaniste, qui avait grimpé le dernier, levait le pied gauche pour le poser à l'étage supérieur, la trompe de l'éléphant saisissait la branche qu'il était en train de quitter, et la brisait comme s'il se fût agi d'un roseau.

Mais Karl n'en fut pas moins hors des atteintes de l'ennemi, comme les deux autres, et tous les trois se félicitèrent d'avoir échappé une fois de plus à un danger qui n'était rien moins que mortel.

Par contre, l'éléphant était plus furieux que jamais; à cette nouvelle ascension qui le frustrait de sa vengeance se joignaient les trois balles qu'il venait encore de recevoir; elles n'avaient fait que lui entamer la peau en glissant sur les os du crâne; mais ces égratignures n'en étaient pas moins assez fortes pour exaspérer sa fureur.

Il leva sa trompe, fit retentir son aigre fanfare, et saisissant les branches qui étaient à sa portée, il les brisa comme du verre à l'endroit où elles sortaient du tronc.

Peu de temps après, cet arbre, dont l'épaisse ramée commençait à peu de distance du sol, fut dépouillé de ses branches jusqu'à vingt pieds de hauteur; pendant qu'autour de lui s'amoncelaient des rameaux, des feuilles, des brindilles formant litière, et que les pesants sabots du mammouth foulaient sans repos ni trêve.

Non content de l'avoir dépouillé, l'éléphant s'empara du tronc de l'arbre, en y appliquant sa trompe qui ne put en embrasser qu'une faible portion, et tira vigoureusement dans l'espoir de l'arracher.

Voyant qu'il n'y parviendrait pas, il lâcha prise, et

recourant à un autre moyen, il essaya de déraciner l'arbre en le poussant avec l'épaule, ainsi qu'il avait fait pour renverser l'obélisque.

L'arbre trembla; mais le solitaire n'en comprit pas moins que tous ses efforts seraient inutiles; et après en avoir acquis la certitude, il abandonna l'entreprise.

Toutefois il ne manifesta nulle intention de partir; au contraire, il s'établit au pied de l'arbre, avec le dessein bien arrêté d'y séjourner longtemps.

Quant à nos chasseurs, bien qu'ils fussent en lieu sûr, ils étaient loin d'être satisfaits. Ils n'avaient rien à craindre pour l'instant; mais quand même le solitaire eût battu en retraite, et leur eût permis de descendre, l'avenir n'en restait pas moins sombre. Ils n'avaient plus qu'une charge de poudre, et cela ne suffisait pas pour se défaire d'un pareil ennemi. En détruisant leurs munitions, l'éléphant semblait avoir agi en capitaine habile; dans tous les cas, il avait mis ses adversaires dans la position la plus affreuse.

Quelle que fût la maison qu'ils pussent se bâtir, les chasseurs n'y seraient pas plus en sûreté que dehors; l'éléphant leur avait prouvé que les murailles les plus solides qu'il leur fût possible de construire ne résisteraient pas à sa première attaque. Pour n'avoir rien à craindre, ils seraient donc obligés de rester à la cime des arbres, et de mener la vie des singes ou des écureuils, ce qui, pour des hommes, est une existence peu agréable.

Comme nos amis en étaient là, Gaspard eut tout à coup une idée qui leur offrait le moyen d'échapper à cette triste perspective. Il pensait à la grotte où ils avaient tué l'ours; on pouvait y monter avec une échelle, et c'était un endroit inaccessible à l'éléphant. Que ce dernier leur permît de quitter la branche où ils perchaient alors, et ils pourraient s'y réfugier.

CHAPITRE XXII.

DE L'EAU !

Cette pensée que la caverne leur offrait un asile inviolable apporta à nos amis quelque soulagement au milieu de leurs tribulations.

Néanmoins, en y réfléchissant, il n'y avait pas de quoi se réjouir; ils seraient, il est vrai, hors de la portée de l'éléphant; mais que deviendraient-ils dans cette caverne? Le manque de lumière les empêcherait de travailler; il faudrait en sortir pour abattre le bois indispensable à la construction de leurs échelles; ils seraient exposés pendant ce temps-là aux attaques de leur impitoyable ennemi.

L'avenir était décourageant, même avec la certitude de pouvoir se réfugier dans la caverne, et d'y trouver un asile assuré.

Comme l'éléphant ne bougeait pas, les trois amis, confiants dans leur situation actuelle, pouvaient discuter à loisir les plans d'opérations qui se présentaient à leur esprit.

Bientôt, néanmoins, une réflexion vint troubler la sécurité dont ils jouissaient en ce moment. Combien devaient-ils rester dans l'arbre où ils étaient alors? Cette question qu'ils commençaient à se faire ne tarda pas à devenir une source d'inquiétude.

Aucun d'entre eux ne pouvait répondre à cette demande; mais ils comprenaient tous que le siége promettait de durer longtemps, plus longtemps sans doute que celui du matin; car le solitaire, dont la fureur concentrée devenait de plus en plus effrayante, paraissait bien résolu à passer au pied de l'arbre un temps indéfini.

Cette réflexion rendit à nos chasseurs toute leur anxiété. Non-seulement la fatigue les gagnait; mais la situation, en se prolongeant, leur faisait courir le risque particulier à tous les assiégés : celui de mourir de faim. A l'heure même où ils avaient gagné leur nouveau perchoir, ils étaient affamés comme des loups. On se rappelle qu'ils étaient sortis au point du jour; ils n'avaient fait alors qu'un déjeuner sommaire, et n'avaient rien mangé depuis le matin. L'après-midi s'avançait; ils ne dînaient pas, et probablement ils se coucheraient sans souper.

Quand nous disons qu'ils se coucheraient, c'est une façon de parler; car si l'éléphant gardait son poste, les malheureux bloqués n'auraient ni couchette, ni sommeil. Comment en effet pouvoir dormir avec la certitude de perdre l'équilibre, et de tomber précisément sur la trompe, ou devant les sabots de l'ennemi?

En supposant même qu'ils se fussent attachés sur la branche, la dureté d'une pareille couche ne permettait pas qu'on y reposât.

Nos pauvres amis n'avaient donc pas à espérer plus de sommeil que de nourriture. Mais il y a quelque chose de plus difficile à supporter que la faim ou le besoin de dormir : c'est la soif. Depuis leur départ de la cabane les trois chasseurs avaient pris beaucoup de mouvement ; il leur avait fallu courir, grimper aux arbres, se frayer un passage au milieu des broussailles, puis à travers la jongle ; et ces divers exercices, joints à l'émotion qu'ils avaient éprouvée, étaient bien faits pour éveiller une soif ardente. Ajoutez-y la vue continuelle de l'eau qui brillait aux pieds de nos amis, et qui bien loin de les désaltérer, aggravait leurs tortures.

Ne voyant pas le moyen d'apaiser leurs souffrances ils les supportèrent pendant longtemps sans rien dire ; mais la surface du lac étincelant au soleil, mais le murmure de cette eau limpide qui abreuvait la terre au-dessous d'eux, et leur infligeait le supplice de Tantale, arrachèrent enfin une exclamation à Gaspard.

« Éclairs et tonnerre ! s'écria-t-il, à quoi pensons-nous donc ? La soif nous étrangle, nous avons l'eau sous la main, et nous n'en profitons pas.

— Sous la main ! répondit Karl d'un air abattu ; je le voudrais bien, Gaspard.

— Oui, sous la main, répéta le jeune chasseur ; vois plutôt, ajouta-t-il en montrant sa poire à poudre qui était maintenant presque vide. »

Karl ne sembla pas comprendre ce qu'il voulait dire.

« Qui nous empêche, continua Gaspard, de la descendre et de la remonter pleine d'eau ? Rien ne s'y oppose. As-tu sur toi un bout de ficelle, Ossy ?

— Oui, sahib, répondit vivement l'Hindou, qui tira de sa chemise une petite corde, et la passa au jeune chasseur.

— Bon! s'écria celui-ci, elle est juste assez longue. »

Une minute après la corde était fixée au goulot de la poire à poudre, dont le contenu avait été mis dans le sac à plomb de Gaspard.

La poire à poudre descendit, plongea dans la rivière, y séjourna assez de temps pour s'emplir jusqu'au bord; puis Gaspard l'ayant remontée, la présenta à son frère en poussant un cri de joie, et en engageant ce dernier à boire tout son content.

Le pauvre Karl lui obéit sans répugnance.

Vidée en un clin d'œil, la poire à poudre fut descendue, et remontée de nouveau. Enfin elle se remplit et se vida autant de fois qu'il devint nécessaire pour que les trois chasseurs fussent complétement désaltérés.

CHAPITRE XXIII.

UNE SERINGUE GIGANTESQUE.

L'ingénieux expédient de Gaspard ayant calmé leur soif, les assiégés reprirent courage et se sentirent plus capables de supporter leur fatigue.

Ils parlaient d'accepter la situation, et d'attendre avec philosophie que leur geôlier voulût bien déguerpir, lorsqu'à leur grande surprise, il leur arriva plus d'eau qu'ils n'en voulaient, et d'une source non moins curieuse qu'inattendue.

Ce furent peut-être les allées et venues de la poire à poudre qui suggérèrent cette idée à l'éléphant; peut-être lui vint-elle de lui-même sans que rien la lui inspirât; la question serait difficile à trancher. Toujours est-il que le vase des chasseurs remontait pour la dernière fois, laissant à la surface de l'eau des rides circulaires qui s'élargissaient avant de disparaître, lorsque l'éléphant se précipita dans la petite baie où se jetait la rivière, et y plongea sa trompe comme s'il avait voulu se désaltérer.

Il resta dans cette position pendant quelques instants, et parut emplir d'eau son large et profond estomac. Il pouvait avoir soif tout aussi bien qu'un autre ; et, en le voyant entrer dans le petit golfe, les assiégés, pensèrent tout simplement qu'il allait à l'abreuvoir.

Il y avait, néanmoins dans son allure, et dans la manière dont il aspirait l'eau quelque chose qui trahissait une résolution différente ; il en donna bientôt la preuve et d'une façon qui, en toute autre circonstance, aurait fort amusé les spectateurs. Mais cette plaisanterie, si toutefois c'en était une, eut pour victimes ceux qui en furent témoins ; et pas un d'eux n'eut envie de rire, au moins pendant longtemps.

Voici de quelle manière l'éléphant procéda :

Ayant rempli sa trompe de l'eau qu'il avait puisée dans la baie, il la dressa de toute sa longueur ; puis la dirigeant vers l'arbre, et la pointant avec le sang-froid et la précision d'un astronome qui ajusterait son télescope, il en jeta le contenu à la figure des assiégés.

Les trois captifs, qui se trouvaient alors sur la même branche, ne perdirent pas une goutte de ce déluge, et furent immédiatement inondés par devant, par derrière, des pieds à la tête, comme s'ils étaient restés pendant des heures exposés à une pluie d'orage.

Mais cela ne suffisait pas pour satisfaire l'éléphant ; dès qu'il eut épuisé toute sa provision d'eau, il alla replonger sa trompe au même endroit, et visant toujours à la face des chasseurs, il leur administra une nouvelle douche.

Puis il recommença, et continua de remplir et de décharger son énorme seringue, jusqu'à ce qu'il eût douché les captifs une douzaine de fois.

La situation de nos amis ne laissait pas d'être fort désagréable; car cette colonne d'eau, projetée sur eux avec la force d'une pompe à incendie, pouvait très-bien les renverser de la branche où ils siégeaient peu solidement, et leur infligeait d'ailleurs une souffrance très-réelle.

Il serait difficile de deviner quel résultat l'éléphant voulait obtenir par cette curieuse manœuvre. Peut-être espérait-il amener ainsi les assiégés à quitter la place, ou les y contraindre en les faisant tomber; peut-être ne songeait-il qu'à satisfaire sa vengeance, en leur rendant la situation aussi désagréable que possible.

On ne sait pas davantage combien cet exercice aurait pu durer; peut-être indéfiniment, puisque le doucheur avait à sa disposition une source inépuisable. Quoi qu'il en soit, il y fut mis un terme par une circonstance que ne pouvaient prévoir ni l'éléphant ni les objets de cette plaisanterie orageuse.

CHAPITRE XXIV.

ENGLOUTISSEMENT.

Juste au milieu de cette agréable occupation, alors que, faisant jouer en plein sa batterie hydraulique, il paraissait en éprouver une joie maligne, le terrible doucheur s'arrêta brusquement. On le vit se balancer d'une manière étrange : ses épaules se soulevaient l'une après l'autre, pendant que sa trompe décrivait des cercles dans l'air, et qu'au lieu d'eau il en sortait des cris perçants qui exprimaient ou la douleur ou l'effroi.

Que se passait-il donc? évidemment le solitaire avait été frappé d'une terreur subite; mais qu'avait-il à redouter, quel ennemi pouvait-il craindre?

Les deux frères se posaient à eux-mêmes ces questions, qu'ils ne pouvaient résoudre, quand l'Hindou y répondit avant qu'ils les eussent formulées.

« Grand Dieu ! s'écria-t-il, Dieu bon, Dieu tout puissant, Dieu du Gange, sois béni ! Voyez donc, sahibs, le solitaire s'enfonce; il est pris par le sable qui m'a presque avalé; voyez, voyez, il enfonce, il enfonce ! »

Karl et Gaspard comprirent aisément ces paroles que la joie entrecoupait. Ils dirigèrent leurs regards vers l'embouchure de la rivière, et ne tardèrent pas à voir que le Shikarri avait raison : il était évident que le sable engloutissait l'éléphant.

Lorsqu'il était entré dans la baie, le colosse n'avait d'eau que jusqu'aux genoux; le botaniste et son frère l'avaient remarqué; à présent elle lui montait jusqu'à moitié du corps, et bien que ce fut avec lenteur, elle s'élevait de plus en plus.

En outre, les mouvements de l'énorme bête, l'ondulation de ses épaules, ses cris désespérés, les efforts de sa trompe, qui se projetait dans tous les sens pour chercher un appui, tout confirmait les paroles d'Ossaro : l'éléphant était pris par le sable, et y enfonçait maintenant avec rapidité.

Il n'y avait pas cinq minutes que les deux frères avaient été avertis par l'Hindou, et l'eau commençait à lécher les épaules du monstre; celui-ci enfonçait toujours, et de plus en plus vite; bientôt les épaules disparurent, et la tête seule demeura au-dessus de l'eau.

Puis les épaules cessèrent de s'agiter, et le corps n'eut plus d'autre mouvement que celui qui l'entraînait dans l'abîme.

La trompe conservait encore ses allures désordonnées, tantôt faisant écumer l'onde qu'elle battait avec rage, tantôt ne faisant plus qu'osciller faiblement, et dans les deux cas poussant toujours des cris de détresse.

Enfin l'eau recouvrit la tête renversée, et l'ivoire des

La tête seule demeura au-dessus de l'eau. (Page 118.)

défenses; on ne vit plus à la surface de la baie que l'énorme trompe qui, horriblement tendue, ressemblait à une mortadelle gigantesque; elle n'avait plus de cris désespérés; mais il s'en échappait un souffle bruyant, interrompu de temps à autre par des gargouillements sonores.

Karl et Gaspard étaient demeurés sur l'arbre, d'où ils contemplaient cette agonie avec une sorte d'effroi, dont témoignaient leurs visages. Quant à l'Hindou, il n'était plus sur la branche. Dès qu'il avait vu le colosse bien et dûment saisi par l'étreinte mortelle du sable, qui avait failli dévorer sa précieuse personne, il avait mis lestement pied à terre.

Debout sur la rive, il regarda pendant quelques minutes les vains efforts que faisait le solitaire pour se dégager de son mouvant linceul, et jeta au malheureux toutes les injures que lui inspirait son ressentiment; car il éprouvait une indignation toute spéciale de l'affront qu'avait subi sa chemise.

Toutefois, quand il ne resta plus au-dessus de la baie que les douze derniers pouces de la trompe, le Shikarri n'attendit pas davantage; il tira son couteau de chasse, entra dans l'eau et trancha d'un seul coup l'extrémité de cette colonne fibreuse, avec l'aisance d'un faucheur qui abat la tige d'une grande herbe.

La trompe s'affaissa immédiatement; quelques bulles d'eau sanglante rougirent la surface de la baie, et ce fut la dernière chose qui annonça que le colosse avait quitté la terre.

Englouti par le sable, il y deviendra fossile; et peut-être un jour, dans les siècles à venir, y sera-t-il découvert par la bêche ou la pioche de quelque ouvrier, dont il causera la surprise.

C'est ainsi que nos chasseurs furent délivrés de ce voisin désagréable, ou plutôt de cet ennemi dangereux; tellement dangereux en effet, que si un événement quelconque ne l'avait pas fait périr, il est difficile de prévoir comment ils auraient pu lui échapper. Non-seulement leurs fusils n'étaient pas d'assez gros calibre, mais leur provision de poudre ayant été répandue, ce n'était pas avec les trois charges qui leur restaient que nos amis auraient triomphé d'un pareil adversaire.

Je suis persuadé qu'avec le temps d'aussi habiles chasseurs qu'Ossaro et Gaspard, assistés des conseils du botaniste, auraient imaginé quelque moyen de circonvenir l'animal et de le faire tomber dans quelque piége; mais ils n'en furent pas moins très-satisfaits de l'étrange circonstance qui leur en épargnait la peine, et ils se félicitèrent vivement de cette heureuse conclusion.

Les entendant parler, et découvrant qu'ils n'étaient plus dans l'arbre, Fritz, qui n'avait pas bougé de ses roseaux, et qui se trouvait dans le voisinage, sortit de sa cachette et se hâta d'accourir. Il traversa la baie pour rejoindre ses maîtres; et certes il ne se doutait pas que l'énorme quadrupède qui leur avait causé tant d'alarmes, fût si près de lui; ni qu'un peu plus, il effleurerait de ses pattes l'effroyable trompe qu'il avait dû fuir si prestement.

Toutefois, bien qu'il ignorât les faits qui avaient eu lieu en son absence, et qu'il cherchât peut-être à savoir où était passé l'ennemi, la couleur de l'eau, qui restait rouge à un certain endroit, ou mieux encore l'odeur du sang, lui révéla quelque scène meurtrière, et il se mit à donner de la voix avec fureur, tout en nageant d'une façon vigoureuse.

Arrivé près de ses maîtres, il eut sa part des félicitations que ceux-ci échangeaient entre eux. Bien qu'il se fût esquivé toutes les fois qu'il avait été poursuivi par l'éléphant, personne ne pensait à le lui reprocher ; il n'y avait là rien qui pût flétrir sa réputation ; c'était prudence et non lâcheté ; que lui aurait servi de braver un pareil adversaire ? il avait bien mieux fait de l'éviter. Quand il serait resté là, et que par sa folle audace il aurait trouvé la mort dans la première rencontre, l'éléphant en aurait-il moins assiégé les autres, démoli la cabane et continué ses poursuites ? D'ailleurs, c'était lui qui le premier avait averti du péril, et donné le temps à ses maîtres de pourvoir à leur sûreté.

Les trois chasseurs estimaient donc que Fritz méritait récompense ; et le Shikarri avait bien l'intention de lui donner un morceau de la trompe de l'éléphant.

Mais quand l'Hindou se fut remis à l'eau pour aller chercher ce fameux tronçon qu'il avait si habilement coupé, il vit avec chagrin que le pauvre Fritz n'aurait pas ce qui lui était promis ; car cette portion de la trompe, une fois détachée, avait suivi le reste de la bête, et se trouvait maintenant enfouie dans le sable à une profondeur plus ou moins grande.

Ossaro, comme on pense bien, n'essaya pas de l'en retirer; ce fond mouvant lui inspirait une crainte salutaire; marchant avec précaution, il regagna la rive; puis alla rejoindre les deux frères, qui se trouvaient déjà loin, et se dirigea avec eux vers les ruines de la cabane.

CHAPITRE XXV.

LE DÉODORA.

Le projet qu'avaient eu nos chasseurs d'aller demeurer dans la caverne, fut naturellement abandonné. C'était le besoin de fuir l'éléphant qui l'avait fait naître, et ce besoin n'existait plus; il n'était pas probable que la vallée renfermât un autre solitaire. Ossaro pouvait même les rassurer à cet égard, en leur affirmant que jamais deux êtres de cette espèce n'avaient habité le même canton, attendu que par suite de leur humeur insociable, ils auraient eu des duels sans fin; duels qui auraient fait disparaître l'un des adversaires, et probablement tous les deux.

Il pouvait bien y avoir dans le voisinage, des animaux tout aussi dangereux que l'éléphant; rien n'empêchait qu'il s'y trouvât des léopards, des tigres, des panthères, ou même encore un ours; mais, contre de pareils ennemis, la caverne n'était pas un asile plus sûr que l'ancienne hutte. Mieux valait donc rétablir celle-ci, lui donner plus de résistance, et la fermer d'une porte solide, qui pût mettre ses habitants à l'abri des maraudeurs.

C'est à ce projet que nos amis s'arrêtèrent, et ils résolurent d'en commencer l'exécution, dès qu'ils auraient dîné et fait sécher leurs habits, que l'énorme trompe du défunt avaient si complétement trempés.

Il fallut plusieurs jours aux travailleurs pour relever la cabane, à laquelle cette fois ils apportèrent plus de soin. L'hiver était venu, et il était important d'avoir une maison chaude. Les moindres fentes de la muraille furent bouchées avec de l'argile ; et non-seulement la chambre eût une porte solide, mais une bonne cheminée.

La confection des échelles, dont nos amis se préoccupaient toujours, devait prendre beaucoup de temps ; il fallait en faire une douzaine d'une longueur considérable, et aussi droites qu'une flèche, aussi légères qu'un roseau.

La majeure partie de cette besogne ne pouvait pas être faite à la maison. Qu'on pût travailler en plein air, chaque fois que le temps serait doux, rien n'était plus certain ; mais il n'y aurait pas moyen d'être dehors par la pluie et la neige, ou même quand la gelée serait trop forte ; il était donc nécessaire d'avoir un atelier.

Instruits par l'expérience, nos trois amis étaient devenus prévoyants, et, malgré le désir qu'ils avaient de s'occuper de leur évasion, ils prirent la résolution de ne pas y songer avant d'avoir rendu leur intérieur aussi confortable que possible.

Les vêtements et les couvertures leur étaient assurés. Il leur restait quelques peaux d'yak en bon état, ainsi que la robe fourrée de plusieurs animaux qu'avait tués Gaspard; et cela suffisait pour qu'ils n'eussent pas à craindre le froid, ni dans le jour ni pendant la nuit.

Ils avaient plus d'inquiétude au sujet de leur nourriture. L'éléphant leur avait non-seulement enlevé le moyen de se procurer des vivres, puisqu'il avait répandu leur poudre; mais en foulant aux pieds tout ce qui était dans la cabane, il avait détruit les denrées qui s'y trouvaient. A peine s'il restait quelques reliefs de la chair d'yak, dont les chasseurs avaient fait provision.

Toutefois, les quelques morceaux qui n'avaient pas été complétement broyés par le solitaire, furent recueillis avec soin et déposés en lieu sûr; puis, dans le cas où il n'y aurait pas moyen de se procurer d'autre viande, nos chasseurs décidèrent qu'ils se rationneraient, en prenant pour base de leurs calculs le temps probable qu'ils avaient à passer dans leur prison.

Il leur restait d'ailleurs l'arc et les flèches de l'Hindou; enfin, des piéges habilement tendus pouvaient leur procurer une foule d'animaux, qui paraissaient condamnés, ainsi qu'ils l'étaient eux-mêmes, à séjourner malgré eux dans cette vallée bizarre.

Quand ils eurent terminé leurs arrangements domestiques, nos amis allèrent reprendre l'exploration de la falaise, à l'endroit où l'éléphant l'avait interrompue.

Les terrasses qui avaient été découvertes le matin de ce jour mémorable furent de nouveau l'objet d'un examen approfondi; puis les explorateurs, poursuivant leur étude, visitèrent la falaise dans toute son étendue. Pas un pied du mur d'enceinte n'échappa à leur investigation, et par conséquent les deux parois de la gorge qui conduisait au glacier furent examinées comme le reste.

Il fut prouvé par cette recherche attentive, que nul endroit n'offrait plus de chances à l'escalade projetée, que celui qui avait été remarqué d'abord, et malgré le peu de certitude qu'ils avaient de réussir, nos amis n'en persistèrent pas moins à tenter l'entreprise.

Il fut décidé qu'ils se mettraient immédiatement à l'œuvre, c'est-à-dire à fabriquer leurs échelles.

La première mesure à prendre était de choisir le bois et d'en abattre la quantité voulue. Nos ouvriers, on se le rappelle, n'en étaient pas à leur coup d'essai, et tous les trois pensaient à recourir au pin du Thibet, celui dont ils avaient fait usage pour construire la passerelle, quand un nouvel arbre, d'une égale beauté, et qui paraissait mieux approprié à ce qu'ils voulaient faire, s'offrit à leurs regards. C'était le *déodora.*

Malgré cette découverte, le Shikarri déplora de nouveau l'absence de ses bambous ; avec un nombre suffisant de ces derniers, disait-il, on aurait fait assez d'échelles pour escalader la falaise, en moins de temps qu'il n'en faudrait pour débiter cet arbre énorme.

Il n'y avait dans ces paroles aucune exagération ; un bambou, tel qu'on l'eût coupé dans l'endroit où il pousse, aurait fait à lui seul le montant d'une échelle, et sans aucun travail ; on n'aurait eu qu'à y percer des trous, pour y mettre les barreaux.

En outre la légèreté du bambou le rendait, en pareil cas, bien préférable à tous les bois du monde ; car l'une des difficultés de l'entreprise serait bien certainement de hisser les échelles sur les terrasses qu'elles devaient occuper; et leur plus ou moins de pesanteur n'était pas chose indifférente.

Il y avait bien dans la vallée une sorte de bambou, celle que les habitants de l'Himalaya désignent sous le nom de *ringall;* mais le chaume de cette espèce, qui est inférieure à toutes celles de l'Inde, n'était ni assez fort, ni assez long pour remplir les conditions voulues.

C'était l'énorme bambou des jongles tropicales que regrettait Ossaro; celui qu'ils avaient trouvé sur leur route, même aux premiers étages de l'Himalaya, et qu'ils avaient vu composer des champs immenses, où il atteint souvent jusqu'à trente mètres de haut.

C'est également la taille du déodora, quand il est placé dans de bonnes conditions; mais alors sa circonférence n'a pas moins de neuf à dix mètres.

A défaut de bambou, ce fut donc le déodora que choisirent nos travailleurs. Cet arbre, que les Anglais établis dans l'Himalaya appellent cèdre, est connu depuis longtemps en Angleterre, où il figure dans les parcs et les jardins.

L'appellation de déodora est son nom spécifique; mais il appartient à la famille des pins. On le rencontre partout dans l'Himalaya; il y croît à presque toutes les hauteurs, et dans n'importe quelle situation; depuis les chaudes vallées d'en bas, jusqu'auprès de la ligne des neiges.

Ce sont néanmoins les chaînons inférieurs qui constituent son habitat favori; et bien qu'il n'y soit pas très-beau, la grande quantité de goudron qu'on peut retirer de sa séve l'y fait très estimer.

Toutes les fois qu'il pousse en futaie serrée, le déodora s'élève, a un tronc effilé, des branches courtes, et présente la forme caractéristique des pins, qui est celle d'un cône aigu. Mais lorsqu'il est isolé, ou seulement assez écarté des autres arbres pour s'étendre, il a de fortes branches qui deviennent très-longues, et qui déployées horizontalement, ainsi que leurs rameaux et leurs feuilles, offrent alors une surface aplanie comme celle d'une table.

Nous avons dit plus haut que le déodora atteignait souvent trente mètres d'élévation. Il est fort apprécié de tous les habitants des lieux où on le rencontre. Son bois est excellent pour la bâtisse ; il est facile à travailler, presque impérissable, et très-aisé à fendre, ce qui est une qualité précieuse dans une contrée où la scie est à peu près inconnue.

Dans la vallée de Cachemire on en construit des ponts, dont la durée témoigne de son incorruptibilité. Une partie de ces ponts est submergée pendant six mois de l'année; et, bien que plusieurs d'entre eux soient construits depuis un siècle, ils n'en sont pas moins en assez bon état pour qu'on puisse les franchir sans crainte.

Le goudron qu'on extrait du déodora est moins épais que le goudron ordinaire. Il est d'un rouge foncé, et d'une odeur extrêmement pénétrante. On le désigne dans l'Himalaya sous le nom d'*huile de cèdre ;* les habitants de cette région l'emploient contre les maladies de la peau, et en font usage dans les affections scrofuleuses des bêtes à cornes.

Le déodora est d'une croissance très-lente. Ce qui empêche de l'introduire chez nous en qualité de bois de service, et le réduit en Europe à la simple condition d'arbre décoratif.

Ce fut principalement la facilité avec laquelle on peut fendre le déodora qui le fit choisir par nos travailleurs pour construire les montants de leurs échelles. S'il avait fallu débiter un arbre de cette dimension, et en tirer des brins de la grosseur d'une perche, avec le pauvre outillage dont ils disposaient, nos charpentiers n'y seraient jamais parvenus. Mais comme il suffisait d'y placer un coin pour le diviser en autant de parties qu'on le jugeait nécessaire, c'était précisément le bois qui convenait dans cette occasion.

Tandis qu'ils étaient en quête de leurs déodoras, nos amis découvrirent une autre espèce de pin qui aurait échappé à leurs regards, sans le botaniste qui la leur fit remarquer.

Non-seulement, grâce à un examen attentif, le chasseur de plantes avait reconnu dans ce nouveau conifère celui qui porte le nom de *chil;* mais il savait que le bois de cet arbre, excessivement résineux, faisait d'excellentes torches. En effet les habitants de l'Himalaya l'emploient à cet usage avec beaucoup de succès.

Le botaniste pouvait encore apprendre à ses compagnons que l'abondante résine qui découle du chil sert d'onguent aux indigènes de ces parages ; et que pour les plaies et les blessures il n'y a pas de remède plus efficace

Enfin il pouvait ajouter que le déodora et le chil, que l'on trouve presque toujours côte à côte, surtout dans les endroits où le déodora est commun, ne sont pas les seuls conifères qui soient d'origine himalayenne. Il aurait pu leur citer par exemple le *moranda*, qui est un arbre magnifique, d'un vert très-foncé, et qui, l'un des plus grands de la famille atteint souvent soixante mètres de haut. Le *rye-pine* dont la taille n'est guère inférieure à celle du moranda, et qui est peut-être plus ornemental. Enfin l'espèce ordinaire, qui couvre de forêts étendues les crêtes situées entre deux et trois mille mètres au-dessus de l'Océan.

Cette dernière espèce croît principalement dans les sols rocailleux; on ne comprend pas comment elle peut s'y développer. Elle arrive néanmoins à toute sa hauteur sur les flancs perpendiculaires des rochers, sur le granit pur et simple. Une crevasse existait dans la pierre; une graine y est arrivée d'une façon ou de l'autre, elle y a germé; et de cette graine est sorti un arbre géant qui vivra peut-être des siècles. Il est probable qu'il se nourrit du granit même.

Ce ne fut pas pour le botaniste une faible satisfaction que la découverte du chil. Avoir des torches pour s'éclairer pendant les interminables soirées d'hiver, ce serait à la fois pour lui et pour ses compagnons, une joie bien vive, et le moyen d'avancer l'heure de la délivrance. Ils pourraient travailler le soir au lieu de rester oisifs dans les ténèbres; faire au coin du feu les barreaux de leurs échelles, et tous les menus ouvrages qu'exige la vie quotidienne.

CHAPITRE XXVI.

LES ÉCHELLES.

L'abatage des arbres ne demanda pas beaucoup de temps. Nos ouvriers les avaient choisis de faible grosseur; en effet pourvu qu'ils fussent assez longs, plus leur diamètre était mince, et mieux ils convenaient. Ceux de quinze mètres de haut faisaient parfaitement l'affaire, puisqu'une fois privés de leur cime, ils avaient encore de neuf à dix mètres de longueur; et beaucoup d'entre eux, n'ayant qu'un très-petit diamètre, il suffisait de les dépouiller de leur écorce, et de les fendre en deux pour avoir des montants d'échelle.

La confection des barreaux n'offrait pas plus de difficulté; mais elle demandait beaucoup de temps, à cause du grand nombre de bâtons qu'il fallait pour cet objet.

Ce qu'il y aurait de plus malaisé, nos travailleurs l'avaient prévu, ce serait de percer les trous qui devaient recevoir les échelons. Effectivement cette besogne fut aussi longue à elle seule, que la fabrication des diverses parties de l'échelle.

Avec une tarière, un ciseau à mortaise, ou seulement une bonne vrille on y serait arrivé sans peine; mieux encore avec un vilbrequin. Mais nos artisans n'avaient pas d'outils, ni ceux-là, ni aucun autre avec lequel ils pussent forer un trou qui leur permît d'y entrer le petit doigt. Et les trous qu'ils avaient à faire se comptaient par centaines. Comment y parvenir?

Ils pouvaient bien avec leurs couteaux pratiquer des entailles d'une profondeur suffisante; mais que de temps et que de peine leur faudrait-il pour creuser de la sorte au moins quatre cents trous d'une certaine largeur! Cette besogne serait aussi ennuyeuse qu'interminable, en supposant qu'elle pût être achevée, ce qui était plus que douteux. La pointe des couteaux, la lame elle-même serait usée bien avant la fin de l'opération, et pouvait casser au début.

S'ils avaient eu des pointes, en quantité suffisante, cet embarras n'aurait pas existé. Au lieu d'être enfoncés dans les montants comme une cheville dans sa mortaise, les échelons y auraient été cloués. Mais les pointes n'étaient pas moins rares que les vilbrequins; excepté les clous qui garnissaient les semelles des deux frères, et ceux qui étaient à la crosse des fusils, la vallée n'en renfermait pas un.

Il faut avouer que la chose était embarrassante. Mais Karl avait prévu la difficulté, et qui plus est, y avait pourvu dès l'origine. A l'instant où il avait eu le projet d'escalader la falaise, ce problème de la fabrication des

Abatage des arbres.

échelles lui était venu à l'esprit, et il l'avait résolu aussitôt.

Néanmoins ce n'était qu'une hypothèse, et il fallait que l'expérience en démontrât la justesse. Bien des théories sont tombées devant la pratique ; mais celle dont nous parlons fut expérimentée, et justifia les prévisions de l'auteur.

Karl avait donc imaginé de forer ses montants d'échelle au moyen du feu, c'est-à-dire avec un fer rouge.

Où trouver du fer? demandez-vous; cela n'était pas plus facile que d'avoir un ciseau.

Rien n'est plus vrai; mais Karl y suppléa par son esprit inventif. Il possédait un petit pistolet de poche; le canon de ce pistolet pouvait avoir douze ou quinze centimètres de longueur, et n'offrait aucune saillie dans toute cette étendue. L'intention de Karl était de faire rougir ce canon et de l'employer en guise de tarière.

C'est précisément ce qu'il fit; et l'opération ayant été recommencée quelques centaines de fois, il y eut à chaque montant d'échelle un nombre de trous équivalent à celui des barreaux qui devaient y être posés.

Il va sans dire que ce travail prodigieux ne fut pas achevé en une seconde, ni même en un jour; Karl y passa au contraire bien du temps, et fut trempé de sueur plus d'une fois avant d'arriver à son dernier forage. Ces quatre cents trous lui avaient coûté bien des larmes, non pas de chagrin, mais arrachées par la fumée du bois de cèdre.

Il s'en tira cependant à son honneur, et quand il eut fini sa tâche, il resta peu de chose à faire pour terminer sa besogne. Gaspard et le Shikarri n'eurent plus qu'à réunir deux montants au moyen des barreaux, placés dans les trous qui venaient d'être percés, et la première échelle fut prête.

Les autres s'achevèrent de la même façon ; puis on les porta une à une au pied de la falaise, dont l'escalade devait être essayée.

Il est triste d'avoir à dire que ce n'était qu'un essai; et plus triste d'ajouter qu'il fut sans résultat.

Les premières échelles avaient été hissées les unes après les autres; chacune posait sur la terrasse qu'elle devait occuper. Les trois quarts de la muraille avaient été escaladés avec bonheur, quand une circonstance imprévue détruisit tout espoir.

La dernière partie du rocher s'avançait en surplomb, et dépassait de quelques pouces la corniche que venaient d'atteindre nos malheureux amis. Il n'y avait pas moyen d'y appliquer une échelle, puisque la muraille n'était pas même verticale.

Cette disposition du dernier étage ne se voyait pas du pied de la falaise; mais lorsqu'il fut arrivé à l'échelon supérieur de la dernière échelle, le pauvre Karl aperçut l'obstacle, et n'eut pas besoin de le regarder une seconde fois pour voir qu'il était insurmontable. Franchir au vol cette dernière partie de l'enceinte n'aurait pas été plus difficile pour un homme que de faire tenir une échelle sur la tablette qu'elle dominait.

Ce fut avec cette conviction douloureuse que le botaniste alla rejoindre les deux autres qui attendaient sa réponse.

Gaspard et Ossaro n'eurent pas besoin de retourner sur la corniche; ils y étaient déjà montés, et savaient à quoi s'en tenir; les paroles de Karl ne faisaient que confirmer leur poignante découverte.

Ainsi tant de procédés ingénieux, tant de courage, tant de travail et de fatigue étaient perdus, tant d'espoir était anéanti par cette malheureuse circonstance; et l'avenir qu'ils avaient vu si brillant leur apparaissait plus menaçant et plus sombre que jamais.

Comme au sortir de la caverne, après leurs infructueuses recherches, ils allèrent s'asseoir ou plutôt ils se laissèrent tomber sur la roche voisine, et y restèrent profondément accablés.

Ils étaient là sans autre sentiment que celui de leur détresse, tantôt regardant la terre, tantôt levant les yeux sur la falaise, et les fixant sur les terrasses où, pareilles à l'escalier d'une araignée gigantesque, se dressaient ces longues échelles qu'ils avaient eu tant de peine à y mettre, et qui, après avoir été gravies si joyeusement, n'étaient pour eux qu'un sujet d'amertume.

CHAPITRE XXVII.

RETOUR.

Plongés dans un morne silence, ils restèrent pendant longtemps dans la même attitude. C'était en plein hiver, le vent était glacial, mais ils n'en sentaient pas les morsures. Le profond désappointement dont ils étaient accablés, les empêchait de s'émouvoir de la douleur physique. En ce moment, une avalanche aurait menacé leur tête, que pas un d'eux ne se serait inquiété de lui échapper.

Ils étaient si fatigués de leur réclusion, si terrifiés par la perspective de ne jamais en sortir, au moins tant qu'ils vivraient, qu'ils auraient contemplé la mort sans un nouvel effroi.

Le brin de paille auquel ils s'étaient cramponnés si longtemps, avec un si joyeux espoir, venait de se rompre, et ils se noyaient sans retour.

Il y avait plus d'une heure qu'ils étaient là toujours aussi tristes, aussi découragés. Les teintes empourprées que les neiges éternelles commençaient à revêtir, annonçaient que le soleil avait baissé dans les cieux, et que la nuit approchait.

Karl s'en aperçut, et fut le premier qui rompit le silence.

« Frères, dit-il, comprenant Ossaro dans cette appellation affectueuse, levons-nous et partons ; à quoi bon rester ici plus longtemps ; il faut rentrer chez nous.

— Chez nous ! répéta Gaspard avec un triste sourire ; tu n'aurais pas dû employer ce mot-là, Karl ! Autrefois il avait tant de douceur ! et maintenant il résonne à mon oreille comme un écho qui n'est plus de ce monde. »

Karl ne répondit rien à ces paroles touchantes. Quel espoir ou quelle consolation pouvait-il donner à son frère ? Cependant il se leva, tout en gardant le silence, et accompagné des deux autres il se dirigea, par le chemin le plus court, vers la pauvre demeure qui devenait plus que jamais leur véritable chez eux.

Une nouvelle inquiétude attendait les trois captifs. Ils avaient mis de côté, on se le rappelle, les provisions qui avaient échappé au sac de leur cabane, et l'économie la plus rigoureuse avait présidé à leur repas.

Mais la construction des échelles les avait tellement absorbés, qu'ils n'avaient pas fait autre chose, et que le garde-manger n'avait reçu pendant ce temps-là ni poisson, ni gibier d'aucune sorte. Il avait au contraire perdu chaque jour une partie de son contenu ; et lorsque nos jeunes gens avaient quitté la maison pour tenter leur escalade, ils n'y avaient laissé qu'une dernière tranche d'yak, tout au plus suffisante pour leur repas du soir.

Affamés par le travail, ils comptaient néanmoins souper de ce dernier morceau, et y pensaient avec satisfaction, car la nature réclame toujours ses droits ; les besoins pressants du corps ne doivent pas être étouffés par les angoisses de l'esprit.

Quand nos amis approchèrent de la hutte, et en aperçurent la porte ouverte ; quand au milieu de cette atmosphère dont le froid les pénétrait, ils virent son toit de chaume, quand ils pensèrent à son paisible intérieur, si commode, si bien calfeutré; quand sous l'influence de la bise et de la faim, ils se représentèrent la flamme d'un bon fagot petillant dans l'âtre, et qu'ils entendirent par avance la tranche d'yak siffler et crépiter sur la braise, ils commençèrent à rentrer dans leur état normal. On ne saurait dire qu'ils fussent positivement joyeux; mais quelque chose qui ressemblait à du bien-être se peignait sur leurs visages.

L'homme est fait ainsi ; et probablement c'est un bonheur ; l'état de son âme est comme celui du ciel : tantôt sombre, tantôt lumineux, s'obscurcissant de nouveau, et recouvrant sa lumière.

Pour nos amis, l'épais nuage se déchirait un instant, et un rayon les pénétrait de sa douce influence, qui malheureusement devait bientôt s'évanouir.

Ils avaient battu le briquet, allumé la torche, et fait immédiatement du feu. Un de leur désir était déjà satisfait: ils pouvaient se réchauffer à cette flamme brillante, et ils le faisaient avec délices. Mais lorsque, n'ayant plus froid, ils pensèrent à calmer leur appétit, ce fut en vain qu'ils cherchèrent leur souper ; le morceau d'yak avait disparu.

Un voleur, en quête de pâture, avait profité de leur absence pour décrocher la tranche de bœuf, qui pendait au plafond.

Le matin, dans l'entraînement de ce départ si gros de promesses, nos pauvres amis avaient oublié de fermer leur porte, et une bête sauvage, un loup, une panthère, un carnassier quelconque avait pénétré chez eux.

Pas un morceau, pas une bouchée de cette tranche de bœuf, ni d'aucun autre aliment ne restait dans la cabane; et les trois amis, Fritz faisant le quatrième, se couchèrent sans souper.

CHAPITRE XXVIII.

A LA RECHERCHE D'UN DÉJEUNER.

Les efforts qu'ils avaient faits pour transporter les échelles, et surtout pour les hisser sur les terrasses, avaient tellement fatigué nos amis, qu'ils parvinrent à s'endormir, en dépit de la faim qu'ils éprouvaient.

Toutefois leur sommeil ne fut ni profond, ni de longue durée. Ils s'éveillèrent l'un après l'autre, et passèrent le reste de la nuit à méditer sur leur infortune présente, et sur le triste avenir qui leur était réservé.

Ils n'avaient pas même la perspective de déjeuner le lendemain matin. Avant de manger, il leur faudrait aller dans le bois; c'est-à-dire, à l'autre bout du vallon; puis arrivés là, ils auraient à chercher la bête, à la poursuivre, à la tuer, et à la faire cuire avant de pouvoir se mettre quelque chose sous la dent.

Encore s'il avait suffi d'attendre, et de se donner de la peine! mais en supposant qu'ils vissent du gibier, comment feraient-ils pour l'atteindre? ce n'était pas seulement leur déjeuner qui se trouvait compromis : c'était le dîner, le repas du jour, et celui du lendemain.

Jusqu'ici la broche avait été amplement approvisionnée, grâce à l'adresse de Gaspard ; elle aurait pu l'être encore s'il y avait eu des munitions ; mais en perdant sa poudre, l'habile chasseur avait perdu sa puissance ; et les daims, qui étaient nombreux dans la vallée, sans parler des oiseaux qui la fréquentaient, pouvaient maintenant se rire du voisinage de Gaspard ; désormais son fusil ne valait pas mieux qu'un bâton.

Il ne restait plus aux deux frères que trois coups à tirer ; deux par le fusil de Gaspard, et le troisième par le rifle de Karl. Une fois les deux fusils déchargés, nulle détonation d'arme à feu ne retentirait dans la vallée silencieuse, et n'éveillerait les échos de la falaise.

Malgré cela nos chasseurs étaient loin de croire qu'ils ne parviendraient pas à tuer un des animaux qui peuplaient la vallée. S'ils l'avaient cru, ils auraient été bien malheureux ; assez, probablement, pour ne pas fermer l'œil de la nuit. Mais quelle que fût l'anxiété que leur inspirait l'avenir ils ne le voyaient pas encore sous un jour aussi noir. Ils comptaient se procurer, même sans fusil, autant de gibier qu'il leur en faudrait pour vivre ; et comme ils ne dormaient, ni les uns ni les autres, cette espérance devint le sujet de la conversation.

Ossaro, d'abord, avait son arc et ses flèches, qui le rassuraient complétement. Dût-il être malheureux à la chasse, il lui restait son filet ; et si le poisson venait à manquer, n'avait-il pas, avec son expérience de Shikarri une foule de moyens pour trapper les quadrupèdes, engluer les oiseaux, et faire venir les poissons dans ses pièges.

Karl était bien résolu, dès que le printemps serait de retour, à cultiver certaines plantes comestibles, qu'il avait trouvées çà et là, et qui propagées avec soin, pourraient fournir des produits abondants.

Nos chasseurs avaient, en outre, le projet bien arrêté de recueillir les fruits mangeables qui mûrissaient dans leur voisinage, et de se mettre ainsi à l'abri du besoin pour la mauvaise saison.

L'insuccès de leur dernière entreprise avait réveillé en eux l'atroce conviction qu'ils étaient destinés à vivre dans cette enceinte rocheuse, et qu'ils devaient y mourir sans en avoir franchi la muraille.

Sous l'empire de cette conviction plus vive et plus profonde que jamais, ils en revinrent à se préoccuper de leurs moyens d'existence, non-seulement dans le présent, mais encore dans l'avenir ; et c'est ainsi qu'en attendant le point du jour, ils passèrent le reste de la nuit.

Dès que les premières lueurs de l'aube apparurent au sommet des montagnes, dont plus d'une était visible du seuil de la case, on aurait pu voir les trois amis se préparer à l'exécution de quelque dessein important. A la nature de leurs préparatifs on devinait aisément ce qu'ils se proposaient de faire.

Gaspard chargeait les deux canons de son fusil, et le faisait avec le soin d'un homme qui en est à son dernier grain de poudre.

Karl préparait également son rifle ; tandis que l'Hindou, s'armant à sa manière, examinait la corde de son arc, et remplissait de flèches aiguës l'étui d'osier qui lui servait de carquois.

On ne pouvait pas s'y tromper ; c'était la chasse qui allait occuper nos amis, et il n'était pas moins certain qu'ils allaient partir immédiatement. En effet, ils étaient pressés de se mettre en quête de leur déjeuner ; et si, à la chasse, un violent appétit devient une cause de succès, ils étaient sûrs de réussir ; car, tous les trois avaient une faim de loup.

Fritz n'était pas moins affamé ; et l'on voyait à sa mine qu'il ferait de son mieux pour seconder les chasseurs. Quel que dût être l'animal, plume ou poil, qui serait assez malheureux pour approcher de ses mâchoires. la pauvre bête n'en sortirait pas saine et sauve.

Les trois chasseurs décidèrent avant de partir qu'ils prendraient chacun une direction différente. De cette façon ils auraient trois chances pour une de rencontrer du gibier ; c'était le moyen d'en avoir plus tôt ; ce qui dans l'occasion ne laissait pas d'être important.

Si l'Hindou tuait quelque chose, il devait immédiatement donner un coup de sifflet pour en avertir Karl et Gaspard, qui aussitôt se dirigeraient vers la cabane. Si au contraire c'était l'un des deux tireurs qui abattît la première pièce, le coup de feu, qui naturellement serait entendu, servirait d'appel aux deux autres.

Après avoir fait ces conventions, et parié, en badinant, que ce serait tel ou tel qui pourvoirait la broche, ils s'éloignèrent de la cabane, Gaspard allant à droite, Ossaro à gauche, et Karl, suivi de Fritz, prenant au centre.

CHAPITRE XXIX.

A L AFFUT.

Quelques minutes après, les trois chasseurs s'étaient mutuellement perdus de vue. Karl et Gaspard, ayant soin de profiter des buissons et des grandes herbes pour se cacher, suivaient l'un à droite, l'autre à gauche, les bords du lac; tandis que le Shikarri avait tourné ses pas du côté de la falaise, dont il longeait la base, avec l'espoir d'être plus heureux qu'ailleurs.

L'animal que Gaspard comptait voir le premier, dans la direction qu'il avait prise, était le *Kakour* ou cerf aboyeur. Depuis qu'il était dans la vallée, jamais ou bien rarement, il n'avait été à la chasse, sans rencontrer au moins un cerf de cette espèce; et plus d'une fois le Kakour avait été le seul gain de sa journée.

Il avait appris à le faire venir à portée de son fusil, tout simplement en se cachant dans l'herbe, et en imitant la voix d'un autre Kakour, dont le cri est une sorte d'aboiement, ainsi qu'on peut le déduire de son nom.

Ce cri particulier offre une grande ressemblance avec le jappement du renard; seulement il est beaucoup plus fort. Le Kakour le profère toutes les fois qu'il soupçonne la présence d'un ennemi dans son voisinage; et il le répète à de courts intervalles jusqu'au moment où il croit que le danger est passé, ou qu'il se décide à le fuir.

Le pauvre animal, dans sa simplesse, ne paraît pas savoir qu'en aboyant, ce qu'il fait peut être pour avertir ses compagnons, il donne le signal de sa mort, en se révélant à l'ennemi qu'il redoute.

Le chasseur qui profite de cette révélation n'est pas toujours un homme. Le tigre, le léopard, le chitah, et bien d'autres carnassiers tirent bénéfice de la folle habitude du Kakour; ils s'en approchent inaperçus, tombent sur lui, et en font leur proie.

Il est facile à la voix humaine d'imiter le cri du cerf aboyeur; et après une seule leçon, donnée par le Shikarri, non-seulement Gaspard, à qui elle était adressée, put le reproduire à s'y méprendre; mais le botaniste, qui n'avait fait qu'assister à la démonstration de l'Hindou, fut capable d'en faire autant.

La faim qui tourmentait Gaspard, l'engagea donc à se mettre d'abord à la recherche du Kakour, puisque c'était la bête qui selon toute probabilité serait la plus facile à découvrir. Ce motif néanmoins était le seul qui pût lui faire préférer cet animal à tout autre gibier; car la venaison du cerf aboyeur est loin d'être excellente. On ne peut pas dire qu'elle soit mauvaise en automne, ou à la fin de l'hiver; mais elle n'est délicieuse à aucune époque; et il y avait dans la vallée d'autres quadrupèdes, et quelques oiseaux dont la chair lui était bien supérieure.

Mais nos amis étaient ce jour-là beaucoup trop affamés pour être difficiles; Gaspard le sentait pour son propre compte, et savait que le botaniste et le Shikarri étaient dans la même disposition. La grande affaire était non pas d'avoir un bon morceau, mais un morceau quelconque; et la venaison du Kakour, fût-elle à sa plus mauvaise époque, serait trouvée excellente. Il ne s'agissait que de se la procurer; et c'est pour cela que Gaspard, au lieu de vaguer çà et là, comme font tous les chasseurs, allait droit au but qu'il voulait atteindre.

Il connaissait une remise où il était presque sûr de trouver un aboyeur; c'était une charmante clairière entourée d'arbres à feuilles persistantes, et située dans les environs du lac, vis-à-vis de l'endroit où était placée la cabane.

Gaspard, qui avait traversé maintes fois cette clairière, n'y était jamais entré sans voir un Kakour en brouter l'herbe fine, ou couché à l'ombre du taillis qui l'entourait. Il avait donc de bonnes raisons pour croire que cette fois, ainsi que les autres, il y trouverait ce qu'il cherchait.

Allant aussi vite que le permettait la disposition des lieux, il marcha sans s'arrêter jusqu'à l'endroit où il espérait découvrir les éléments du déjeuner. Arrivé près de la clairière, il pénétra dans le taillis; et restant sous bois, il avança lentement avec la plus grande précaution.

Pour être plus sûr de réussir, il se mit à genoux, et rampa sur les mains comme un chat sur ses pattes. De cette façon, il atteignit la lisière du fourré ; puis il chercha du regard une cépée feuillue où son corps pût être caché aux regards des animaux, cerfs ou autres, qui se trouveraient dans la clairière.

Il s'arrêta derrière le buisson qu'il avait avisé, et relevant la tête, il jeta les yeux entre les branches pour voir ce qui se passait au dehors.

Cet examen, auquel il apporta la plus grande attention, et qui fut terminé en quelques secondes, n'eut sans doute pas le résultat qu'il espérait, car son visage exprima le désappointement.

Il n'y avait en effet dans la percée, ni kakour, ni gibier d'aucune espèce.

Ce ne fut pas sans chagrin que le pauvre Gaspard vit que la clairière était vide. Sans parler du besoin qu'il avait de déjeuner, il avait cru, en raison de la connaissance qu'il avait des lieux, que ce serait lui qui fournirait aux deux autres un quartier de venaison ; et il n'était pas moins blessé dans son amour-propre que dans son appétit.

Néanmoins il ne se laissa pas décourager par cette première déception ; il ne voyait pas de kakours dans la clairière ; mais il pouvait y en avoir dans le voisinage, et grâce au moyen qui lui avait servi plus d'une fois, il espérait déterminer l'un de ces animaux à paraître.

Dans cet espoir, il s'accroupit derrière le buisson qui le protégeait, et se mit à japper à la kakour avec toute la perfection dont il était capable.

CHAPITRE XXX.

DOUBLE APPEAU.

Il se passa un temps considérable avant que Gaspard entendit répondre à son appel, ou observât le moindre signe qui annonçât la présence d'un animal quelconque.

En vain avait-il répété ses jappements, et laissé entre eux l'intervalle de rigueur ; pas une voix n'avait fait écho à la sienne, et il commençait à croire que non-seulement la clairière, mais le fourré lui-même ne renfermait pas une seule pièce de gibier.

Il venait de proférer un dernier cri, en donnant à son appel tout ce qu'il avait pu y mettre de séduction, et déjà il se levait pour aller chercher fortune ailleurs, quand l'aboiement du kakour résonna enfin de l'autre côté de la clairière.

Le son était faible et paraissait venir d'un endroit éloigné ; mais c'était bien la contre-partie de l'appel de notre chasseur, et il était facile de faire approcher la bête. Gaspard ne perdit pas une seconde ; il se remit à japper de la façon la plus séduisante, et prêta de nouveau l'oreille pour saisir la réponse.

Les aboiements du kakour lui arrivèrent apportés par la brise, et tellement pareils à ceux qu'il venait de proférer, que si Gaspard n'avait pas été sûr qu'ils sortaient de la bouche d'un cerf, il aurait cru entendre l'écho de sa propre voix.

Encouragé par ce dernier succès, il reprit ses jappements, et continua pendant quelques minutes, en y déployant la même habileté.

Mais cette fois il n'obtint pas de réponse; il écouta, sans oser respirer : l'écho ne se fit même pas entendre.

Il aboya encore, ouvrit les deux oreilles; pas un son n'interrompit le silence.

Je me trompe ; un léger bruit retentissait dans le fourré; non pas la voix du kakour, mais un murmure tout aussi agréable à l'oreille du chasseur. On entendait, de l'autre côté de la clairière, ce frôlement de feuilles qui annonce le passage d'un animal à travers le taillis.

En effet, Gaspard ayant tourné les yeux vers l'endroit où se produisait le murmure, il vit, ou crut voir s'agiter quelques branches.

Certes il avait raison, car un instant après, non-seulement les branches remuaient un peu plus fort; mais Gaspard distinguait derrière elles un objet de couleur brunâtre.

Que pouvait être cet objet, sinon le corps du cerf?

Bien qu'il n'en fût pas très-éloigné, puisque la clairière avait tout au plus vingt mètres de large, et que l'animal se tenait immédiatement derrière l'une des cépées qui en formaient la ceinture, Gaspard ne voyait qu'imparfaitement la bête. Elle lui était dissimulée par le feuillage, et peut-être mieux encore par l'absence de lumière, car le soleil n'était pas bien haut sur l'horizon, et se trouvait caché par les montagnes.

Le jour, néanmoins, était suffisant pour que l'on pût viser ; et comme les branches qu'il avait en face de lui, n'étaient que de simples brindilles, Gaspard n'avait pas à craindre que cet obstacle détournât sa balle.

Pourquoi, dès lors, ne pas tirer tout de suite? Il n'était pas sûr que l'occasion devînt meilleure, et il risquait de la perdre en attendant plus longtemps; le cerf pouvait prendre l'alarme et se replonger dans le bois.

« Cela y est donc ! » murmura Gaspard, qui en même temps s'appuya fermement sur un genou, et arma son fusil.

C'était un fameux chien que celui du fusil de Gaspard ; un de ces chiens qui, lorsqu'on les amène au point d'arrêt, annoncent que leur ressort est en bon état.

Le claquement de celui-ci résonna d'un bruit si net au milieu du silence, et dans l'air calme du matin, qu'on aurait pu l'entendre à vingt-cinq ou trente pas, c'est-à-dire de l'autre côté de la clairière, et beaucoup plus loin encore. Notre chasseur avait même craint d'en effrayer la bête, et n'avait pas quitté celle-ci du regard, pendant qu'il avait armé son coup.

Le cerf n'avait pas bougé; mais en même temps, comme si un écho l'eût répété, un bruit sec, pareil à celui qu'il venait de produire, frappa l'oreille du chasseur, et parut sortir de l'endroit où il visait le kakour.

Il était bien heureux pour Gaspard que le chien de son fusil eût craqué aussi fort, et non moins heureux qu'il eût entendu l'écho de ce craquement. Sans cela il aurait pu tuer son frère, ou être fusillé par celui-ci.

Toutefois en entendant répéter ce bruit significatif, Gaspard s'était relevé d'un bond, tandis, qu'en face de lui, Karl se dressait de l'autre côté de la clairière.

Ils étaient là tous deux, ayant à la main leur fusil armé, et se regardant comme s'ils avaient dû se battre en duel.

Pour qui les aurait vus en ce moment, cette supposition eût été confirmée par la pâleur de leurs visages, et par l'effroi qui se peignait dans leurs regards. Il se serait même écoulé quelque temps avant qu'une parole ou un geste eût rassuré le témoin de la scène; car pendant plusieurs secondes ni l'un ni l'autre ne put exprimer son émotion.

C'était plus que de l'étonnement; il se mêlait à leur surprise une terreur indéfinissable, qui peu à peu se transformait en actions de grâces pour l'heureux incident qui les avait avertis mutuellement de leur présence, et empêchés de commettre un fratricide.

Ils restèrent silencieux, comme je viens de le dire, pendant plusieurs secondes; puis des exclamations haletantes s'échappèrent de leurs lèvres. Ensuite tous les deux, comme obéissant à la même impulsion, jetèrent leurs fusils sur l'herbe, et se précipitant dans les bras l'un de l'autre, y restèrent pendant quelque temps, enlacés dans une étreinte fraternelle.

Le fait en lui-même n'avait pas besoin d'explication. Après avoir suivi le bord du lac, parallèlement à son frère, Karl avait pris à droite, et pénétré dans le petit bois où se trouvait alors Gaspard. En approchant de la clairière il avait entendu un aboiement, qu'il avait reconnu pour celui du kakour; il y avait répondu, et voyant que le cerf ne bougeait pas, il avait cheminé sous bois avec l'intention de tirer l'animal à belle portée.

Parvenu à la lisière du taillis, il avait cessé de répondre à l'appelant, croyant bien trouver celui-ci dans la clairière. Pendant ce temps-là, Gaspard continuait toujours à imiter le cri du cerf; il le reproduisait tellement bien, et avec tant d'énergie, que le pauvre Karl ne douta pas un instant de la proximité de l'aboyeur, et ne pouvait se tromper sur l'endroit où il était remisé.

La silhouette brune, qu'il apercevait au milieu du feuillage, ne pouvait être à ses yeux que celle du kakour et il armait son rifle pour envoyer sa balle dans le cœur de la bête, quand le bruit sec du chien de Gaspard l'avertit du malheur qu'il allait commettre, et changea le dénouement que cette fatale méprise allait avoir.

Gaspard s'était relevé d'un bond. (Page 155.)

CHAPITRE XXXI.

LE SIGNAL DU SHIKARRI.

Comme s'il avait eu pour but de ranimer leur esprit, et de les soustraire à l'émotion qui les dominait toujours, un coup de sifflet vibra au-dessus du lac, et fut renvoyé par les échos de la falaise contre laquelle il avait été frapper. Quelque temps après le signal retentit de nouveau dans une direction un peu différente, et prouva que le Shikarri, après avoir ramassé la bête, avait repris le chemin de la cabane.

Au premier coup de sifflet Karl et Gaspard s'étaient regardés d'une façon particulière; quand le second coup frappa leurs oreilles, le plus jeune prit la parole.

« Tu vois, dit-il en souriant d'un air ému, tu vois qu'avec son arc et ses flèches que nous méprisions, Ossaro nous a battus tous les deux. Que serait-il arrivé si l'un de nous avait fait retentir le premier signal?

— Ou si nos deux coups étaient partis ensemble, répondit Karl. Ah! frère, ajouta-t-il en tressaillant, combien nous avons été près chacun de tuer l'autre ! C'est horrible à penser.

—Tu as raison, n'y songeons plus, dit Gaspard, et hâtons-nous de rejoindre Ossaro, pour savoir quel gibier il nous apporte; est-ce de la plume ou du poil? Cela m'intrigue.

Après tout, c'est l'un ou l'autre, poursuivit Gaspard, et probablement un oiseau. Comme j'étais au bord du lac, j'ai entendu un cri étrange dans la direction de la falaise, précisément du côté où devait être le Shikarri. Je ne connais pas du tout cette voix-là; dans tous les cas, elle m'a paru sortir du gosier d'un volatile.

— Moi, je la connais, répondit le botaniste, ou du moins je le suppose ; et si notre Shikarri a tué l'animal à qui elle appartient, nous ferons un déjeuner de prince, un de ces déjeuners qu'appréciait Lucullus. Mais obéissons à l'appel d'Ossaro, nous verrons bien si nous avons cette chance-là. »

Ils avaient déjà repris leurs fusils ; et l'arme sur l'épaule, ils sortirent de cette clairière, qui avait failli devenir le théâtre d'un événement si tragique ; puis ils tournèrent l'extrémité du lac, et pressant le pas, ils se dirigèrent du côté de la maison.

En approchant de la cabane ils aperçurent l'Hindou qui les attendait près de la porte, où il était assis sur une pierre. Il avait un oiseau magnifique sur les genoux, le plus beau de tous les oiseaux qui aient jamais fendu les airs, nagé sur l'onde, ou couru dans les champs et les bois.

C'était un paon qu'avait tué le Shikarri ; non pas cet

oiseau déjà superbe, dont la forme rappelle à demi celle du dindon, et qui fait la roue dans nos basses-cours; mais le paon sauvage de l'Inde, à la taille élancée, aux courbes élégantes, au plumage rivalisant d'éclat avec les pierres les plus précieuses; et ce qui intéressait plus directement nos chasseurs, ayant la chair savoureuse et fine des gibiers les plus exquis.

Cette dernière qualité évidemment était celle que le Shikarri préférait. La forme gracieuse de l'oiseau avait déjà disparu sous ses doigts : il arrachait ces plumes resplendissantes et les jetait au vent, ni plus ni moins qu'il aurait fait de celles d'une volaille ordinaire. Assurément, à sa façon d'agir, on voyait qu'il n'attachait pas plus de prix à ces grandes pennes caudales, et à ce magnifique plastron, d'un lapis admirable, qu'au plumage d'une oie, ou d'une vieille dinde.

Lorsque les deux frères se furent approchés, Ossaro jeta sur eux un regard furtif, et les voyant arriver les mains vides, ne put retenir le mouvent d'orgueil qu'exprima son visage; ce ne fut qu'un éclair, mais qui n'en trahissait pas moins la joie qu'il avait de son triomphe.

Il n'avait pas besoin de les regarder pour savoir qu'il était le seul dont la chasse eût été fructueuse. Si l'un ou l'autre avait tué, ou seulement blessé une pièce, il aurait entendu le coup de fusil, et rien de pareil n'avait retenti dans la vallée. Ossaro avait donc la certitude que les deux frères n'apportaient rien.

Contrairement aux jeunes sahibs, il n'avait pas d'aventure à raconter. Sa chasse avait été bien simple : il avait entendu le cri d'un paon, et avait découvert ce dernier à la cime d'un arbre. Approchant alors sans bruit à portée d'arc, il avait envoyé sa flèche dans la poitrine étincelante qu'il visait, et l'oiseau était tombé au pied de l'arbre. Il avait, de ses mains vulgaires, ramassé l'admirable créature, et la tenant par les pattes, il l'avait rapportée, les ailes pendantes, comme s'il se fût agi d'un vieux coq acheté au marché de Calcutta.

Les deux autres ne perdirent pas leur temps à lui apprendre qu'ils avaient été bien près de le laisser unique possesseur de la cabane et de ses dépendances. Leur estomac n'admettait pas de répit, et les poussait, au lieu de raconter cette histoire, à seconder Ossaro dans ses occupations culinaires. Grâce à leur activité, la flamme d'un bon feu s'éleva bientôt dans l'âtre; et le paon sauvage, dont Fritz avait déjà expédié les entrailles, fut bientôt mis à la broche, sans même avoir été plumé avec tout le soin nécessaire.

CHAPITRE XXXII.

L'IBEX.

Quelque volumineux que fût le rôti, il en resta peu de chose quand nos amis eurent terminé leur déjeuner à la fourchette du père Adam. Ils n'avaient laissé que les os, et tellement bien nettoyés, que sans l'à-compte qu'il avait déjà pris, le malheureux Fritz aurait fait un triste repas.

La chair savoureuse du paon n'avait pas tardé à faire sentir son influence, et les trois mangeurs sentaient revenir leur courage; mais ils ne pouvaient néanmoins rester sans inquiétude en face de l'embarras où les mettait la difficulté de se procurer des vivres. Le manque de poudre avait tellement changé la situation !

Il y avait, il est vrai, l'arc et les flèches d'Ossaro ; on pouvait en faire d'autres s'ils venaient à se briser ; Gaspard était même bien résolu à se fabriquer un arc, et à demander au Shikarri de lui apprendre à s'en servir. Il ne pouvait manquer, en s'exerçant, d'arriver un jour à manier cette arme primitive avec plus ou moins de succès.

Primitive est bien le mot, puisque son existence remonte fort au delà des temps historiques. Nous pouvons également la qualifier d'universelle; car allez où vous voudrez, aussi loin qu'il est possible, dans les endroits les plus écartés du globe, vous y trouverez les sauvages ayant un arc à la main. Il ne leur vient pas d'une source étrangère, personne ne leur en a donné le modèle. C'est un produit indigène, qui est né dans la tribu, et qui lui appartient, comme si le Créateur lui-même le lui avait fourni.

La présence de l'arc et des flèches, qui en forment le complément, chez des peuplades dispersées dans tous les coins du monde, et qui, selon toute apparence, n'ont jamais communiqué entre elles, est assurément l'un des traits les plus curieux de l'histoire. On ne peut expliquer le fait qu'en supposant que la puissance de propulsion qui existe dans le recul d'une corde fortement tendue, est l'un des premiers phénomènes qui se soit présenté à l'observation de l'homme, et que ce phénomène, observé généralement, a donné lieu partout à la même conception[1].

L'ancienneté de l'arc et des flèches, et leur universalité, peuvent ainsi devenir entre les mains d'un ethnologue habile l'un des chapitres les plus intéressants de l'histoire de la race humaine.

Nous avons dit plus haut qu'après avoir déjeuné, les

1. Il suffisait pour cela qu'une branche, ou une liane tendue en travers du sentier, fouettât la figure du sauvage; expérience qui a probablement précédé la fabrication d'une corde quelconque.

(*Note du traducteur.*)

trois captifs se trouvaient dans une bien meilleure disposition d'esprit, mais qu'ils éprouvaient toujours une certaine inquiétude au sujet de leur nourriture quotidienne. C'était grâce à l'adresse du Shikarri qu'ils s'étaient rassasiés; mais ils n'avaient rien pour dîner; et comment souperaient-ils?

En supposant qu'une occasion se présentât, et leur fournît ces deux repas, rien n'affirmait que la même chance dût se reproduire les jours suivants; et cette vie précaire les exposait sans cesse à mourir d'inanition.

Aussitôt donc qu'ils eurent expédié leur dernière bouchée de paon, et tandis qu'Ossaro, qui mangeait plus lentement, raclait son dernier pilon, Karl et Gaspard mirent l'entretien sur cette question importante. Il fallait absolument remplir le garde-manger; tous les trois étaient du même avis. Et l'on ne devait pas s'en tenir aux provisions du jour; mais avoir un fonds de réserve qui assurât nos chasseurs contre les risques d'un jeûne plus ou moins prolongé.

En conséquence il fut arrêté que chacun se vouerait complétement à la chasse, et emploierait tous les moyens imaginables pour se procurer des vivres.

La première chose à faire était de penser au dîner. Aurait-on du poisson, de la viande noire ou de la volaille?

Ce n'était pas tout cela que demandaient nos chasseurs, mais l'une ou l'autre de ces choses; un seul plat leur suffisait; ils auraient même été bien heureux s'ils avaient été sûrs d'en avoir un.

Devaient-ils aller à la pêche avec le filet du Shikarri,

ou se mettre en quête d'un nouveau paon, d'un argus, ou d'une couple d'oies brahmines? Ne feraient-ils pas mieux de se rendre au bois, et d'y chercher la grosse bête?

La question était toujours pendante, lorsqu'un incident imprévu la trancha tout à coup, et décida ce qu'ils auraient à dîner. Par suite de cet heureux épisode, nos amis, sans avoir fait le moindre effort, ni brûlé une amorce, ni même perdu une flèche, se virent en possession d'une quantité de viande suffisante, non-seulement pour le reste de la journée, mais pour la semaine entière, sans compter les bas morceaux qui devinrent la part de Fritz.

Dès que le paon avait été suffisamment cuit pour être mangeable, nos amis étaient sortis de la cabane; ils avaient été s'asseoir au dehors sur de grosses pierres, qui se trouvaient en face de la maisonnette, et où ils aimaient à se reposer.

Le temps était superbe, un peu froid à l'ombre; mais le soleil, réfléchi par les montagnes dont il faisait étinceler la neige, donnait sur les mangeurs, et les réchauffait assez pour que la température leur parût agréable. C'est pour cela qu'ils avaient mieux aimé déjeuner devant la porte que de rester dans la cabane où il y avait de la fumée.

Ils étaient toujours à la même place, et délibéraient sur ce qu'ils avaient à faire, ainsi que nous l'avons dit plus haut, quand un son particulier vint frapper leurs oreilles; c'était un cri ayant quelque ressemblance avec le bêlement d'une chèvre, et qui paraissait tomber du ciel.

Les trois amis levèrent la tête, et aperçurent au sommet des rochers, qui étaient vis-à-vis d'eux, le quadrupède dont ils entendaient la voix.

Si le bêlement de cet animal devait faire croire à la présence d'une chèvre, son extérieur ne pouvait que confirmer cette opinion.

A vrai dire, c'était bien une chèvre; mais non pas de l'espèce ordinaire. Karl, cette fois encore, eut l'avantage sur ses deux compagnons; les études qu'il avait faites lui permettaient de reconnaître quel était ce quadrupède; et bien que ce fût la première fois qu'il le rencontrât, il lui suffit d'un coup d'œil pour déclarer que c'était un *ibex*, autrement dit un *bouquetin*.

L'ensemble de l'animal, la couleur de sa robe, la nature du pelage, surtout les immenses cornes rejetées en arrière, et qui décrivaient un arc régulier au-dessus des épaules, ne laissaient pas le moindre doute à cet égard. Le jeune naturaliste qui avait vu signaler ces traits caractéristiques dans les livres, et les avaient observés dans les galeries d'un muséum ne pouvait pas s'y tromper.

L'Hindou supposait que c'était quelque chèvre sauvage; mais comme il n'avait jamais pénétré aussi haut dans la montagne, et par conséquent n'était jamais venu dans la région de l'ibex, il ne connaissait pas celui-ci. La supposition qu'il faisait était simplement fondée sur la ressemblance que présentait cet animal avec l'espèce caprine, ressemblance dont Gaspard était également frappé.

Debout à la pointe aiguë d'un roc, où il se tenait immobile dans une attitude majestueuse, le bouquetin se laissait voir des pieds à la tête ; et bien qu'en réalité il fût beaucoup plus grand qu'une chèvre domestique, il paraissait à peine de la taille d'un chevreau, tant il se trouvait éloigné.

Néanmoins, comme il était de profil, et se détachait sur le fond pur et lumineux du ciel, les spectateurs le voyaient distinctement, et pouvaient observer la courbure de ses grandes cornes.

La première pensée de Gaspard fut de saisir son fusil avec l'intention de tirer sur le bouquetin. Mais les deux autres se hâtèrent de l'en empêcher en lui démontrant l'impossibilité d'atteindre la bête à une pareille distance.

A vrai dire, on aurait cru celle-ci beaucoup plus près ; mais elle devait être à plusieurs centaines de mètres du jeune homme, car la pointe rocheuse où elle se tenait immobile était bien à quatre cents pieds au-dessus du niveau de la plaine.

Gaspard se laissa aisément dissuader de son intention, et fut le premier à s'étonner de la folie qu'il avait été sur le point de faire en jetant sa poudre à une bête située à plus de cinquante mètres de la portée de son arme, lui qui n'avait plus que ses deux coups à tirer.

CHAPITRE XXXIII.

CHÈVRES ET MOUTONS.

Les trois chasseurs continuaient à regarder l'animal qui, toujours immobile, ne paraissait pas songer à s'éloigner.

Toutefois nos amis ne restaient pas silencieux ; et comme le bouquetin semblait poser pour qu'on fît son portrait, ou qu'on s'occupât de lui, Karl, s'adressant à ses deux compagnons, et surtout à Gaspard, prit la parole en ces termes.

« Le bouquetin, dit-il, est un animal connu depuis très-longtemps, et sur lequel les naturalistes de cabinet ont débité une foule de non-sens, comme ils l'ont fait, du reste, au sujet de la plupart des animaux qu'ils ont voulu décrire.

« En dépit des dissertations dont il a été l'objet, l'ibex est tout simplement une chèvre. C'est, il est vrai, une chèvre sauvage ; mais enfin ce n'est qu'une chèvre, ayant l'aspect caractéristique, et toutes les habitudes de la bête que nous appelons ainsi.

« Vous n'ignorez pas que la chèvre ordinaire présente des variétés excessivement nombreuses. On peut dire que chaque pays a la sienne, et même souvent plus d'une ; la Grande-Bretagne, par exemple, en possède trois ou quatre. Ces variétés offrent entre elles presque autant de différence qu'on en remarque entre les races de chiens. Il en résulte que la question de savoir à quelle espèce de chèvres sauvages se rattachent ces variétés a beaucoup préoccupé les savants.

« Or, dans mon opinion, continua le chasseur de plantes, les chèvres domestiques, dont nous rencontrons les variétés chez les différents peuples du globe, ne descendent pas de la même souche. Elles proviennent de plusieurs espèces de chèvres sauvages ; de même que les races de moutons qui forment nos troupeaux, sont issues de moutons sauvages d'espèces diverses, bien que ce fait évident soit nié par beaucoup de zoologistes.

— Il y a donc plusieurs espèces de chèvres sauvages ? demanda Gaspard.

— Assurément, répondit Karl. Toutefois elles sont en petit nombre ; on en compte peut-être une douzaine ; encore ne sont-elles pas toutes reconnues, et décrites scientifiquement. Mais je ne doute pas que ce chiffre ne soit confirmé, lorsque le centre de l'Asie et de l'Afrique aura été exploré par de savants naturalistes.

« Les faiseurs de systèmes, qui créent des espèces et des genres d'après quelque légère protubérance qu'ils ont remarquée sur une dent, ont apporté la plus étrange confusion dans la famille des chèvres. Ils l'ont d'abord divisée en cinq genres ; bien qu'ils n'aient pu attribuer qu'une seule espèce à la plupart d'entre eux; ce qui a eu pour effet de multiplier inutilement les noms, et de rendre l'étude de cette famille plus compliquée et plus difficile.

« Il est certain que les chèvres, y compris l'ibex, qui en est une véritable, composent à elles seules dans le monde des ruminants, une famille distincte des moutons, des cerfs, des antilopes ou des bœufs; mais ce n'était pas un motif pour morceler cette famille en autant de genres que son type offre de variétés.

« Même entre les moutons et les chèvres sauvages, il y a souvent la plus grande ressemblance; et il ne faudrait pas demander à leur vêtement de nous les faire reconnaître. Ce n'est plus comme dans nos fermes, où l'on distingue si aisément le mouton à sa laine, et la chèvre à son poil.

« Dans l'état de nature, au contraire, ils portent la même robe; le mouton y est poilu tout comme la chèvre; et en maintes circonstances, le poil des deux espèces est aussi court que celui des chevreuils ou des cerfs.

« Mais alors même qu'il n'y a entre la chèvre et le mouton presque rien qui les distingue au physique, on trouve chez eux des différences morales qui les caractérisent, et nous les font reconnaître.

« La chèvre est plus farouche que le mouton, et s'éloigne de celui-ci par toutes ses habitudes.

« L'ibex que nous voyons là-bas, poursuivit le botaniste, en désignant l'animal qui était en face de lui, n'est pas la seule chèvre sauvage qui habite l'Himalaya. On y trouve encore le *tahir*, qui est plus grand et plus fort que le bouquetin; et lorsque ces montagnes auront été complétement fouillées, je crois pouvoir dire que la famille s'augmentera d'une ou deux espèces.

« Enfin le bouquetin de l'Himalaya n'est pas le seul qui existe; on en trouve un dans les Alpes, où il est nommé *steinbok*; un autre dans les Pyrénées, où il porte le nom de *tur*; un troisième, qu'on appelle *zac*, habite le Caucase; et l'on en connaît un ou deux en Afrique, où il se rencontre également dans les montagnes.

« Ces divers bouquetins diffèrent très-peu les uns des autres; et comme les mœurs de celui de l'Himalaya, ont été parfaitement décrites par un chasseur de premier ordre, qui était en même temps un habile naturaliste, je ne peux pas mieux faire que de vous citer la description qu'il en a donnée, et qui renferme à peu près tout ce que l'on sait d'authentique sur le bouquetin de cette région.

« L'ibex mâle, dit notre auteur, est presque de la taille de l'autre chèvre himalayenne, connue sous le nom de tahir, et qui est beaucoup plus grande que pas une espèce domestique. La couleur générale de la robe est d'un brun jaune et terreux. Immédiatement après la mue, elle est d'une teinte grisâtre. J'ai cependant tué des jeunes (mâle et femelle) dont le pelage n'était pas moins roux que celui du cerf, à l'époque où le poil de ce dernier est dans tout son éclat. Mais je n'ai jamais rencontré de vieux mâle de cette couleur, probablement parce qu'il habite une région beaucoup plus haute, et ne commence à muer que bien plus tard.

« Le poil de l'ibex est court; il se rapproche par sa texture de celui du *burrel* et des autres moutons sauvages. Au cœur de l'hiver, il est mélangé d'un duvet laineux et très-doux, analogue à celui dont on fait les châles du Thibet.

« Ces deux sortes de poil tombent à la fois pendant le mois de mai et de juin. Dans les parties de la montagne que les troupeaux d'ibex fréquentent à cette époque, les buissons, et les angles des rochers, sont couverts de la dépouille de ces animaux.

« L'ibex doit surtout son aspect imposant aux cornes majestueuses que la nature lui a données. Chez le mâle adulte ces cornes, incurvées gracieusement au-dessus des épaules, ont de quatre-vingt-dix centimètres à un mètre vingt, en suivant la courbure; et vingt-six ou vingt-huit centimètres de circonférence à la base. Il est très-rare qu'elles aient plus d'un mètre vingt de longueur; mais on m'en a cité quelques-unes qui excédaient cette mesure de sept centimètres et demi.

« La barbe, chez le mâle, est noire, ébouriffée, et n'a pas moins de quinze à vingt centimètres.

« Plus petite que le mâle d'au moins un tiers, la femelle est vêtue de brun, lavé de gris, et d'une teinte peu foncée. Elle porte des cornes arrondies, s'effilant vers la pointe, et de vingt-cinq à trente centimètres de longueur.

« Mâle et femelle sont bien faits, ont beaucoup d'agilité, et sont gracieux dans leurs mouvements.

« Durant la belle saison, ils recherchent les lieux les plus élevés où ils puissent trouver pâture, et vont souvent à plusieurs journées de marche de leurs quartiers d'hiver. Ils abandonnent ceux-ci dès que la neige commence à disparaître, voyagent par étapes, et allant de montagne en montagne, ils s'arrêtent plusieurs jours sur chacune d'elles.

« A cette époque, les mâles font bande à part, et forment des troupeaux assez considérables; on voit de ces réunions dont le chiffre s'élève à une centaine d'individus.

« Il est rare qu'ils bougent pendant la chaleur du jour; c'est pour eux le moment du repos; ils vont alors se coucher sur la neige qui est au fond des ravins, ou sur les pentes rocailleuses des montagnes dénudées, au-dessus de la limite où les végétaux s'arrêtent.

« Quelquefois, mais très-rarement, ils dorment sur les terrains herbus où ils paissent.

« Quand vient le soir, ils se remettent en marche et vont retrouver leurs pâturages, qui sont fréquemment à une distance de plusieurs milles. Ils avancent d'abord avec lenteur; mais s'ils ont un espace considérable à franchir, ils ne tardent pas à prendre le trot; et parfois la bande entière se met à courir à toutes jambes.

« D'après les renseignements que nous avons recueillis de la bouche des indigènes, nous croyons pouvoir dire que ces troupeaux de mâles séjournent dans les régions élevées jusqu'à la fin d'octobre. A cette époque ils commencent à rejoindre les femelles, et à regagner peu à peu leur résidence d'hiver.

« Les femelles, beaucoup moins vagabondes, ne vont pas aussi loin. Un grand nombre d'entre elles sont sédentaires, et celles qui émigrent ne s'élèvent pas autant que les mâles; il est rare qu'elles dépassent les limites de la végétation.

« Elles ont chacune deux chevreaux, qui viennent au monde en juillet; mais comme il arrive souvent chez les espèces qui vivent en société, beaucoup de ces femelles n'ont pas de petits.

« L'ibex est un animal farouche; il est doué d'une vue perçante, et d'un odorat subtil. Un rien lui donne l'alarme, et il suffit d'un seul coup de feu, tiré sur la bande, pour que la troupe entière prenne la fuite, et abandonne le pâturage qu'elle avait adopté.

« Il n'est pas même nécessaire d'un coup de fusil pour éloigner l'ibex; l'arrivée d'un homme dans les endroits qu'il fréquente produit souvent le même résultat. Nous en avons eu personnellement de nombreux exemples; le premier troupeau de mâles que nous ayons rencontré nous en a donné la preuve. Il se trouvait à la partie supérieure de la vallée d'Asrung; et nous l'aperçûmes au moment où il descendait la montagne pour venir pâturer. C'était un beau troupeau, d'une centaine de bêtes.

« La journée s'avançait; nous étions loin du camp, et la prudence voulait que nous remissions la partie au lendemain; mais l'entraînement l'emporta; et chacun de nous se dirigea en rampant du côté des ibex.

« Comme nous étions pressés par l'heure, il est possible que nous n'ayons pas eu toutes les précautions nécessaires, et que nous aurions prises si le temps ne nous avait pas manqué. Toujours est-il que, bien avant que nous fussions à la portée du fusil, quelques-uns des mâles nous aperçurent, et que toute la bande décampa sans nous laisser la chance de lui envoyer une balle.

« N'ayant pas tiré sur eux, et ne les ayant troublés en aucune façon, nous avions l'espérance de les retrouver le lendemain; nous croyions même pouvoir y compter; mais les jours suivants furent employés à les découvrir; et ils passèrent en vaines recherches : le troupeau avait déserté son cantonnement, et abandonné cette partie de la montagne.

« Tous ceux qui ont étudié l'histoire naturelle connaissent la merveilleuse faculté que possède l'ibex pour sauter et pour gravir. Bien qu'il ne puisse pas s'accrocher où il arrive, et y rester suspendu par les cornes, ainsi qu'on l'a représenté quelquefois, il atteint cependant les endroits les plus inaccessibles, et le fait avec une aisance qui paraît miraculeuse, si on envisage ses proportions massives. Rien n'arrête sa marche et ne paraît même l'entraver.

Il faut voir un troupeau d'ibex auquel on a tiré un coup de fusil, prendre la fuite, et bondir à travers mille obstacles qui paraissent infranchissables, tantôt gravissant la face nue d'un roc vertical; tantôt descendant l'effroyable revers d'un terrain mouvant, soit une pente couverte de pierres mobiles, soit un lit de sable que le plus léger attouchement suffit à mettre en branle. Il faut le voir plonger dans un abîme sans issue, et reparaître l'instant d'après sur la crête opposée; ne déviant jamais de la ligne droite, et dévorant l'espace sur le pied de quinze milles à l'heure. Qui a eu ce tableau sous les yeux l'oublie difficilement.

« Enfin il est peu de quadrupèdes, s'il en existe, qui surpassent le bouquetin sous le rapport du fond et de la vitesse. »

CHAPITRE XXXIV.

BATAILLE.

Karl avait à peine fini de donner les détails précédents qu'un épisode dramatique de la vie du bouquetin se produisit en face de nos chasseurs, comme pour ajouter à ce qu'ils savaient déjà sur cet animal.

Le bouquetin qu'ils regardaient n'était plus seul ; un autre ibex venait d'apparaître et se dirigeait vers lui. C'était également un mâle, ainsi qu'il était prouvé non-seulement par la dimension de ses cornes, mais par sa taille et son aspect, qui le faisaient ressembler comme un frère à celui que nous connaissons.

Il n'est pas probable cependant qu'ils fussent tous deux de la même lignée ; au moins si l'on en juge par les sentiments peu fraternels de celui qui arrivait. Tout dans son attitude révélait des intentions hostiles ; il avançait tête baissée, le museau entre les jambes, la barbe touchant presque la poitrine, tandis que ses cornes, au lieu d'être rejetées sur les épaules, avaient la pointe en l'air. Enfin sa petite queue, dressée de toute sa longueur et agitée de secousses nerveuses, annonçait que l'animal méditait quelque mauvaise action.

Malgré la distance, aucun de ces détails n'échappait aux spectateurs ; car la silhouette des bouquetins se découpait si nettement sur le ciel, qu'il était facile de distinguer jusqu'à leurs moindres gestes.

Au moment où les bons amis aperçurent le nouveau venu, celui-ci approchait à la dérobée, comme avec l'intention de fondre tout à coup sur l'autre, et de profiter de sa surprise pour le jeter au fond de l'abîme.

Tel était en effet son désir ; et il aurait certainement accompli cette trahison si le premier ibex fût resté dans la même attitude seulement encore pendant cinq ou six secondes.

Il est probable que ce fut la voix de Gaspard qui empêcha l'exécution de ce projet meurtrier : ce ne fut, hélas, que pour un temps bien court.

Toujours est-il qu'en voyant approcher le traître, le jeune homme laissa échapper un cri involontaire. Assurément la bête menacée n'en put comprendre le sens ; mais elle fut tirée de sa rêverie, et jeta un regard autour d'elle.

En un clin d'œil, l'ibex découvrit le péril ; et prompt comme la foudre, il se mit en mesure de le conjurer. Se dressant tout à coup sur ses jambes de derrière, il pirouetta comme s'il eût été sur un pivot, et retomba sur ses quatre pieds, face à face avec l'arrivant. Il ne manifesta aucun désir de se retirer, et parut au contraire accepter la lutte comme une chose toute naturelle.

A vrai dire, dans la position qu'il occupait, il lui était impossible de prendre la fuite. Le rocher où il posait, depuis qu'il avait apparu à nos chasseurs, formait une espèce de promontoire au-dessus de l'abîme; et l'ennemi lui interdisait la seule paroi de la montagne qu'il aurait pu escalader. Il n'y avait donc pour lui d'autre alternative que d'accepter le combat; et s'il resta sur le terrain, ce fut plutôt par nécessité que de son propre mouvement.

Dans tous les cas, il avait à peine eu le temps de se mettre sur la défensive que déjà son adversaire se précipitait vers lui.

Un renâclement sonore s'échappa de la poitrine des lutteurs, qui, se dressant tous deux sur les jambes de derrière, se tinrent debout vis-à-vis l'un de l'autre, ainsi qu'auraient fait deux bipèdes.

A cette tactique, les chasseurs reconnurent la manière de combattre employée par la chèvre; car l'ibex vide ses querelles exactement de la même façon que nos boucs.

Au lieu de se précipiter horizontalement contre son adversaire, en le heurtant du front comme il arrive aux béliers, le bouquetin se dresse de toute sa hauteur; et, les cornes en avant, retombe de tout son poids sur son antagoniste qu'il cherche à écraser.

Les deux combattants s'enlevèrent à plusieurs reprises, et soutinrent plusieurs fois le choc des cornes de l'adversaire; mais il fut bientôt évident que la victoire resterait à l'agresseur. Il avait pour lui l'avantage du terrain, car la pointe où l'autre était placé n'offrait pas assez d'étendue pour permettre de violents efforts; le danger imminent de retomber dans le vide préoccupait évidemment l'attaqué, et lui imposait une contrainte fatale.

L'assaillant, au contraire, pouvant disposer d'un large espace, reculait à loisir, se précipitait de nouveau, et frappait ensuite avec une force d'autant plus grande. A chacun de ses assauts il reprenait un nouvel élan, et y mettait toute son impétuosité, sachant bien que s'il manquait le but il en serait quitte pour recommencer; tandis qu'il suffisait à son adversaire d'un coup porté à faux pour être victime de sa méprise.

Était-ce faiblesse relative, ou désavantage de la position? il est difficile d'en rien savoir; mais le premier bouquetin ne cherchait qu'à se défendre; et il était évident que s'il avait pu fuir il n'aurait pas mieux demandé. Malheureusement, nous l'avons dit, la retraite ne lui était pas permise; et il ne pouvait s'esquiver qu'après la fin du combat. La seule chance qu'il parut avoir de se dérober à la lutte, peut-être l'avait-il compris, c'était de passer d'un bond au-dessus des cornes de son antagoniste et de gagner le sommet de la montagne.

Quelque téméraire que fût cette idée, elle s'empara probablement du pauvre ibex, car on le vit tout à coup bondir à une hauteur prodigieuse vers le tapis de neige qui se déployait au delà de son adversaire.

Mais le résultat de cette détermination fut loin de répondre à son attente. Comme le malheureux était en l'air, ayant quitté le sol des quatre pieds, les grandes cornes de l'autre ibex lui frappèrent les côtes avec violence, et il fut lancé comme un volant par-dessus la rampe qui terminait la falaise.

Le coup l'avait rejeté dans l'espace ; puis il tourna sur lui-même, et glissant d'une roche à l'autre, il roula jusqu'au fond de la vallée, où il rebondit sur le sol à deux mètres de hauteur, et retomba sans mouvement et sans vie.

Il se passa plusieurs secondes avant que les spectateurs de ce curieux incident fussent revenus de leur surprise. C'était la première fois qu'ils voyaient pareille chose, bien que le fait se présente souvent dans les gorges sauvages de l'Himalaya, où les ibex, les tahirs, les ammons et les burrels se livrent des combats fréquents.

C'est presque toujours à la pointe des rochers que se passent ces luttes meurtrières ; car le bord des précipices, la crête des monts sourcilleux constituent l'habitat favori de ces quatre espèces d'animaux ; et il n'est pas rare que l'un des combattants soit lancé dans l'abîme, ainsi que nos chasseurs venaient d'en être témoins.

Il ne s'ensuit pas toutefois que le vaincu soit nécessairement tué ; souvent, au contraire, il arrive qu'après une de ces chutes effrayantes, l'ibex, le tahir ou le burrel s'éloigne de l'endroit où il est tombé. Peut-être va-t-il se guérir, et attendre dans la retraite le moment où il pourra de nouveau se mesurer avec son ancien adversaire, et prendre sur lui une revanche éclatante.

Un exemple très-remarquable de ce fait prodigieux est raconté par un chasseur d'une grande intelligence qui avait eu l'occasion de l'observer personnellement.

« Je fus témoin, dit le colonel Markham, de l'exploit le plus extraordinaire qu'un tahir adulte ait jamais accompli en présence d'aucun chasseur. Au moment où il reçut mon coup de feu, il était sur un banc de rochers à quatre-vingts mètres au-dessus de ma tête. Sa chute fut perpendiculaire; il tomba sur les cornes, sans toucher les parois du précipice, rebondit sur le sol qu'il n'effleura pas même de son corps, et alla retomber à quinze mètres plus loin. Je le croyais pulvérisé; mais il se releva aussitôt, prit la fuite, et bien que la trace de son sang nous ait permis de le suivre à une distance considérable, nous ne l'avons pas retrouvé. »

Mes jeunes lecteurs se rappellent que de nombreux faits de ce genre ont été observés en Amérique, où ils sont accomplis par le *bighorn*, ce mouton sauvage, qui habite les montagnes Rocheuses, et qui ressemble tellement à l'*ovis ammon* de l'Himalaya, que certains naturalistes les considèrent tous les deux comme étant le même animal. Les chasseurs des solitudes américaines assurent d'une manière positive que le bighorn se jette sans crainte du haut des rochers, la tête la première ; qu'il tombe sur ses cornes, rebondit comme une balle élastique, et se retrouve sur ses pieds, sans même être étourdi par cette effroyable chute.

Il y a, sans doute de l'exagération dans ces histoires de chasseurs ; mais il est vrai néanmoins, que la plupart des espèces de chèvres et de moutons sauvages, aussi bien que les antilopes de montagne, le chamois et le sauteur de rochers par exemple, ont la faculté de bondir et d'exécuter des sauts qui paraîtraient incroyables à quiconque est étranger aux habitudes de ces animaux.

Il est difficile de comprendre comment le tahir du colonel Markham a pu tomber d'une hauteur de quatre-vingts mètres, et y ajouter un soubresaut de quinze mètres, sans être complétement broyé ; mais quelle que soit notre hésitation à accepter le fait, il ne conviendrait nullement de le contredire. Qui peut savoir s'il n'y a pas dans les os de cette bête un principe quelconque, une élasticité, par exemple, qui neutralise les effets d'une pareille secousse.

Il y a dans la vie organique, de ces combinaisons qui ne nous sont pas encore entièrement dévoilées. Nous savons, d'autre part, que la nature a merveilleusement adapté ses œuvres à la destinée qu'elles devaient avoir, et par conséquent au milieu qu'elles occupent. Dès-lors pourquoi la chèvre et le mouton sauvages, qui sont les Blondin et les Léotard du monde animal, ne posséderaient-ils pas des facultés particulières pour le saut périlleux dont est privé celui qui n'en a pas besoin. Il serait donc injuste, dans l'état de nos connaissances actuelles, de protester contre l'assertion du colonel Markham, d'autant plus qu'elle nous est donnée de bonne foi, et paraît conforme au genre de vie de l'individu qui en est l'objet.

Nos amis, témoins de la chute de l'ibex, n'entamèrent pas de discussion à cet égard; il est vrai que le fait en lui-même n'y prêtait aucunement. L'animal était tombé d'une si grande hauteur, il avait éprouvé un choc d'une telle violence quand il avait touché la terre, qu'il ne vint à l'esprit d'aucun des spectateurs qu'il pût être vivant. En effet, il gisait sur le sol, les membres détendus, la poitrine immobile ; évidemment il était bien mort.

CHAPITRE XXXV.

LES BEARCOUTS.

Nos amis se félicitèrent vivement de cette proie inespérée qui, à l'instar de la manne des Hébreux, leur tombait presque du ciel.

« Voilà de quoi dîner! s'écria Gaspard, au moment où l'ibex frappait bruyamment la terre. Et de quoi souper, ajouta-t-il; mieux encore! nous avons là des provisions pour une semaine. »

Les trois amis s'étaient levés, et couraient déjà pour s'emparer de l'animal, quand un cri perçant, vint frapper leurs oreilles à deux reprises différentes. Cette voix aiguë paraissait venir du haut de la falaise, ou plutôt du sommet de la montagne qui dominait celle-ci.

Était-ce le cri du vainqueur? le chant de triomphe de l'autre ibex? non; cette voix n'était pas celle d'un quadrupède; on ne pouvait s'y méprendre. Il suffit d'ailleurs à nos amis de lever la tête pour voir celui, ou plutôt ceux qui avaient jeté ces cris retentissants.

L'ibex auquel était resté l'avantage se voyait toujours en haut de la falaise. Il paraissait contempler le cadavre de son rival, et peut-être se glorifiait-il de sa victoire. Dans tous les cas, pendant que nos amis avaient détourné les yeux pour suivre le vaincu dans sa chute, il s'était avancé, et avait pris possession de l'endroit même que venait d'occuper son adversaire.

Mais le cri perçant qui avait retenti aux oreilles de nos chasseurs, avait également frappé les siennes ; peut-être même l'avait-il entendu avant que le son en fût arrivé dans la vallée ; car à l'instant où nos amis levèrent la tête, ils le virent regarder autour de lui, et donner tous les signes d'une frayeur évidente.

Il y avait en effet dans l'air, à quelques mètres de l'ibex, deux points obscurs, qu'il était facile de reconnaître. C'étaient de grands oiseaux, presque noirs, dont la taille élancée et l'immense envergure indiquaient la famille. On ne pouvait pas s'y tromper ; c'étaient des oiseaux de proie, et non-seulement des rapaces, mais des aigles appartenant à l'espèce que les habitants de l'Himalaya et des plateaux du Thibet, désignent sous le nom de *bearcout*.

Ils descendaient en décrivant des courbes rapides, de plus en plus resserrées, et jetaient par intervalles leur cri aigu, qu'ils répétaient ensemble. A la nature de leurs mouvements, aussi bien qu'à leur cri de guerre, il était facile de deviner l'objet de leurs démonstrations bruyantes ; ils allaient frapper une victime, et celle-ci était précisément l'ibex.

Le malheureux bouquetin n'ignorait pas leurs intentions, et paraissait perdre la tête. Au lieu de se mettre dans cette fière attitude qu'il avait prise vis-à-vis de son dernier antagoniste, il restait immobile, affaissé sur lui-même, et comme paralysé par la crainte.

C'était précisément pour le terrifier, que les deux aigles jetaient ces cris perçants; et il est certain qu'ils avaient réussi au delà de toute espérance.

Les trois amis avaient les yeux rivés sur les acteurs de ce nouveau drame, et suivaient les mouvements de l'ibex et des aigles avec un profond intérêt. Tous les trois désiraient voir ceux-ci punir le bouquetin de l'action cruelle qu'il venait de commettre, et qui à leurs yeux n'était rien moins qu'un fratricide.

Il était écrit au livre du destin que leur désir serait satisfait, et que celui qui avait donné la mort la recevrait à son tour. Mais nos chasseurs pensaient assister à un combat d'une certaine durée; et sur ce point leur attente fut déçue. La lutte ne fut guère plus longue que ses préliminaires, et ceux-ci furent des plus brefs; car à peine s'était-il écoulé dix secondes depuis le moment où le premier cri s'était fait entendre, lorsque les bearcouts s'abattirent au niveau du rocher, et commencèrent une attaque en règle contre le bouquetin qu'ils frappèrent tour à tour et du bec et des ongles.

Par instants, l'ibex était comme enseveli sous les énormes ailes des deux oiseaux; mais alors qu'il apparaissait aux yeux des spectateurs, il ne semblait faire aucun mouvement pour se défendre, ou du moins il n'y déployait aucune énergie. L'imprévu de l'attaque, aussi bien que la nature de ses étranges assaillants, l'avait déconcerté, et la stupeur lui enlevait toutes ses forces.

Il recouvra néanmoins la possession de lui-même; et se redressant il fit usage de ses cornes; mais les aigles étaient sur le qui-vive; et chaque fois que le quadrupède essayait de les frapper, ils éludaient facilement le coup en se jetant d'un côté ou de l'autre; puis faisant un détour, ils attaquaient l'ennemi par derrière.

Un instant l'ibex tint ferme sur le terrain où il avait été surpris; il tourna sur lui-même, afin de parer les coups des aigles, tantôt sur ses quatre jambes, tantôt seulement sur celles de derrière qui lui servaient de pivot.

Mieux eût valu pour lui que ses deux pieds de devant fussent cloués au rocher ; il aurait pu soutenir la lutte plus longtemps, finir par éloigner ses agresseurs, ou du moins les fatiguer en prolongeant la défense.

Mais rester sur ses quatre pieds pendant le combat ne lui venait pas même à l'esprit; c'était contraire aux traditions de sa race, dont tous les membres, de temps immémorial, avaient lutté contre l'ennemi, en se dressant sur les jambes de derrière.

D'après la méthode de ses ancêtres, il s'était donc levé de toute sa hauteur, et visait à frapper l'un des aigles, qui lui présentait la poitrine, lorsque le bear-cout, se reculant pour mieux s'élancer, retomba sur lui avec la rapidité d'une flèche, et l'attaquant sous le menton, lui renversa vivement la tête.

Le coup de serre fut d'une telle violence, que l'ibex perdit l'équilibre, chancela, dépassa le bord du rocher,

Les bearcouts commencèrent une attaque en règle contre le bouquetin. (Page 187.)

et fut lancé dans l'espace où tombant, tombant toujours, il parcourut l'effroyable distance que l'instant d'avant il avait fait traverser à sa victime.

Les spectateurs croyaient que l'ibex allait gagner la terre sans y être suivi par les bearcouts ; ils se trompaient.

Juste au moment où le quadrupède était à moitié du vide qu'il avait à franchir, le second aigle fondit sur lui avec la rapidité de l'éclair ; il l'empoigna, et les jambes tendues, les ailes frémissantes, lui demeura attaché par une incroyable étreinte.

Pourquoi cette étreinte du bearcout ne se relâchait-elle pas ? Évidemment l'ibex était mort ; il l'était déjà selon toute apparence avant d'arriver à terre. L'aigle restait néanmoins sur lui, et ne paraissait pas songer à sa victoire ; il y avait là quelque chose d'étrange. A la manière dont il était descendu, surtout à la façon dont il agitait les ailes, nos amis commencèrent à croire que son attitude sur le corps du bouquetin, ainsi que la chute qu'il avait faite avec lui, n'étaient pas volontaires.

La preuve ne s'en fit pas attendre ; le bearcout s'agitait de plus en plus, et la violence de ses mouvements, l'irrégularité de ses battements d'ailes indiquaient assez qu'au lieu de vouloir conserver la place qu'il occupait, son plus vif désir était de s'en éloigner. La chose devint encore plus évidente lorsque le bearcout se mit à pousser des cris sauvages, qui cette fois n'exprimaient ni la colère ni la menace, mais une profonde terreur.

Les témoins de ce fait bizarre, qui déjà s'étaient levés,

coururent vers l'endroit où la scène avait lieu, supposant bien qu'il s'y passait quelque fait insolite.

En effet, lorsqu'ils approchèrent de l'aigle, dont la terreur allait croissant, ils purent comprendre le motif de cet effroi, qui jusque-là leur paraissait inexplicable..

Le bearcout avait les serres enfoncées dans le corps de sa victime, et ses ongles tranchants y étaient si fermement cramponnés, que malgré toute la force de ses bras nerveux, malgré toute la puissance de ses ailes, il ne pouvait les en arracher.

Au moment de la descente de l'ibex, il avait plongé sa terrible poigne dans le ventre de celui-ci, et ses ongles crochus s'y étaient si profondément engagés, qu'il avait dû suivre sa proie dans sa chute ; il s'y trouva cloué lorsque tous deux rencontrèrent le sol, et c'est en vain qu'il cherchait à recouvrer sa liberté.

Plus il faisait d'efforts, plus cette couche épaisse de laine soyeuse qui garnit la peau du bouquetin s'emmêlait et le garrottait solidement. Il tournait sur lui-même, en s'appuyant sur ses ailes, et à chacun de ses tours, il resserrait les liens qu'il se filait malgré lui, avec cette laine précieuse dont on fabrique les cachemires.

La position était critique, et cependant le malheureux aigle, qui ne tarda pas à en sortir, ne gagna point au change, car il ne fut délivré de ses entraves, que pour être attaché plus solidement avec la corde que le Shikarri tira de sa poche.

L'autre bearcout avait suivi de près son compagnon, et semblait résolu à le tirer des mains de ses ravisseurs;

Le bearcout avait les serres enfoncées dans le corps de sa victime. (Page 192.)

il poussait des cris de rage, et voletait de l'un à l'autre, en les menaçant du bec et des serres.

Chacun, heureusement, avait ses armes, et les trois chasseurs parvinrent à maintenir l'oiseau à distance ; mais l'affaire menaçait de prendre une tournure moins favorable à l'égard du pauvre Fritz, qui devint à son tour l'objet d'une attaque furieuse de la part de l'aigle, et qui n'avait que ses dents pour se défendre.

Quelque vigoureuse que fût sa mâchoire, elle n'aurait pas été pour lui une protection suffisante, et ne l'eût pas empêché de perdre un œil, peut-être les deux yeux, si une flèche du Shikarri n'avait abattu le bearcout en lui traversant la poitrine.

L'aigle néanmoins ne fut pas tué sur le coup ; et Fritz lui aurait sauté à la gorge bien volontiers ; mais à la vue de ce bec puissant et de ces formidables serres, il trouva plus sage de ne pas en approcher, et laissa au Shikarri le soin d'achever le bearcout en le frappant de sa grande lance.

CHAPITRE XXXVI.

ESPOIR FONDÉ SUR LE BEARCOUT.

Dans cet envoi de provisions, non moins abondant qu'inespéré, et qu'on pouvait dire tombé du ciel, Karl ne put s'empêcher de voir la main de la Providence, et le fit remarquer à ses compagnons. L'esprit moins sérieux de Gaspard, et le cœur à demi païen de l'Hindou avaient eux-mêmes vu dans ce fait providentiel autre chose qu'un effet du hasard, et ils ne demandèrent pas mieux que de se joindre au botaniste pour exprimer leur gratitude à Celui qui, bien qu'invisible, était avec eux dans cette vallée solitaire.

Ensuite ils contemplèrent avec curiosité non-seulement les deux ibex, mais aussi les deux aigles. Peu d'instants avant, ces quatre animaux erraient en liberté par delà ces hautes murailles ; ils arrivaient du dehors, de ce monde que les trois amis aspiraient à revoir avec tant d'ardeur, et cela suffisait à les rendre intéressants. Que n'auraient pas donné les trois captifs pour avoir les ailes puissantes qu'ils admiraient chez le bearcout! Avec quelle joie ils auraient fui cette vallée de délices, qui pour eux était une vallée de larmes! Comme ils se seraient hâtés de franchir cette barrière neigeuse qui les emprisonnait.

Tandis que ces réflexions leur traversaient l'esprit, une pensée vint au chasseur de plantes, et lui éclaira un peu le visage; seulement un peu, car l'idée qui se présentait à lui n'était pas très-lumineuse. On pouvait néanmoins en tirer quelque chose; et de même que celui qui est en train de se noyer se rattache à un brin de paille, Karl saisit au vol cette conception bizarre, et après l'avoir pesée un instant, la communiqua aux deux autres.

C'était le bearcout qui la lui avait inspirée. Le bearcout a les ailes puissantes, les muscles vigoureux des membres de sa famille; il appartient à la section des aigles véritables, et c'est l'un des plus grands et des plus robustes du genre. Il peut, comme une flèche, s'élancer en ligne droite vers les nues; et il aurait suffi de quelques secondes à celui que regardaient nos chasseurs, pour atteindre les sommets neigeux qui dominaient la falaise.

« Qui l'empêcherait, demanda le botaniste en montrant le bearcout à ses deux compagnons, qui l'empêcherait d'emporter....

— Que veux-tu qu'il emporte? dit Gaspard en interrompant son frère qui parlait avec hésitation. Ce n'est pas nous, je suppose?

— Non, répondit gravement le botaniste; mais une corde qui pourrait nous porter.

— Ah ! je comprends, s'écria Gaspard, dont la joie inonda le visage. Tu as là une fameuse idée, Karl ! »

Ossaro, que ce dialogue n'intéressait pas moins, proféra de son côté une exclamation joyeuse.

« Qu'en penses-tu ? » lui demanda le chasseur de plantes. . . . .

La réponse qu'il obtint annonçait peu de confiance dans le moyen proposé. Toutefois l'Hindou conseillait de mettre le projet à l'étude. Pourquoi n'essayerait-on pas ? La vallée produisait du chanvre en abondance ; il n'y avait qu'à en extraire la filasse, à faire de la corde, à nouer cette corde à la patte du bearcout, et à lâcher celui-ci. On était bien sûr de la direction qu'il prendrait ; il en avait déjà trop de son séjour dans la vallée, et ne manquerait pas d'en sortir dès qu'il en aurait le pouvoir.

Ce projet parut tout d'abord assez plausible ; mais quand on en vint à l'examiner en détail, il se présenta deux grandes difficultés, vraiment si grandes qu'elles faillirent renverser toutes les espérances que l'on avait conçues ; il est vrai que ces espérances avaient été accueillies un peu trop légèrement.

La première de ces difficultés était de savoir si le bearcout, malgré la puissance de ses ailes, aurait la force d'enlever une corde aussi longue que la falaise était haute. Il aurait pu certainement prendre sa volée avec une ficelle de cette dimension, et même d'une plus grande longueur ; mais il s'agissait d'une véritable corde, assez solide pour résister au poids d'un homme et aux efforts qu'il ferait en grimpant. Cette corde, avec les deux cents mètres qu'elle devrait avoir, serait nécessairement très-lourde, et ajoutée au poids naturel de l'aigle, elle excéderait sans doute les forces de celui-ci.

Quant à grimper en se hissant avec les mains, nos amis n'y songeaient pas. Ils auraient pu escalader ainsi une douzaine de mètres; mais il y en avait plus de cent soixante à franchir, avant de pouvoir poser le pied sur le haut de la muraille, et le plus fin matelot qui soit jamais arrivé au bout du mât de cacatoës, ne se serait pas élevé à moitié de cette distance, s'il avait dû le faire à la force du poignet.

Mais une autre question, non moins embarrassante, se présentait à l'esprit des captifs. En supposant que le bearcout fût assez fort pour emporter la corde, aurait-il le moyen de la fixer d'une manière quelconque au sommet de la falaise?

Personne n'y pouvait rien; c'était pure affaire de hasard. Il était possible que le bearcout, en rasant la montagne, entortillât la corde autour d'une pointe rocheuse, ou à l'angle d'un bloc de neige durci par la gelée. Cela pouvait très-bien se faire; et une fois la corde arrêtée solidement, il y avait des chances de succès.

Il fallait d'abord vaincre la première difficulté, celle qui avait trait à la solidité du câble et à sa pesanteur. Nos amis avaient là-dessus quelques données positives; et sur le reste, ils pouvaient former des conjectures suffisamment exactes. Ainsi la résistance que devait offrir la corde pour supporter le plus lourd d'entre eux était facile à déterminer ; et il ne l'était pas moins de calculer approximativement quelle était la force de l'aigle.

La direction que prendrait celui-ci, dès qu'on lui rendrait la liberté, ne faisait pas le moindre doute ; il était certain que l'oiseau des nues fuirait immédiatement l'endroit où il avait été en esclavage ; nos captifs n'avaient pas d'inquiétude à cet égard ; nous l'avons dit plus haut.

Quand le projet eût été examiné sous toutes ses faces, il resta démontré à nos amis que la fabrication de la corde était le point important de l'affaire. Pourrait-on filer un câble assez mince pour ne pas surcharger l'aigle, et cependant assez fort pour soutenir le poids d'un homme ? Il faudrait le confectionner avec le plus grand soin, n'employer que du chanvre de première qualité, en choisir toutes les fibres, donner à chacun des torons une égalité parfaite, et apporter à leur assemblage une attention particulière.

Personne mieux qu'Ossaro ne pouvait remplir ces conditions. L'Hindou filait aussi régulièrement qu'un métier de Manchester ; et il n'y avait pas de danger que l'œil du critique le plus subtil découvrît le moindre défaut dans une corde qu'il aurait faite.

En conséquence, il fut décidé que l'Hindou se chargerait de fabriquer cette pièce importante, et que les autres lui serviraient d'aides.

Mais avant de se mettre à l'œuvre, on pensa qu'il était prudent de s'assurer contre la famine, en découpant la chair des deux ibex, et en la boucanant. Quant à celle de l'aigle qu'Ossaro avait tué; elle n'en avait pas besoin. En effet, elle fut mise à la broche le jour même; et si l'oiseau de Junon avait fourni le déjeuner, ce fut celui de Jupiter qui forma le repas du soir.

CHAPITRE XXXVII.

ESSAI DES FORCES DU BEARCOUT.

Dès qu'ils eurent placé la venaison des deux bouquetins sur les cordes où elle devait sécher, et fixé les peaux des deux bêtes en les attachant sur la terre avec des piquets, pour les empêcher de se racornir, les trois amis tournèrent leur attention vers le fameux câble qui devait leur rendre la liberté.

Ils avaient justement sous la main une provision considérable de filasse qu'on pouvait employer tout de suite. L'Hindou l'avait faite à l'époque où il fabriquait son filet ; puis il l'avait mise dans une petite grotte où il faisait très-sec, et elle s'y était parfaitement conservée.

Nos amis possédaient en outre une corde solide, mais pas assez longue malheureusement pour l'exécution de leur projet. C'était la corde qui leur avait servi à lancer leur passerelle au-dessus de la crevasse ; ils l'avaient depuis longtemps dégagée de ses poulies et rapportée à la cabane. La grosseur en était parfaite; un peu plus mince, elle n'aurait pas supporté le poids d'un homme; et quand on pense à l'effroyable danger que nos amis auraient couru, si leur corde avait été fragile, on comprend que sa résistance fût pour eux matière à réflexion.

D'autre part, il y avait à considérer la force du bearcout. Faire un câble très-gros n'était pas difficile; mais sa pesanteur en serait d'autant plus grande; et si l'aigle ne pouvait pas l'emporter, la peine qu'on aurait prise à le faire serait complétement perdue.

« Pourquoi ne pas s'assurer du fait avant de se mettre à la besogne? »

Cette observation provenait du chasseur de plantes.

« Et comment faire? demanda Gaspard.

— Je crois que c'est possible, répondit Karl, qui semblait absorbé par un profond calcul.

— Pour mon compte, dit Gaspard, je n'en vois pas du tout le moyen.

— Je crois cependant qu'on peut y arriver, reprit le botaniste. Qui nous empêche d'estimer tout de suite le poids de la corde qui nous est indispensable? Il sera facile après cela de reconnaître la force de l'aigle; et avant de rien entreprendre nous saurons à quoi nous en tenir.

— Mais comment pèseras-tu la corde avant qu'elle soit finie? demanda Gaspard; et c'est précisément pour ne pas la faire, si elle doit être inutile, que nous aurions besoin de résoudre ce problème.

— Il n'est pas du tout nécessaire que la corde soit

achevée pour en connaître le poids, répondit le chasseur de plantes. Nous savons à peu près quelle longueur elle doit avoir; celle que nous possédons a la grosseur voulue; en en pesant un morceau, il nous sera facile de trouver ce que nous cherchons.

— Tu oublies, frère, que nous n'avons rien de ce qu'il faut pour peser la moindre ficelle : ni poids, ni balance, ni peson, ni romaine.

— Bah ! reprit Karl de ce ton d'autorité que donne le savoir, on peut se procurer tout cela; rien n'est plus facile à faire; la moindre baguette nous servira de fléau pourvu qu'elle soit droite; et les plateaux de la balance ne donneront pas plus de peine.

— Mais les poids, interrompit Gaspard, où les prendras-tu ? et si tu n'en as pas à quoi serviront tes balances ?

— Tu m'étonnes, Gaspard, je te croyais plus ingénieux. Quelle que soit la position où tu me places, je trouverai le moyen de te faire des poids quelconques, et de t'en fournir la série; un morceau de bois et des pierres me suffiront.

— Comment t'y prendras-tu ?

— Je sais d'abord combien je pèse, répondit le botaniste.

— Accordé, reprit Gaspard; mais cela ne fait jamais qu'un seul poids, nous donneras-tu les unités dont il se compose, et les fractions de ces unités; en d'autres termes, des poids d'une livre et d'une once ?

— Je mettrai des pierres de l'autre côté de la balance, répliqua le botaniste. Une fois qu'il y en aura la quantité voulue pour maintenir les deux plateaux en équilibre, je diviserai la quantité de pierres en deux lots que je pèserai l'un avec l'autre; j'aurai ainsi la moitié de mon poids dont le chiffre m'est connu. Le partage de cette moitié me donnera le quart du chiffre total; en répétant l'opération j'arriverai à des quantités de plus en plus petites; et de cette manière j'aurai des poids d'une livre ou d'une once, si le besoin s'en fait sentir.

— C'est fort ingénieux, reprit Gaspard, et je suis persuadé que tu réussirais par cette méthode, sans une petite circonstance dont tu ne me parais pas tenir compte.

— Laquelle? demanda le botaniste.

— Es-tu bien sûr de ton point de départ? demanda le jeune frère.

— Que veux-tu dire? je ne comprends pas.

— C'est cependant bien simple, je demande si tu as le chiffre positif du poids qui te servira d'étalon; en un mot, si tu peux dire exactement combien tu pèses!

— Certes, répondit Karl; je pèse cent quarante livres, et bien juste, à une once près.

— Ah! frère, reprit Gaspard en hochant la tête d'un air de doute; oui, à Londres, tu pesais cent quarante livres; et moi à peu près autant; mais les inquiétudes et les misères de l'existence que nous avons menée depuis lors nous ont bien maigris tous les deux. Je te vois beaucoup plus mince qu'à notre départ de Calcutta; et je suis bien sûr que tu ne me trouves pas moins changé. N'est-il pas vrai, Karl? »

Cette objection était malheureusement fondée; Karl

fut obligé d'en convenir, et de reconnaître que sa méthode péchait par la base. Le poids de son corps étant variable ne pouvait pas servir d'étalon, surtout dans une circonstance où la justesse des calculs importait à un si haut degré.

Toutefois, bien qu'il admît l'exactitude de la remarque de son frère, Karl n'en pensa pas moins qu'il pouvait résoudre son problème par le moyen qu'il venait d'exposer.

« Tu as raison, reprit-il en souriant, et comme enchanté du bon sens dont Gaspard avait fait preuve. Je reconnais la justesse de ton observation; mais ce n'est pas un motif pour que je renonce à résoudre la difficulté; il y a d'autres moyens de s'assurer du poids d'un objet; et en y réfléchissant un peu je suis sûr de le découvrir. Tiens, ce n'est pas la peine de chercher, voilà précisément l'affaire. Tu as des balles pour ton fusil?

— Oui, répondit Gaspard.

— Ne sont-elles pas d'une once?

— Exactement, il en faut seize pour une livre.

— Eh! bien, reprit Karl, nous avons la base de nos calculs.

— Et cette fois elle est exacte, répondit Gaspard; la chose est trouvée; il n'est pas besoin d'y réfléchir davantage. »

On s'occupa donc immédiatement de la solution de ce problème : Combien devra peser une corde pareille à celle qu'on avait déjà, mais ayant deux cents mètres de longueur?

Une balance fut construite, et ajustée avec autant d'exactitude que si on avait dû y peser de l'or. Vingt mètres de l'ancienne corde furent mis sur l'un des plateaux, en regard d'un certain nombre de pierres dont le poids avait été reconnu au moyen des balles. La pesanteur des vingt mètres une fois trouvée, il ne s'agissait plus que de la multiplier par dix pour avoir le poids du câble entier.

Restait maintenant à examiner une chose : le bearcout pourrait-il franchir la falaise avec un pareil fardeau?

Il n'aurait tout d'abord qu'à en soulever une partie, puisque la corde reposerait sur le sol ; mais dût-il passer à l'endroit où la muraille avait le moins d'élévation, il finirait par avoir au bas mot cent mètres de câble à la jambe ; et plus il s'élèverait, plus il en aurait long à porter.

On devait supposer qu'il choisirait de lui-même la partie la plus basse de la falaise, étant surtout gêné dans son vol par la charge qu'il aurait à enlever. On pouvait d'ailleurs lui faire prendre cette direction et l'y maintenir en le guidant avec la corde qu'il emporterait.

Tout bien considéré, l'entreprise semblait avoir des chances de réussite ; et nos amis, tout en se préparant à essayer la force de l'aigle, se livraient au plus doux espoir.

L'expérience à faire n'exigeait pas de grandes délibérations; mais vu l'importance qu'elle devait avoir, les captifs y procédèrent avec le plus grand soin.

Une pièce de bois fut coupée, et réduite peu à peu,

jusqu'à ce qu'elle eût exactement la même pesanteur que la corde dont on devait faire usage. On y attacha les vingt mètres que l'on possédait, et l'autre bout fut solidement fixé au tarse de l'aigle.

L'opération terminée, on délivra le bearcout de ses entraves; et chacun s'éloigna pour lui laisser tout l'espace nécessaire au déploiement de ses ailes.

Se croyant complétement libre le bearcout s'élança du roc où il avait été posé ; il prit son essor, et monta dans l'air en suivant une ligne à peu près verticale.

Il s'éleva d'abord rapidement, et les spectateurs poussèrent de longs cris de joie. Leur espérance, hélas! fut de courte durée. L'aigle avait franchi les vingt mètres qui le séparaient de la terre; mais arrivé à cette hauteur la corde se tendit subitement, et la secousse fit redescendre le voilier d'une ou deux brasses.

Le bearcout, surpris de l'obstacle qu'il éprouvait, battit des ailes pendant quelques instants; puis, ayant recouvré son équilibre, il voulut reprendre son essor.

La corde se roidit de nouveau, la pièce de bois fut soulevée de terre, et l'aigle qui s'attendait à la secousse en fut moins dérangé dans son vol. Malgré cela, il fut obligé de suivre la pièce de bois et redescendit avec elle.

Nouvel effort; nouvel échec. Voyant qu'il ne pouvait pas s'élever en ligne droite, suivant son habitude, le bearcout s'envola horizontalement et côtoya la falaise. La pièce de bois fut entraînée par de violentes secousses; on la vit bondir çà et là, parfois s'enlever et se balancer dans l'air, mais pour retomber un peu plus loin.

Enfin les spectateurs acquirent la certitude qu'il était

Le bearcout prit son essor et monta dans l'air. (Page 208.)

14

impossible au bearcout de porter en haut de la falaise une corde ayant un poids égal à celui du billot qu'il traînait en ce moment. L'aigle lui-même en paraissait convaincu.

En un mot, l'entreprise avait complétement échoué; et les trois amis ne comptant plus sur le succès, tournèrent les uns vers les autres leurs regards pleins de tristesse, tandis que le malheureux bearcout traînait son boulet à l'aventure.

CHAPITRE XXXVIII.

NOUVELLES EXPÉRIENCES.

Les trois spectateurs des vains efforts de l'aigle restèrent plongés dans un morne silence, comme il arrive toujours après une cruelle déception. Gaspard était moins abattu que les autres ; mais ni son frère, ni l'Hindou ne pensaient à lui en demander la cause.

Toutefois, leur abattement et le chagrin qui l'avait fait naître furent de courte durée. Tous les deux s'évanouirent comme un de ces nuages d'avril qui assombrissent le ciel un instant, et qui se dissipant bientôt, le laissent plus brillant et plus pur.

C'était à Gaspard que le botaniste et le Shikarri avaient dû cet heureux changement. Une idée subite avait frappé le jeune chasseur, et aussitôt il l'avait communiquée à ses deux compagnons.

Au fond, l'idée de Gaspard n'avait rien de neuf ; c'était la conséquence pure et simple du projet de Karl ; et cette fois encore, c'était sur l'aigle que reposait l'entreprise.

Depuis que ce projet d'ascension était sur le tapis, Gaspard cherchait le moyen de raccourcir la corde que l'on aurait à employer ; ou pour parler plus juste, il cherchait comment on pourrait faire pour n'avoir besoin que d'une corde beaucoup plus courte. Il n'avait rien voulu dire de cette préoccupation avant qu'on eût essayé la force de l'aigle.

Maintenant que le bearcout avait prouvé son impuissance, vous supposez qu'on ne s'inquiétait plus de lui, si ce n'est pour le mettre en daube. Telle était en effet la pensée de Karl et d'Ossaro ; mais Gaspard avait autre chose en vue. Il était persuadé que ce roi des airs pouvait leur rendre un grand service ; celui-là même où il venait d'échouer.

« C'est l'excès du poids, se disait-il avec raison, qui empêche l'aigle de s'élever ; la charge ne dépasse pas ses forces de beaucoup ; si la corde était moitié moins lourde, il est probable qu'il l'emporterait. Il ne s'agit donc que de diminuer le fardeau. »

Faire la corde plus mince n'entrait pas dans les calculs de notre ami ; il savait que la chose était impossible ; on l'avait discutée, et il y avait à cet égard certitude absolue.

Mais sans amincir la corde, on obtiendrait le même résultat en la faisant plus courte. Si par exemple au lieu de cent mètres elle n'en avait que cinquante ? l'aigle pourrait très-bien l'emporter jusqu'à la hauteur où elle lui permettrait d'atteindre.

Gaspard était convaincu du fait, et les deux autres ne le mettaient pas en doute ; mais qu'en arriverait-il ?

« A quoi servirait une corde de cette longueur, alors même que le bearcout l'emporterait jusqu'à la lune? demanda le chasseur de plantes. Pour qu'elle nous serve à quelque chose il faut, dit-il, qu'elle soit fixée à la crête du rocher; et quand ce serait à l'endroit le plus bas de la falaise, il y aurait entre elle et nous une cinquantaine de yards.

— Pas un pied, pas un pouce, répondit le jeune homme, puisque nous l'aurons dans la main, tu entends, frère, dans la main!

— Tu parais bien sûr de toi, Gaspard, répliqua le botaniste; mais je ne devine pas où tu veux en venir; tu sais qu'à l'endroit où elle a le moins d'élévation, cette affreuse muraille a encore cent mètres de hauteur perpendiculaire.

— Je le sais parfaitement, dit Gaspard avec la même confiance. Mais nous pouvons très-bien avoir dans la main l'extrémité d'une corde de cinquante mètres, dont l'autre bout serait en haut de la falaise; il suffirait même pour cela d'une corde moitié moins longue. »

Karl paraissait fort intrigué; mais le Shikarri, plus pénétrant cette fois que le botaniste, saisit la pensée de Gaspard, et s'écria: « Ah! jeune sahib, moi vous comprendre; vous parlez du haut des échelles.

— Précisément, répondit Gaspard; c'est à cela que je pense; tu as deviné, Ossy.

— Ah! c'est cela? » dit Karl d'un air de doute. Mais il ajouta après un instant de silence:

« Tu peux avoir raison; dans tous les cas il est facile d'essayer; si ton plan réussit nous n'aurons pas besoin de faire de corde; celle que nous avons suffira. Il faut voir à céla tout de suite.

— Où est le bearcout? demanda Gaspard, en cherchant l'aigle des yeux.

— Là-bas, répondit Ossaro en désignant la falaise; le voyez-vous, jeune sahib? il est sur le rocher. »

L'aigle, en effet, était perché, ou plutôt accroupi sur une assise de la muraille, où il s'était affaissé après avoir lutté de nouveau contre l'obstacle qui le retenait. Il avait l'air abattu, et paraissait disposé à se laisser prendre. Mais quand l'Hindou voulut le saisir, il oublia qu'il n'était pas libre, et se jeta fièrement dans l'espace.

La hardiesse de son vol ne servit qu'à lui faire mieux sentir le poids qui l'arrêtait; il redescendit en agitant les ailes, entraîné d'abord par la pièce de bois, et ensuite par le bras vigoureux du Shikarri.

Le billot fut détaché et remplacé par la corde sur laquelle les prisonniers fondaient leur espérance.

Remis en liberté, ou plutôt dégagé de ses autres liens, car il était tenu en laisse par l'Hindou, l'oiseau de Jupiter reprit son vol avec autant de puissance et d'élan que s'il avait eu à franchir, non pas le sommet de la falaise, mais la cime orgueilleuse du Choumoulari.

Il gagna ainsi une hauteur de cinquante mètres, puis une violente secousse brisa son essor ambitieux, et lui rappela qu'il était captif.

Néanmoins l'expérience avait réussi, et les trois prisonniers se mirent immédiatement à l'œuvre afin de réaliser ce qu'elle promettait.

CHAPITRE XXXIX.

ÉVASION DU BEARCOUT.

La première chose à faire était d'examiner la qualité de la corde et d'en éprouver la force. Quant aux échelles, elles étaient restées sur les terrasses; par conséquent elles se trouvaient toutes posées. Si la corde offrait la solidité nécessaire, il n'y aurait plus qu'à la fixer au tarse de l'aigle, à gagner le dernier échelon et à lâcher le bearcout.

En supposant qu'on pût réussir à faire passer l'aigle de l'autre côté de la falaise, si dans ce passage la corde s'entortillait solidement à une saillie du roc, nos amis pouvaient considérer leur évasion comme certaine. La seule pensée de ce résultat, qui leur paraissait probable, ranima le courage des trois captifs et leur rendit la gaité.

Nous avons dit qu'ils ne songeaient pas à gravir une corde mince d'une cinquantaine de mètres à la force du poignet; un pareil exploit eût défié l'agilité du meilleur des matelots qui aient jamais escaladé l'étai du mât de perroquet. La chose avait été longuement discutée, et l'intention de nos amis était d'insérer entre les torons de la corde des morceaux de bois qu'ils introduiraient successivement de distance en distance, et qui serviraient d'échelons.

Tous ces préliminaires ayant été réglés, nos amis n'avaient plus à y revenir; ce dont ils s'occupaient maintenant c'était d'acquérir la certitude que la corde où ils allaient exposer leur vie était assez solide pour leur inspirer confiance.

Ils pensèrent d'abord à la nouer autour d'un arbre, et à tirer dessus tous les trois en y déployant toute leur force. Karl et Gaspard supposaient que cela devait suffire ; mais Ossaro était d'opinion différente. Il avait trouvé dans sa cervelle orientale une idée qui lui semblait meilleure, et que malgré les remontrances des deux autres, il voulut essayer. Prenant la corde par un des bouts, il grimpa sur un arbre, saisit une branche qui s'étendait horizontalement à quelque douze mètres au-dessus du sol, et y attacha la corde avec solidité. Quand il eut fini, les jeunes sahibs, sur son invitation, prirent cette corde, et s'étant soulevés tous les deux, ils restèrent suspendus quelques instants.

La corde n'ayant pas même fléchi sous le poids des deux frères, il était évident qu'on pouvait en toute sécurité lui confier le poids d'un seul, et cette vérité reconnue, l'Hindou vint rejoindre ses compagnons.

L'aigle sous le bras droit, et la corde enroulée sous le bras gauche, Ossaro se dirigea vers la place où les échelles s'appuyaient à la falaise. Karl, Gaspard et Fritz marchaient derrière lui ; tous les quatre avançaient en silence, et avec une certaine solennité d'allure et de physionomie, comme il convenait à des gens qui allaient tenter une pareille entreprise.

La nouvelle expérience, de même que la précédente, ne prit pas beaucoup de temps. Si elle avait dû réussir, elle en aurait employé davantage, et aurait eu pour dénoûment l'apparition triomphante des chasseurs au sommet de la falaise, tandis que le noble Fritz aurait gaillardement escaladé la pente neigeuse qui s'étendait plus loin, et aurait paru vouloir atteindre l'*ovis ammon* sur la crête du Choumoulari.

Mais quel spectacle différent présentaient nos amis vers la fin de ce jour mémorable ! On aurait pu les voir, au moment où le soleil allait se coucher, retourner d'un air triste à leur cabane, ce misérable bouge où ils avaient espéré qu'ils ne rentreraient plus.

Hélas ! un nouvel échec venait de s'ajouter à la liste, déjà bien longue, de leurs entreprises manquées.

Ossaro, chargé du bearcout, avait gravi jusqu'à la terrasse où aboutissait la dernière échelle, et rendant la liberté à l'aigle, avait laissé filer la corde qui retenait celui-ci. La chose était périlleuse et manqua d'être fatale au bon Hindou ; il s'en fallut de bien peu que cette opération ne fût la dernière de son existence.

Il pensait que le bearcout allait piquer droit vers les nuages, et n'avait pas songé qu'il pût en être différemment ; il n'était donc pas du tout préparé à ce qui allait arriver pendant qu'il se tenait en équilibre sur le dernier barreau de l'échelle. Mais au lieu de monter en ligne droite, comme Ossaro s'y attendait, l'aigle se dirigea vers l'autre côté de la vallée, et ne s'arrêta que sur la falaise, dont il gagna le sommet par une diagonale, emportant dans sa fuite la corde que le Shikarri avait heureusement lâchée.

Ce ne fut pas sans regrets que les deux frères virent le départ de l'aigle, et pendant un instant ils en attribuèrent la faute à l'Hindou, qui leur paraissait y avoir mis de la négligence.

Ils revinrent néanmoins de cette erreur quand Ossaro leur eut expliqué le fait. Il était certain que s'il n'avait pas immédiatement lâché la corde, il aurait fait, malgré lui, un bond qui ne lui aurait pas laissé le moyen de raconter la fuite de l'aigle.

CHAPITRE XL.

DEUX RAPACES.

Ce fut avec un sentiment de profonde amertume que les trois captifs s'éloignèrent de cette partie de la falaise où ils venaient d'éprouver une nouvelle déception.

Comme la première fois, ils rentraient chez eux d'un pas mal assuré, et le front incliné vers la terre. Fritz, dont l'oreille était basse et la queue entre les jambes, montrait par son allure traînante qu'il partageait la consternation générale.

Ils étaient arrivés tous les trois près de la cabane sans avoir échangé une parole. Mais à la vue de ce pauvre asile, que tant de fois déjà ils s'étaient crus à la veille de quitter pour toujours, et qui les voyait encore revenir, Karl éprouva une émotion qui lui fit rompre le silence.

« Un fidèle ami, dit-il en désignant le pauvre toit qui s'offrait à leurs regards; un ami qui nous reste, alors que tout nous manque. Si grossier qu'il soit, il n'en a pas moins son mérite, comme il arrive souvent en ce monde. Je commence à aimer son aspect honnête, et à sentir pour lui cette considération qu'on doit à son foyer. »

Pour toute réponse, Gaspard laissa tomber un soupir. Il songeait à un autre foyer, situé bien loin vers le couchant, dans un pli des Alpes bavaroises; et tant que cette image lui flottait dans l'esprit, il ne pouvait se réconcilier avec cette résidence qui, pour eux, n'était qu'une prison dans un coin de l'Himalaya.

Ossaro avait également sa pensée en d'autres lieux. Il voyait une case de bambou, se mirant dans un ruisseau limpide, à l'ombre de palmiers et d'autres plantes des tropiques. Il songeait au plat de riz, assaisonné de curry et de chutni, et surtout à son bétel bien-aimé, que le chanvre ne lui remplaçait pas.

Mais Gaspard avait une autre idée; il n'abandonnait pas l'espoir de rentrer au foyer paternel; cette idée en était la preuve, et il en fit part à ses compagnons lorsque le souper fut terminé.

Il aurait cependant gardé le silence; mais son frère le voyant absorbé par sa rêverie, lui demanda ce qu'il méditait.

« Depuis le départ de l'aigle, répondit-il, je pense à un oiseau d'une autre espèce, qui pourrait nous rendre tout aussi bien que le bearcout, si ce n'est mieux, le service dont nous avons besoin.

— Quel est cet oiseau? demanda le botaniste? Veux-tu parler des oies de Brahma qui se promènent sur le lac? Nous pouvons, il est vrai, nous en procurer une vivante; mais permets-moi de te dire que l'aile de ces oiseaux est construite de manière à supporter bien juste le corps du volatile. Ajoute au poids de celui-ci une ou deux livres, et l'oiseau ne pourra pas plus sortir de la vallée que nous ne le pouvons nous-mêmes. Non, frère, ton idée n'est pas bonne, je crois qu'il faut y renoncer; il n'y a qu'un aigle dont les ailes soient assez fortes pour faire ce que tu désires.

— Mon oiseau, reprit Gaspard, est du même *genus* que l'aigle. N'est-ce pas ainsi que s'expriment les savants, mon petit Buffon? Eh bien? faut-il le nommer? Ce n'est pas la peine; tu sais déjà ce que je veux dire.

— Nullement, répondit le botaniste; il n'y a dans ce bassin aucun oiseau du genre dont tu parles. J'y vois bien des faucons; mais suivant les naturalistes, les faucons et les aigles ne sont pas du même genre, ils font seulement partie de la même famille. Dans tous les cas, si tu penses à des oiseaux de proie, ceux de la plus grande espèce que nous ayons ici ne porteraient guère sur la falaise qu'une ficelle. Regarde plutôt, en voilà précisément, dit Karl dont la main désigna deux oiseaux qui décrivaient des cercles dans l'air, à une vingtaine de mètres au-dessus de leur tête. On les appelle des *chourks* et ce sont les plus grands des rapaces himalayens. Est-ce de l'un de ces oiseaux-là que tu veux dire, frère?

— Ce sont des *Kites*[1], n'est-ce pas! demanda Gaspard

1. Kite, milan. On verra plus loin pourquoi nous avons dû conserver le mot anglais. (*Note du traducteur*).

en suivant des yeux les deux créatures ailées qui, probablement en quête d'une proie quelconque, passaient aux quatre coins de l'horizon.

— Oui, répondit le naturaliste, et ceux-là sont du même genre que les aigles; mais tu ne comptes pas sur eux, je le présume, pour ce que tu voudrais faire.

— Non, répondit Gaspard en souriant d'une manière significative. Mais si des kites.... Ah! par exemple! s'écria le jeune homme dont la pensée fut interrompue aussi bien que la phrase par une évolution des rapaces. Qu'est-ce qu'ils vont faire? Ma parole, on dirait qu'ils veulent attaquer Fritz! Je suppose qu'ils ne sont pas assez forts pour nuire sérieusement à notre brave chien. »

Tandis que Gaspard disait ces mots, les deux milans étaient descendus tout à coup du point où ils planaient, et décrivaient des cercles rapides, et de plus en plus resserrés, autour du limier bavarois, qui était accroupi à côté d'un fourré, à vingt pas de la cabane.

« Peut-être leur couvée est-elle dans ce taillis, dit le chasseur de plantes; c'est probablement cela qui les met en colère contre Fritz; car ils semblent furieux. »

Tout le monde aurait pensé de même, à en juger par la conduite des milans. Ceux-ci de plus en plus animés, continuaient leur attaque; ils s'élevaient à quelques pieds au-dessus du chien, et replongeaient tout à coup en décrivant une sorte de parabole, qui se resserrait à chaque fois, au point qu'ils en vinrent presque à effleurer Fritz avec leurs ailes.

Cette manœuvre était loin d'être silencieuse; les deux rapaces, tout en volant, poussaient des cris aigus, dont le timbre peu flatteur, rappelait la voix d'une mégère courroucée.

« Il faut que leurs petits soient dans le voisinage, reprit Karl après une pause.

— Non, sahib, dit Ossaro; pas de nid, pas de couvée. Fritz a pour souper un morceau d'ibex; et les chourks veulent avoir le souper de Fritz.

— Oh ! s'écria Gaspard, dès que Fritz a de la viande tout s'explique. Il faut qu'ils soient stupides ces chourks pour s'imaginer qu'ils vont prendre le souper de Fritz; d'autant plus que le brave chien paraît avoir bon appétit; il ne fait pas même attention à eux. »

Ceci était vrai; jusqu'alors Fritz avait à peine remarqué ses deux assaillants, dont les hostilités ne lui avaient arraché qu'un *yeurrr*, proféré de loin en loin. Cependant quand les rapaces se rapprochèrent, et qu'il en sentit les ailes lui effleurer les yeux, la chose lui parut intolérable. Il commença à perdre patience; ses grognements devinrent plus forts, plus répétés; et s'étant levé à diverses reprises, il essaya de donner un coup de gueule aux pennes qui le touchaient de si près.

Pendant plus de cinq minutes les rapaces et le limier se livrèrent à ce curieux exercice, dont un incident bizarre amena la conclusion. Nul doute qu'aux yeux du chien ce dernier épisode ne fût très-ridicule.

Depuis le commencement de l'assaut, les deux rapaces avaient agi séparément. Tandis que le premier attaquait de front, son camarade se bornait à frapper par derrière. Il en résultait que le pauvre chien, pris entre deux feux, était obligé de se défendre des deux côtés;

Le pauvre chien était obligé de se défendre des deux côtés. (Page 2:4.)

malheureusement il ne pouvait pas tenir tête à ses deux ennemis à la fois. Il montrait les dents au larron qui était en face de lui ; puis il se retournait bien vite pour répondre au lâche qui le menaçait par derrière.

Celui-ci, bien qu'il parût moins brave, était cependant plus criard, plus démonstratif que son camarade ; et à la fin, non content de frapper le limier d'un coup d'aile, il prit assez d'audace pour lui enfoncer les ongles dans la partie la plus voisine du siége.

Ceci dépassait tout ce que peut endurer la patience canine, et le brave limier résolut d'en finir. Déposant donc le morceau qu'il avait à la gueule, il se redressa, fit volte-face, et bondit vigoureusement, avec l'intention de happer le volatile.

Mais l'oiseau madré avait prévu cette action du quadrupède, et avant que celui-ci ait pu l'atteindre, il se trouvait bien en dehors de la portée du saut le plus prodigieux que pût faire un animal à quatre pattes.

Le limier, tout en poussant un grognement de colère, se retourna pour reprendre sa viande; mais son dépit ne fit qu'augmenter lorsqu'il vit le morceau d'ibex lui échapper aussi bien que sa vengeance.

Tandis que l'un des rapaces lui déchirait la croupe, le second larron lui enlevait son souper ; et le dernier regard que Fritz jeta sur sa tranche de venaison fut pour la voir pendre au bec du milan, qui, s'amoindrissant de plus en plus à mesure qu'il s'éloignait, disparut, avec sa proie, dans l'ombre qui commençait à se répandre.

CHAPITRE XLI.

PAUVRE FRITZ !

Ce petit épisode, où Fritz avait joué un si triste rôle, avait interrompu l'entretien des deux frères au sujet de la nouvelle idée de Gaspard. La conversation ne reprit même pas immédiatement après l'aventure ; car le malheureux Fritz avait un air si drôle en regardant fuir l'adroit larron qui le frustrait de son souper, qu'il n'y eut pas moyen de garder son sérieux, et que les trois spectateurs de sa déconvenue en rirent pendant longtemps.

Il y avait dans la contenance de Fritz un mélange des émotions les plus vives; non-seulement ses yeux, mais toute son attitude révélaient une profonde surprise, et un chagrin réel, unis à un sentiment de rage qui lui donnait la plus étrange physionomie. Il resta quelque temps le museau en l'air, et comme ébahi de la chose, tandis que la soif de la vengeance se lisait dans son regard.

Jamais de sa vie, même quand la trompette de l'éléphant lui sonnait à la queue, il n'avait si vivement regretté de n'avoir pas d'ailes. Jamais il n'avait mieux senti l'infériorité de sa nature, qui se trouvait dépourvue de ces utiles accessoires; et s'il avait eu en ce moment la baguette d'une fée à sa disposition, l'usage qu'il en aurait fait eût été de se fournir d'une couple d'ailes, non pas magnifiques, peu lui importait la beauté, mais aussi longues et aussi vigoureuses qu'il le fallait pour lui permettre de rejoindre les milans et de les punir de leur audace.

Fritz garda pendant plus d'une minute cette physionomie d'un chien très-fier de ses lauriers, qui se voit détroussé en plein museau, par deux créatures dont la force et la capacité ne lui inspiraient que du mépris. C'était ce mélange de surprise et de fureur qui lui donnait cet aspect sérioso-comique dont il était difficile de ne pas rire. Et sa figure devint encore plus risible par l'expression qu'elle eut tout à coup en se tournant vers les rieurs. Fritz voyait bien qu'ils s'amusaient à ses dépens; et le regard moitié de reproche, moitié de prière qu'il leur adressa ne fit que redoubler leur gaieté.

En vain leur envoyait-il tour à tour un coup d'œil suppliant; leur pitié lui faisait défaut; et leur fou rire, aussi irrésistible que peu sympathique, augmentait sa désolation. Il n'avait pas un seul ami dans ses trois maîtres!

Plus de dix minutes s'écoulèrent avant que les bruyants éclats de rire eussent cessé. Mais, depuis longtemps, celui qui en était l'objet avait déserté l'endroit où l'on riait de son malheur; et se retirant d'un air offensé, il avait été cacher sa honte et son chagrin au fond de la cabane.

Il fut difficile aux trois amis de reprendre leur sérieux; mais une fois que le sujet de leur gaieté se fut dérobé à leurs regards, ils finirent par songer à autre chose.

On se demandera peut-être comment nos amis ont pu rire d'aussi bon cœur dans la circonstance où ils se trouvaient. Mais cela n'a rien d'étonnant; au contraire, la chose est toute simple. Il est dans la nature de l'homme d'être ainsi agitée, et d'offrir de ces contrastes. La joie succède au chagrin comme le jour à la nuit, et le beau temps à l'orage.

Nous n'en savons ni le comment, ni le pourquoi; mais c'est la Providence qui l'a voulu dans sa sagesse. Un poëte l'a dit avec raison : « Le printemps serait sans éclat et sans charme si nous l'avions toujours. »

La vérité de ces paroles est confirmée par l'expérience.

Celui qui a vécu sous les tropiques, où le printemps est éternel, où jamais les plantes ne sont dépourvues de feuilles, où les fleurs se renouvellent sans cesse, vous dira que le printemps lui-même peut devenir ennuyeux. On finit par regretter l'hiver, on voudrait retrouver ses gelées et ses neiges, sentir l'âpreté de ses vents du nord. Si amoureux que nous soyons de la verdure, nous éprouvons le besoin de voir la forêt s'empourprer, et le ciel prendre son manteau gris, plus sombre sous les nuées, mais aussi plus émouvant. Si étrange que cela paraisse, l'homme a besoin d'orages aussi bien que l'atmosphère.

CHAPITRE XLII.

NOUVEAU PROJET.

Dès que leur envie de rire fut entièrement dissipée, les deux frères reprirent la conversation qu'ils avaient si brusquement interrompue :

« Ainsi donc, commença le botaniste qui fut le premier à revenir sur ce sujet, tu connais un oiseau du genre de l'aigle qui chargé d'une certaine corde, pourrait s'élever au-dessus de la falaise; mais tu ne m'apprends pas quel est cet oiseau.

— Tu as la tête bien dure, ce matin, répondit Gaspard, je croyais que la présence des deux larrons que nous venons de voir t'aurait fait comprendre ce que je voulais dire.

— Alors c'est un kite?

— Précisément, un énorme kite[1], à large poitrine, au

1. Le mot *kite* désigne à la fois un milan et un cerf-volant. Or, l'idée de Gaspard étant due à cette homonymie, qui n'existe pas en français, il nous a fallu conserver le nom anglais pour que ce passage pût être compréhensible. (*Note du traducteur.*)

corps effilé, et avec une très-longue queue; en un mot, pareil à ceux que nous avons faits ensemble il n'y a pas encore bien longtemps.

— En papier, dit Karl d'un air pensif.

« Oui, ajouta-t-il, après un instant de silence, on peut tirer parti de cette idée-là; un cerf-volant d'énorme dimension pourrait peut-être enlever une corde à la hauteur de la falaise; mais hélas!...

— Ne va pas plus loin, Karl, s'écria Gaspard, je sais ce que tu veux dire; tu penses que nous n'avons pas de papier pour fabriquer le cerf-volant, et qu'il est inutile d'y songer. On peut confectionner le corps et les membres, c'est-à-dire le cadre et la membrure: la queue n'a rien non plus d'embarrassant; mais les ailes! Ah! que je voudrais avoir une pile de vieux journaux! mais à quoi bon les souhaits? Cela ne donne pas ce qui vous manque. »

Bien qu'il fût silencieux, Karl ne sembla pas entendre ces paroles, ou du moins il n'y fit pas de réponse; il paraissait absorbé par ses réflexions, ou plutôt chercher quelque chose dans sa mémoire.

Tout à coup son visage s'éclaircit, et tournant vers le bois un regard plein d'espoir :

« Il se peut, dit-il, que nous trouvions ici la matière dont nous avons besoin.

— Du papier? demanda Gaspard.

— Nous sommes dans la région où il pousse, continua le botaniste.

— Comment, s'écria l'autre, dans la région où pousse le papier?

— Non, répliqua le botaniste, je parle d'un produit avec lequel on peut en faire.

— Qu'est-ce que c'est? reprit Gaspard.

— C'est un arbre, ou pour mieux dire, un arbuste de la famille des *thymélées*, répondit Karl. On trouve des plantes de cette famille dans beaucoup de pays; mais principalement dans les régions les plus froides de l'Inde et de l'Amérique du Sud. Il y en a des représentants en Europe; en France et en Angleterre par exemple; car le mézéréon et le lauréole de nos haies, qu'on emploie en médecine et qui sont des daphnés, appartiennent à la famille des *thymélées* ou *thyméléacées*, qu'on appelle aussi *daphnacées*, ou encore *daphnoïdées*.

« Peut-être le plus curieux des membres de cette famille est-il le célèbre *laget*, ou bois dentelle de la Jamaïque, dont l'écorce une fois blanchie, et convenablement taillée, fournit aux dames de cette île, des cols, des manchettes, des berthes que l'on prendrait pour de la véritable dentelle. Avant l'abolition de l'esclavage, les nègres marrons de la Jamaïque tiraient leurs vêtements du laget, qui pousse abondamment dans le pays. A cette époque le laget servait encore à un usage moins doux: c'était avec les fibres de son écorce que les propriétaires faisaient confectionner les fouets dont ils frappaient leurs esclaves.

— Et tu crois que ces arbustes peuvent nous fournir du papier? demanda Gaspard, impatient de savoir s'il pourrait couvrir son cerf-volant.

— Il y a plusieurs daphnacées dont l'écorce peut être convertie en papier, répondit le botaniste. On en voit au cap de Bonne-Espérance, et dans l'île de Madagascar ; mais les espèces les meilleures, quant à l'objet qui nous occupe, se rencontrent précisément en Chine et dans l'Himalaya ; le daphné *bholoua* est originaire du Népaul, où il sert à fabriquer un papier d'emballage d'une très-grande force. J'ai tout lieu de croire qu'il se trouve aussi dans les monts du Bhoutan, à peu de distance de cette vallée.

« Sur l'autre versant de la montagne, au Japon et dans le Céleste-Empire, il y a deux ou trois autres espèces de daphnoïdées qui sont employées par les Chinois pour fabriquer ce papier jaunâtre que tu as vu dans leurs livres, et dont ils font les étiquettes de leurs ballots et de leurs caisses de thé.

« Si donc, poursuivit le botaniste, en regardant du côté du bois, le daphné à papier croît en Chine, à l'est de l'endroit où nous sommes, et dans le Népaul ainsi qu'au Bhoutan qui se trouvent à l'ouest, il est présumable qu'il doit y en avoir dans cette vallée, dont la température lui convient à merveille. La semence a pu en être apportée par les oiseaux ; car beaucoup d'entre eux sont friands des baies qui la renferment, et qu'ils mangent impunément, tandis que, chose bizarre, elles sont un poison pour tous les quadrupèdes.

— As-tu déjà vu cet arbrisseau ; et pourras-tu le reconnaître? demanda Gaspard.

— A parler franchement, répondit Karl, je ne crois pas le pouvoir au premier coup d'œil ; mais si j'en avais une fleur je serais bien sûr de ne pas me tromper. Malheureusement il ne doit pas être fleuri dans cette saison ; mais il est possible que nous trouvions l'une de ses baies ; et avec le fruit et la feuille je suppose que je ne commettrai pas d'erreur. Cette dernière est lancéolée, purpurine, glabre et luisante, comme celle des lauriers, dont la famille est voisine de celle des daphnés. L'écorce en outre, qui est à la fois souple et très-solide, nous renseignera encore. Plus j'y pense, plus je crois que nous trouverons notre daphné dans le voisinage. Rassure-toi donc, je puis dire avec confiance que nous avons tout ce qu'il faut pour faire notre cerf-volant.

— Tu as peut-être déjà vu ton arbuste, s'écria Gaspard.

— Oui, répondit le botaniste ; il y a de cela quelque temps ; je traversais un fourré, dont les arbrisseaux m'arrivaient à la poitrine. Ils étaient alors parés de fleurs lilas, disposées en cimes à l'extrémité des branches ; et ces fleurs, très-odorantes, n'avaient pas de corolle, mais seulement un calice. Tels sont précisément les caractères de mon daphné. Le feuillage répondait également à la description que je t'en ai donné tout à l'heure. Je n'y ai pas songé d'abord ; mais à présent que je me rappelle ces traits caractéristiques, j'ai la presque certitude que c'étaient des bholouas.

— Crois-tu pouvoir les retrouver ? demanda Gaspard.

— Oh ! certainement, répondit Karl ; le fourré où je les ai vus était près de l'endroit où nous avons failli tirer l'un sur l'autre.

— Je comprends que tu ne l'aies pas oublié, dit Gaspard ; mais, en supposant que ce soit bien l'arbuste dont tu parles, à quoi nous servira-t-il, si nous ne savons pas le moyen de le transformer en papier.

— Qui t'a dit que nous ne le savions pas ? répondit Karl ; si tu l'ignores, moi je le connais ; j'en ai trouvé la recette dans l'un des anciens auteurs qui ont écrit sur la Chine ; elle est très-simple ; et je crois pouvoir me la rappeler de manière à la suivre exactement. Peut-être ne ferais-je pas du papier sur lequel on puisse écrire ; mais pourvu qu'il serve à notre projet, c'est tout ce qu'il faut. Nous n'avons pas besoin de papier à lettre ; la poste ne vient pas jusqu'ici ; hélas ! je voudrais bien qu'elle y arrivât. Toujours est-il que si nous parvenons à faire quelque chose dans le genre du plus affreux papier d'emballage, cela suffira pour notre cerf-volant.

— Oui, dit Gaspard, et même il n'en sera que meilleur puisqu'il en sera plus fort. Mais si nous allions tout de suite à la recherche de nos daphnés ; qu'en dis-tu, frère ?

— J'allais te le proposer, » répondit Karl, en se levant d'un air joyeux.

Ils partirent tous les trois ; car le résultat de cette recherche n'intéressait pas moins Ossaro que les deux autres. Fritz lui-même, voyant du fond de la cabane, que l'on se disposait à quelque nouvelle expédition, finit par triompher de sa mauvaise humeur ; et sortant de sa cachette il se mit à trotter derrière son maître.

CHAPITRE XLIII.

L'ARBRE A PAPIER.

Les prévisions du botaniste furent confirmées à la grande joie de la petite bande. Si l'on en jugeait par les feuilles qui jonchaient la terre, et par les quelques baies qui restaient sur les branches, le taillis était composé en grande partie de l'arbuste dont on avait besoin. Non-seulement la feuille et le fruit, mais l'écorce justifiaient cette opinion : son extrême ténacité, et son goût d'une âcreté excessive, au point que ce pauvre Ossaro qui avait eu la sottise d'en mâcher quelque peu, eut l'intérieur de la bouche emporté, ne laissaient pas le moindre doute à cet égard.

C'était bien de véritables daphnés ; et précisément le *daphné bholova* du Népaul, dont nous avons dit que les Népaulésiens fabriquaient un papier très-commun, mais à la fois souple et solide.

Aussitôt que la chose fut bien et dûment reconnue, les trois amis résolurent de se mettre à l'œuvre, et cela le plus tôt possible.

Toutefois sans les connaissances pratiques du botaniste, qui lui permettaient non-seulement de distinguer les plantes à leurs caractères, mais encore de dire à quel usage et de quelle façon elles pouvaient être employées, la découverte du bholoua n'aurait servi à rien, elle n'aurait même pas eu lieu.

Tel qu'il apparaissait dans le taillis, cet arbuste ne ressemblait pas plus à du papier que tous ceux qui l'environnaient; il s'en trouvait même beaucoup, parmi ses voisins, dont l'écorce se serait détachée par lambeaux infiniment plus larges, et qui auraient eu plus de ressemblance avec l'objet en question. La dépouille du daphné qui, au contraire s'arrachait par bandes étroites, semblait être la dernière chose du monde dont on pût faire un cerf-volant.

Mais Karl savait le moyen de la transformer; et sans plus de retard, aidé par les autres qui devaient agir sous ses ordres, il commença la série d'opérations qui devaient métamorphoser l'écorce.

Les couteaux ayant été mis en réquisition, quelques vingtaines de bholouas furent dépouillés de la base au sommet avec une rapidité incroyable. On ne les avait pas abattus ; ce n'était pas nécessaire ; il était même plus facile de les écorcer pendant qu'ils étaient debout, et par ce motif on les avait laissés sur pied.

Nos ouvriers continuèrent ce travail de *cascarilleros*[1] jusqu'à la chute du jour. Ils ne l'avaient interrompu

1. On appelle ainsi dans le bassin de l'Amazone, les ouvriers qui dépouillent les arbres dont l'écorce fournit le quinquina. (*Note du traducteur.*)

qu'un instant pour retourner à la cabane, où ils avaient mangé à la hâte un morceau de bouquetin ; et ce ne fut qu'au moment où le soleil disparaissait derrière la cime du Choumoulari qu'on aurait pu les voir, rentrant chez eux, courbés sous le poids de leurs fagots d'écorce, et accompagnés de Fritz, qui les suivait d'un air fringant.

Le taillis d'où ils venaient alors témoignait du rude travail auquel ils s'étaient livrés sur un espace de plus d'un acre d'étendue; les daphnés laissaient voir le bois jaune de leur tigelle aussi bien dépouillé que si un troupeau de chèvres s'en était mêlé.

Même rentrés chez eux, nos travailleurs ne pensèrent pas à se reposer; ils n'étaient revenus que pour entreprendre une nouvelle besogne, et commencer à fabriquer leur papier.

Il faisait nuit, et c'est à la lueur des torches qu'il fallut se mettre à l'œuvre ; mais préparées d'avance, et faites en bois de *chil*, ainsi que nous l'avons dit, ces torches donnaient une flamme si claire, et si égale, qu'elles remplaçaient parfaitement la chandelle.

La première opération d'ailleurs que nos ouvriers avaient à faire n'exigeait pas beaucoup de soin ; elle pouvait en outre s'exécuter dans la cabane, avec autant de succès que dans l'atelier le plus vaste. Il s'agissait tout simplement de couper l'écorce par petits morceaux. Nos amis y consacrèrent toute la soirée, et pendant que les doigts s'agitaient, la conversation allait gaiement son train, et s'émaillait de temps à autre d'une plaisanterie sur l'épluchage des étoupes, cette besogne des prisonniers. Il est certain que la nature de leur travail et la situation où ils l'exécutaient, donnaient à cette plaisanterie un véritable à-propos.

On soupa, quand la tâche fut terminée; et chacun alla dormir, avec l'intention de se lever de bonne heure afin de se remettre à la fabrication du papier, et de l'achever le plus tôt possible.

Le lendemain matin, nos amis n'eurent pas grand'-chose à faire; c'est-à-dire que la préparation dont ils avaient à s'occuper exigeait moins d'efforts que de patience.

Quand l'écorce du daphné a été réduite en pièces, on en met les fragments dans un chaudron rempli d'eau, à laquelle on a mêlé des cendres, et l'on fait bouillir cette lessive pendant plusieurs heures.

Comme nos papetiers n'avaient ni chaudron, ni marmite, un obstacle insurmontable se serait opposé à leur fabrication, s'ils n'avaient pas eu de l'eau chaude en quantité dans la source voisine, qui bouillait perpétuellement.

On croirait d'après cela, qu'ils n'avaient qu'une chose à faire, à plonger les fragments d'écorce dans la fontaine, et à les y laisser le temps voulu.

Mais à l'endroit où l'eau était le plus chaude, elle était constamment en mouvement, et ne se contentait pas de bouillonner; elle prenait son cours par la petite rivière, et allait se jeter dans le lac. Il en serait résulté que non-seulement les morceaux d'écorce auraient fui avec elle, mais que les cendres en auraient été séparées, et n'auraient servi à rien.

Cette difficulté pouvait-elle être vaincue?

Nos amis n'en étaient pas arrivés là sans y avoir pensé, et voici quel fut leur expédient : ils prirent l'une des peaux d'yak, dont la plus grande leur était restée ; après y avoir enfermé les cendres et les fragments d'écorce, ils plongèrent le cuir dans la fontaine avec son contenu, et le tout y fut laissé jusqu'à ce que la lessive eût produit son effet. C'est par ce moyen ingénieux qu'ils purent triompher de l'embarras où les mettait l'absence de chaudière.

Quand le botaniste pensa que la lessive avait assez bouilli, la peau d'yak fut retirée de la fontaine ; et les morceaux d'écorce furent étendus sur le roc, afin de s'y égoutter et d'y sécher.

Nos ouvriers, pendant ce temps-là, ne restaient pas inactifs. Dès l'instant où l'écorce avait été plongée dans l'eau, Gaspard s'était mis à façonner un gros maillet, qui devait servir pour une opération ultérieure. Ossaro, de son côté, fabriquait un ustensile d'un autre genre : c'était une espèce de tamis, composé de petites lattes, excessivement étroites et minces, taillées dans un bambou ringal, et insérées dans un cadre de même nature, dont les parties étaient seulement plus épaisses.

Ossaro avait été chargé de la fabrication de cet objet, parce que ni l'un ni l'autre des deux frères ne savait aussi bien que lui travailler le bambou, et l'employer à n'importe quel usage. C'était la première fois qu'il faisait l'ustensile auquel nous le voyons occupé ; et cependant, avec les conseils du botaniste, il réussit, de manière à ce que le tamis en question pût remplir parfaitement l'emploi qui lui était destiné, et dont nous parlerons plus tard.

Aussitôt que leurs chiffons d'écorce furent à peu près secs, les ouvriers, prenant le maillet tour à tour, les battirent sur le roc, jusqu'à ce qu'ils en eussent réduit la fibre à l'état pulpeux.

Cette pâte fut remise dans le sac de cuir, et plongée dans l'eau ; non pas cette fois dans la source bouillante, mais dans l'eau fraîche du lac. Le vase de cuir s'étant rempli de cette dernière, la pâte y fut remuée avec un bâton, ce qui fit monter à la surface une écume épaisse que l'on enleva. L'eau fut renouvelée ; on agita de nouveau, et l'on recommença l'opération jusqu'au moment où la pâte, devenue mucilagineuse, fut complétement épurée.

Il ne restait plus qu'à en faire du papier ; et ce fut le botaniste lui-même qui se chargea de l'opération. Bien que cette dernière fût simple, elle exigeait cependant une assez grande dextérité pour être conduite à bien. Elle consistait à placer dans le tamis dont nous avons parlé, une certaine quantité de pâte, qui devait être maintenue sous l'eau, et bercée de manière à s'étendre uniformément sur le fond à claire-voie.

La pâte une fois étendue, il fallait enlever le tamis bien doucement, et le sortir de l'eau sans l'incliner, pour ne pas déranger la couche pulpeuse qu'il renfermait. Il ne restait plus ensuite qu'à le poser sur deux barres parallèles, de manière à laisser égoutter la pâte, et celle-ci, en séchant, devenait une feuille de papier.

On ne pouvait pas avec un seul tamis faire d'un seul

coup la quantité de papier nécessaire; mais aussitôt qu'une feuille était suffisamment sèche, on la retirait du cadre, que l'on remplissait d'une nouvelle couche de pâte, et ainsi de suite jusqu'à ce que l'on eût employé toute la pulpe.

Enfin l'opération achevée, nos amis se trouvèrent possesseurs d'une quantité de papier suffisante pour faire un cerf-volant de la taille d'une porte cochère.

La nécessité d'attendre qu'une feuille de papier fût sèche pour en fabriquer une autre, fit durer ce travail plusieurs jours. Mais il y avait autre chose à faire; Karl et Gaspard construisirent la carcasse du cerf-volant, tandis qu'Ossaro en confectionnait la queue.

Il y avait aussi à fabriquer la corde qui devait diriger l'appareil; et ce fut la chose qui demanda le plus de temps, car il fallait qu'elle joignît la finesse à la solidité. Un câble n'aurait pas exigé les mêmes précautions; mais avec lui on aurait eu le même inconvénient qu'à la première expérience : le cerf-volant n'aurait pas pu l'enlever.

Pour offrir la résistance voulue, une corde aussi mince que celle qui était nécessaire, ne devait avoir aucun défaut; et il fallait absolument que la filasse dont elle se composerait fût examinée brin à brin, pour qu'on fût bien sûr de n'employer que ceux qui étaient irréprochables.

Pénétré de l'importance d'un pareil travail, Ossaro, je n'ai pas besoin de le dire, y mit tout son talent et toute son attention; chacune des parties de cette corde modèle fut tordue par le Shikarri entre le pouce et l'index, et avec autant d'égalité que s'il se fût agi d'en faire une ligne de pêche.

Quant à la carcasse du cerf-volant, ce fut encore le bambou ringal qui en fournit les matériaux; sa force et son élasticité, jointes à son extrême légèreté, le rendaient, dans cette occasion, bien préférable à toute espèce de bois.

Une racine d'arum fournit la colle qui était nécessaire pour réunir les feuilles de papier. Il n'y eut besoin pour cela que d'en râper l'intérieur, et de faire bouillir cette pulpe féculente, de manière à lui donner la consistance de l'empois.

Enfin, huit jours après celui où Gaspard en avait conçu l'idée, le cerf-volant, pourvu de tous ses accessoires, était appuyé au mur de la cabane, et tout prêt à s'élever dans les airs.

CHAPITRE XLIV.

LE CERF-VOLANT.

Le cerf-volant était donc prêt ; il ne restait plus qu'à le lancer; nos amis attendaient pour cela une occasion favorable, un jour où le vent serait d'une force suffisante et bien orienté, c'est-à-dire quand il soufflerait vers cette partie de la falaise où étaient placées les échelles, et où l'on avait essayé vainement de diriger le vol du bearcout.

Déjà les trois captifs étaient montés sur l'un des amas de rochers qui s'élevaient juste en face de cette portion de la muraille ; et de l'endroit où ils étaient parvenus, ils avaient pu voir une partie du versant de la montagne qui dominait la vallée.

Ce versant paraissait couvert de neige, et présentait, çà et là, de grandes masses qui devaient être des quartiers de roche, ou d'énormes glaçons d'une teinte foncée.

Nos amis contemplaient de nouveau cette pente neigeuse avec un vif intérêt ; c'était sur les différents blocs dont ils la voyaient parsemée qu'ils fondaient leurs espérances, et jamais celles-ci n'avaient été plus grandes. S'ils réussissaient à faire abattre leur cerf-volant au milieu de ces masses il était probable que la corde s'y arrêterait d'une manière ou de l'autre; soit qu'elle s'enroulât, soit qu'elle se fixât entre deux rochers..

Pour donner prise au cerf-volant, nos constructeurs l'avaient muni de grappins; en d'autres termes, ils avaient donné aux pièces transversales de sa membrure une saillie d'environ trente centimètres, et leur avaient attaché une espèce de crochet en bois, qu'ils avaient solidement fixé, de manière à figurer les bras d'une ancre.

Ils n'avaient épargné ni leur peine, ni leur intelligence pour amener la réussite de leur entreprise, et avaient fait tout ce que l'homme peut faire pour mériter le succès.

La fortune fut assez bienveillante pour ne pas les tenir trop longtemps en suspens. Il n'y avait pas plus de trois jours qu'ils avaient achevé leurs préparatifs, lorsque le vent se mit à souffler comme ils le désiraient. C'était une brise soutenue, ferme dans la direction qu'elle avait prise, et assez forte pour enlever le plus énorme des cerfs-volants.

Profitant de cette occasion, les trois amis prirent le chemin de la falaise avec leur appareil, qu'ils étaient pressés de voir dans l'espace. Karl devait le lancer et le guider dans son ascension, tandis que Gaspard et Ossaro, la corde en main, courraient contre le vent. Ce ne serait pas trop de leurs forces réunies pour maintenir contre la brise un voilier de cette ampleur. Ils avaient eu soin d'avance de nettoyer la route en coupant les broussailles qu'ils auraient pu rencontrer, et rien ne devant entraver leur marche, ils n'auraient à s'occuper que de laisser filer la corde à mesure que monterait le cerf-volant.

En sa qualité de chef de l'entreprise, c'était le botaniste qui devait donner le signal.

L'émotion fut vive pour les trois amis lorsque chacun d'eux se plaça au poste qui lui était assigné; Karl à côté du cerf-volant, dont il tenait la queue d'une main, et l'épine dorsale de l'autre; Ossaro près de la corde qu'il avait saisie à pleine poigne; et Gaspard derrière lui, portant le reste de la corde qu'il était prêt à dérouler.

Karl redressa l'énorme voilier qu'il posa sur le croupion, où il le tint en équilibre; il le souleva en y mettant toute sa force, et l'élevant à quelques pieds de terre, donna le signal du départ de toute la vigueur de ses poumons.

Aussitôt Gaspard et l'Hindou se mirent à courir en arrière; la corde se roidit, et comme un immense vautour aux ailes déployées, le cerf-volant prit lentement son essor.

Il monta d'un vol régulier et majestueux, qui le portait vers la crête de la falaise.

Karl poussa un cri de joie en le voyant monter sans fléchir. Ossaro et Gaspard, trop occupés de la tâche qui leur était confiée, demeurèrent silencieux; mais quand le cerf-volant, s'élevant toujours, eut dépassé le faîte de la muraille, ils répondirent aux acclamations de Karl et donnèrent cours à leur enthousiasme par des hourras prolongés.

« Lâche tout, Ossaro ! cria le botaniste de manière à dominer le bruit du vent; et toi, Gaspard, tiens ferme le bout de la corde. »

L'Hindou s'empressa d'obéir; et en même temps qu'il ouvrit les mains, il sauta prudemment vers Gaspard afin de l'aider à retenir l'extrémité de la corde qui aurait pu lui échapper.

Ainsi abandonné à lui-même, le cerf-volant, pareil à un oiseau qui a reçu le coup mortel, inclina le front vers la terre, décrivit des lignes sinueuses, et après avoir tourné dans un sens, puis dans un autre, se précipita vers le flanc de la montagne.

A la fin, ayant glissé derrière le sommet de la falaise, il disparut aux regards de ceux qui n'avaient aidé à son élévation que pour l'abandonner dans sa chute.

Nos amis étaient au comble de la joie; le succès dépassait leur attente; c'était bien où le cerf volant s'était abattu qu'ils désiraient le voir tomber.

Mais s'y arrêterait-il? là était la question. En d'autres termes, allait-il se fixer parmi les roches, de manière à fournir un point d'appui solide?

Sans cela il faudrait recommencer et renouveler l'opération, jusqu'au moment où l'on arriverait à ce résultat. Si on ne l'obtenait pas, l'entreprise était manquée.

Le botaniste s'avança pour décider du fait; les deux autres le suivaient d'un regard fébrile qui révélait une émotion profonde.

Karl trembla en saisissant la corde; il la tira d'abord tout doucement, la main droite posée sur la main gauche

Chacun d'eux se plaça au poste qui lui était assigné. (Page 247.)

comme s'il avait tout simplement voulu en redresser les courbes.

Puis on vit la corde se tendre. Elle céda sous l'effort ; mais Karl fut obligé d'y mettre une certaine vigueur, ce qui lui fit supposer que le cerf-volant, toujours libre, descendait en glissant sur la neige.

Ceci n'avait rien de rassurant; et lorsqu'après avoir passé dans la main du botaniste, coudée par coudée, la corde y fila par mètres, la figure des trois captifs s'assombrit de plus en plus.

Toutefois le nuage se dissipa plus vite qu'il ne s'était formé.

La corde venait de s'arrêter brusquement et demeurait tendue, malgré la traction du botaniste.

Comme s'il avait eu peur de la voir céder de nouveau, Karl tira d'abord assez mollement, puis il s'enhardit peu à peu ; il tira davantage, il tira de toutes ses forces : la corde n'en resta pas moins ferme.

Ossaro et Gaspard joignirent leurs efforts à ceux de Karl.

Hourra ! le cerf-volant ne bougea pas ; la corde, appuyée au sommet de la falaise, arrivait jusqu'à la base du rocher, aussi tendue que l'étai du grand mât d'un vaisseau.

Des cris de joie s'échappèrent de la poitrine des captifs. Ils restaient là, retenant la corde, s'y cramponnant comme s'ils avaient eu peur qu'elle ne leur fût enlevée par quelque main invisible.

A la fin le chasseur de plantes conseilla de l'attacher solidement à un objet quelconque leur offrant toute garantie. Une roche pyramidale, qui se trouvait au pied de la falaise, était précisément ce qu'il fallait; et le cerf-volant y fut amarré avec une foule de précautions dans la crainte qu'il ne vînt à se déranger si la corde se relâchait.

Nos travailleurs n'avaient plus qu'à façonner les bâtons qui devaient leur servir de marches, à les mettre en place, à grimper jusqu'en haut de la falaise; et ils seraient libres comme le vent qui soufflerait autour d'eux.

Cette pensée les enivrait; elle évoquait à leurs regards les images les plus douces; et restant près de la pyramide où la corde était nouée, ils se félicitaient de leur délivrance, comme si elle avait été accomplie.

Ils savaient bien qu'il leur faudrait un certain temps pour confectionner les échelons et pour les mettre en place; mais dès qu'ils étaient sûrs de parvenir à s'évader, les jours passeraient gaiement.

Ce fut avec la liberté en perspective, et l'esprit dans les meilleures dispositions, que nos amis regagnèrent leur maisonnette, où le dîner fut préparé ce jour-là avec plus de soin qu'il ne l'avait été depuis longtemps.

CHAPITRE XLV.

L'ÉCHELLE DE CORDE.

Tout un grand jour fut employé, du matin jusqu'au soir, à préparer les barreaux de l'échelle de corde. Il en fallait plus d'une centaine ; car, même à l'endroit où l'on devait l'escalader, la falaise avait plus de cent yards, et il était convenu que les échelons seraient à deux pieds les uns des autres.

On avait d'abord pensé à introduire les barreaux dans la corde même, entre les torons dont elle était composée ; mais, toute réflexion faite, on abandonna ce projet. En écartant la corde pour y passer les chevilles qui devaient servir d'échelons, on risquait de l'affaiblir ; elle pouvait se rompre ; et c'était surtout ce qu'il fallait éviter.

Il fut donc jugé plus prudent de laisser la corde intacte ; et l'on décida qu'au lieu d'y être insérés, les barreaux y seraient placés extérieurement.

En les attachant avec de la ficelle très-forte, on pouvait les fixer d'une manière assez solide pour inspirer toute confiance; d'autant plus qu'ils n'auraient pas à supporter un poids bien lourd, puisqu'en montant le grimpeur saisirait fortement la corde et s'enlèverait en partie avec les poignets. Enfin, quand même un de ces barreaux se dérangerait un peu, cela n'aurait pas grande importance.

La fabrication de la ficelle dont on avait besoin prit une journée entière. Mais, dès le matin du jour suivant, les trois amis retournèrent à la falaise avec l'intention de transformer en échelle la corde du cerf-volant.

Après ce que nous avons dit à ce sujet, on comprend aisément de quelle façon la pose des barreaux devait avoir lieu. Il suffisait de les placer transversalement contre la corde, et de les y maintenir solidement au moyen d'une ficelle qui les empêcherait de glisser.

Le premier échelon arriverait à la ceinture du grimpeur, le deuxième lui viendrait au niveau de la mâchoire. Debout sur le premier degré, et tenant la corde de la main gauche, l'individu chargé de ce travail poserait le troisième barreau à la hauteur de son menton; et ainsi de suite, en s'arrêtant toujours sur l'avant-dernière marche qu'il aurait fixée.

Il n'était pas possible d'attacher tous ces bâtons sans y passer beaucoup de temps, nos amis ne l'ignoraient pas; ils savaient que non-seulement l'opération était minutieuse, mais qu'elle serait fatigante, et que celui qui l'exécuterait serait obligé de se reposer fréquemment.

A peine arrivés à la falaise, nos travailleurs se mirent immédiatement à l'œuvre. Il serait plus juste de dire que l'un d'eux se mit à la besogne; car cette dernière opération n'admettait qu'un seul ouvrier.

Ni l'un ni l'autre des deux frères ne maniant la corde avec autant d'adresse que l'Hindou, ce fut Ossaro qui se chargea de la tâche importante qui vient d'être décrite. Mais si Karl et Gaspard en étaient réduits à ne rien faire, ils n'en restèrent pas moins auprès du travailleur pour lui tenir compagnie, et le distraire par leur conversation.

Heureusement pour l'Hindou, le premier barreau pouvait n'être posé qu'à une dizaine de mètres au-dessus du sol. L'une des échelles qui avaient été faites pour gagner les terrasses était de cette longueur et permettait à nos amis d'arriver jusque-là sans qu'ils fussent obligés d'employer la corde. Il était fâcheux que le cerf-volant ne se fût pas arrêté au-dessus des banquettes où posaient les autres échelles, car celles-ci auraient pu rendre le même service. Mais il en était autrement, il n'y avait pas à y songer.

Ayant placé l'échelle parallèlement à la corde, l'Hindou y monta; et quand il fut en haut il se mit à la besogne. Il avait pris avec lui une douzaine de bâtons qu'il avait mis, avec autant de bouts de ficelle de la longueur voulue, dans une espèce de gibecière faite avec le pan de sa tunique.

Karl et Gaspard, assis au bas de la falaise sur des pierres qui se trouvaient là, et Fritz, allongé par terre, suivaient les mouvements d'Ossaro avec un profond intérêt.

Il s'écoula peu de temps avant que le Shikarri eût fixé les deux premiers échelons à la place qu'ils devaient occuper. Lorsqu'il eut fini, l'Hindou, passant de l'échelle sur le premier barreau qu'il avait posé, attacha le troisième à la hauteur de son menton, suivant ce qui avait été convenu.

Pour réussir dans une opération de ce genre il fallait une grande dextérité ; mais Ossaro était d'une adresse sans pareille ; et quant à garder son équilibre dans une position aussi critique, ce n'était rien pour lui, qui ne se trouvait pas moins à son aise sur une corde que n'y aurait été l'un des singes dont la personne est sacrée aux sectateurs de Brahma.

Un autre, également, aurait eu bientôt les pieds brisés, s'il lui avait fallu se tenir sur des traverses d'une aussi mince épaisseur. Mais le Shikarri avait l'habitude d'escalader la tige élancée des palmiers ; il avait, jusqu'à un certain point, les orteils prenants comme les doigts postérieurs d'un quadrumane. La plus petite branche, la moindre saillie d'un tronc d'arbre, le simple nœud d'une corde lui offraient un appui suffisant pour qu'il y fît une pause souvent très-longue.

Il ne lui était donc pas difficile de conserver son équilibre sur les bâtons qu'il venait d'attacher, ou de passer de l'un à l'autre à mesure qu'il les avait posés. Il continua ainsi jusqu'au moment où il eut vidé la poche qui renfermait ses douze barreaux. Descendant alors de bâton en bâton, il gagna l'échelle de bois et arriva au pied de la falaise.

Karl, ou Gaspard, aurait pu lui éviter cette peine en lui montant une nouvelle douzaine de barreaux en haut de l'échelle ; mais il y avait une bonne raison pour qu'ils n'en fissent rien : ne fallait-il pas que ce bon Shikarri vînt se reposer ?

Toutefois il ne resta en bas que le temps nécessaire pour permettre à la circulation de se rétablir dans la plante de ses pieds nus; puis, sa poche étant remplie, il remonta à l'échelle, prit la corde et fut en un clin d'œil sur l'avant-dernier barreau qu'il avait attaché.

La seconde douzaine ayant été placée, l'Hindou remit pied à terre, se reposa un instant et remonta de nouveau.

C'est ainsi que se passa la journée, y compris le temps du repas qui se prolongea plus que d'habitude, et que les deux frères avaient accommodé avec un soin exceptionnel.

Pas besoin n'avait été de revenir à la maison pour se livrer à leurs opérations culinaires; ils n'auraient eu à cela aucun avantage, puisque la cabane n'était pas un tantinet mieux disposée pour la cuisine que l'endroit où ils se trouvaient alors, et que le garde-manger ne renfermait pas autre chose que des tranches de bouquetin pareilles à celle qu'ils avaient avec eux.

Le dîner, cependant, ne s'était pas borné à la grillade quotidienne; le botaniste avait profité de ses loisirs pour récolter différents fruits et diverses racines qui, placées sur la braise, non-seulement avaient allongé le menu, mais transformé le dîner en véritable festin aux yeux de gens de bon appétit, qui depuis longtemps n'étaient plus délicats.

Après le repas, l'Hindou s'était accordé la jouissance d'une longue pipade de chanvre; et, complétement reposé, était allé reprendre sa tâche avec une nouvelle énergie.

Telle avait été son ardeur au travail, qu'avant la nuit cinquante barreaux étaient posés; ce qui, joint à l'échelle de bois, permettait d'arriver au tiers de la falaise.

Naturellement le coucher du soleil mit fin aux occupations du jour, et l'ouvrier, accompagné de ses deux spectateurs, revint à la cabane, avec l'intention de reprendre sa tâche le lendemain matin.

Tout en marchant, Karl et Gaspard témoignaient autant de respect à Ossaro que s'ils avaient été de simples gâcheurs en face d'un architecte. Fritz lui-même paraissait comprendre que le Shikarri était le personnage important de la bande; et cela depuis le matin; car toutes les fois qu'Ossaro était descendu de son échelle, il était allé bondir à ses côtés; en un mot il lui rendait ses devoirs, et le regardait avec des yeux qui semblaient le remercier de ce qu'il faisait pour la délivrance commune.

Pendant le retour à la cabane ces démonstrations continuèrent, elles devinrent même plus vives. Non content de bondir autour d'Ossaro, le chien lui sautait aux jambes, de manière à entraver parfois sa marche. Évidemment, pour Fritz, le Shikarri était le héros du jour; soit qu'il dût cette conviction à ses observations personnelles, soit qu'elle lui vînt du respect qu'il voyait témoigner à l'Hindou.

CHAPITRE XLVI.

DESCENTE RAPIDE.

Le lendemain matin, dès qu'ils eurent expédié leur premier repas, nos amis retournèrent à la falaise : Ossaro, pour se remettre à l'ouvrage; les deux autres pour lui tenir compagnie.

Ce jour-là, malheureusement, le temps était peu favorable aux travaux extérieurs. Il faisait un grand vent, qui ne soufflait pas, il est vrai, d'une manière continue; mais par bouffées rapides et d'une extrême violence.

Le pauvre Ossaro, pris en flanc par la bourrasque, était souvent emporté à plusieurs pieds de la falaise, bien que la corde sur laquelle il se trouvait fût amarrée par les deux bouts.

C'était effrayant de le voir ainsi balancé à une hauteur de trente ou quarante mètres, ou pour mieux dire agité brusquement par ces rafales impétueuses, qui le secouaient dans l'espace. A chaque fois, une émotion poignante s'emparait des deux frères; ils tremblaient de voir le brave Shikarri se briser la tête contre la falaise, ou forcé de lâcher prise, être lancé au loin, et tomber sur les quartiers de roche où il se mettrait en pièces.

Leurs alarmes étaient si vives qu'à chaque instant Karl et Gaspard criaient à Ossaro de descendre; et quand il était descendu, ils le suppliaient de rester près d'eux jusqu'à l'heure où le vent serait apaisé.

Mais le Shikarri n'écoutait pas leurs prières. Habitué dès l'enfance à lutter contre les éléments, il n'éprouvait aucune frayeur, et ressentait au contraire un certain orgueil, sinon du plaisir, à braver le péril qui le menaçait.

Même pendant les secousses imprévues qui l'éloignaient de la falaise, et le faisaient osciller comme le balancier d'une horloge gigantesque, on le voyait ajuster ses barreaux avec autant de sang-froid que s'il avait été par terre.

Il continua de travailler ainsi jusqu'au milieu du jour, malgré les difficultés croissantes et les prières de Karl et de Gaspard, qui ne cessaient d'insister pour qu'il remît sa tâche périlleuse à un moment plus favorable.

Fritz lui-même, lui prodiguait ses caresses, lui adressait des regards persuasifs, comme s'il avait connu le danger auquel ce grand vent l'exposait.

Vains efforts ! l'Hindou semblait se jouer de leurs terreurs, et défiant le péril qui faisait trembler ses amis, il reprenait sa tâche ardue sans la moindre hésitation.

Il l'aurait accomplie sans aucun doute, s'il avait eu pour cela le temps nécessaire. Ce n'était pas le vent qui pouvait l'arracher de la corde à laquelle il s'attachait comme une araignée. Si le point d'appui avait été ferme, l'Hindou aurait tenu bon, même quand la rafale serait devenue ouragan.

Ce n'était pas la tempête qui mettait sa vie en danger; le péril avait une autre source à laquelle Ossaro ne pensait pas, et dont ne se doutaient pas davantage ceux qui tremblaient pour lui.

Il était près d'une heure ; on avait fini de dîner déjà depuis quelque temps; et l'Hindou, sa gibecière gonflée de bâtons et de ficelle, regagnait son perchoir. Le dernier barreau atteignait maintenant à la moitié de la falaise, c'est-à-dire à une cinquantaine de mètres au-dessus du fond de la vallée.

Les yeux de Karl et de Gaspard étaient rivés sur Ossaro, dont ils suivaient tous les mouvements ; car, en dépit de leur fréquence, ces ascensions périlleuses offraient toujours un nouvel intérêt aux spectateurs.

Ossaro avait quitté l'échelle, et montait de bâton en bâton comme un perroquet, ainsi qu'il avait déjà fait vingt fois, lorsqu'il poussa un cri de terreur qui glaça les deux frères jusqu'à la moelle des os.

Ce cri douloureux n'avait pas besoin d'explication; car au moment où il frappait leurs oreilles, Karl et Gaspard virent le danger qui l'avait fait naître.

Ossaro descendait, non pas de son plein gré, en se servant des échelons qu'il avait établis; mais avec la corde elle-même, qui glissait du haut de la muraille. Il fallait que le cerf-volant se fût dégagé de l'obstacle qui le retenait, et que cédant au poids de l'ouvrier, il coulât sur la neige.

La chute s'opéra d'abord avec une telle lenteur, que sans les cris d'Ossaro, et le relâchement de la corde auprès de la roche où elle était amarrée, ni l'un ni l'autre des deux frères ne se seraient doutés de ce qui arrivait. Mais Karl et Gaspard n'avaient pas besoin d'attendre que la chute devînt plus rapide pour sentir l'effroyable danger où se trouvait le Shikarri.

Le cerf-volant s'était détaché ; cela ne faisait pas le moindre doute ; il finirait par gagner le bord de la falaise. La résistance qu'il offrait encore balancerait-elle le poids d'un homme ? ou bien, arrivant à une surface unie, glisserait-il de plus en plus vite, suivant la loi de la chute des corps. En d'autres termes le Shikarri tomberait-il brusquement au pied de la falaise, d'une hauteur de douze ou quinze mètres ?

Ses amis n'eurent pas le temps d'agiter ces questions ; pas même de prendre les mesures nécessaires pour atténuer sa chute. A peine étaient-ils revenus de la surprise que leur avait causé le premier cri de l'Hindou, qu'ils virent la rapidité de la descente augmenter à chaque seconde, tantôt graduellement, tantôt par secousses précipitées, qui amenèrent le Shikarri à huit mètres du sol.

Ils commençaient à espérer que la descente continuerait de cette manière encore pendant quelques mètres, et alors il n'y aurait plus eu de danger.

Mais, à l'instant où ils concevaient cette espérance, la poitrine du cerf-volant apparut en haut de la muraille, où elle resta suspendue ; puis comme un oiseau qui déploie ses ailes, le cerf-volant quitta la falaise et plana au-dessus de la vallée.

Ossaro fut emporté à quelques mètres du roc. (Page 265.)

Ossaro, qui tenait toujours la corde, fut emporté à quelques mètres du roc ; mais, heureusement pour lui, sa pesanteur excéda la résistance que l'air opposait au cerf-volant, sans quoi il aurait fait une ascension périlleuse.

D'autre part, il fut très-heureux que l'excédant en question n'eût qu'une faible importance, car sa chute aurait été grave.

Mais telles que les choses se trouvaient, il descendit aussi doucement qu'aurait pu le faire une colombe, et se retrouva debout sur le sol, comme Mercure au sommet de l'Olympe.

Dès qu'il sentit que ses pieds touchaient la terre, l'Hindou fit un bond de côté, et lâcha la corde aussi vite que si elle avait été brûlante.

Le cerf-volant n'ayant plus de contre-poids se mit à voguer çà et là en descendant toujours. Enfin, par un dernier bond où il sembla concentrer ses forces défaillantes, il vint s'abattre aux pieds du Shikarri, comme un immense vautour qui vient fondre sur sa proie.

Il fallut toute l'agilité de l'Hindou pour ne pas en être atteint. Si même, tout en s'esquivant, il n'avait pas baissé la tête à propos, l'intégralité de son crâne aurait été bien certainement compromise par la tape qu'il aurait reçue.

CHAPITRE XLVII.

FUITE DU CERF-VOLANT.

La joie qu'eurent les deux frères en voyant le Shikarri sortir sain et sauf de cette terrible chute, leur fit oublier la déception que leur causait le résultat de leur expérience; d'autant plus que ce résultat pouvait être accidentel, et n'empêchait pas que le moyen ne fût très-bon. La bourrasque avait dû en effet détacher le cerf-volant du roc où il était retenu; ce n'était même pas douteux; et une fois soulevé, il avait été entraîné par le poids du Shikarri.

Mais cela ne serait pas arrivé par un temps calme; rien n'était plus facile que d'enlever le cerf-volant de nouveau; il n'y avait pas de motif pour qu'il ne s'accrochât pas encore une fois, et cette persuasion préservait nos amis du chagrin qu'ils auraient eu sans cela.

Comme le vent soufflait ce jour-là du mauvais côté, il fut décidé qu'on attendrait une occasion plus favorable; et pour que le cerf-volant ne fût pas endommagé, s'il venait à pleuvoir, les captifs se le chargèrent sur les épaules, et le rapportèrent sous le hangar où il avait été fait.

Il s'écoula près d'une semaine avant que l'occasion attendue se présentât. Nos chasseurs, néanmoins, ne restèrent pas inactifs pendant ces quelques jours ; dans l'incertitude où ils se trouvaient, relativement à la durée de leur détention qui pouvait se prolonger plus qu'ils ne l'avaient cru, ils employèrent la majeure partie de leurs journées à augmenter leurs provisions, afin d'épargner leur réserve d'ibex dont plus tard ils pourraient avoir besoin.

Les armes à feu ne servirent point dans cette circonstance. Elles renfermaient, comme vous savez, leur dernière charge, et les deux tireurs ne devaient les prendre qu'à la dernière extrémité.

Karl et Gaspard étaient même si confiants dans leur moyen d'évasion, qu'ils se croyaient déjà en train de descendre la montagne, et conservaient leurs derniers coups de fusil pour se défendre contre les bêtes féroces qu'ils pourraient trouver sur leur chemin.

Une balle d'ailleurs n'était pas nécessaire pour se procurer du gibier ; l'arc de l'Hindou suffisait pour cela. Il arrivait souvent au Shikarri de lancer une flèche soit dans les branches, soit à la surface du lac ; et toutes les fois il rapportait quelque bel oiseau : un paon, un argus, ou l'une de ces oies qui fréquentaient les eaux de la vallée.

En outre le filet et la ligne d'Ossaro n'étaient pas sans emploi ; grâce à eux, nos amis avaient du poisson, non-seulement très-varié et de qualité parfaite, mais encore en abondance. Une espèce surtout paraissait inépuisable; c'était une énorme anguille, tellement commune qu'il suffisait de jeter une ligne amorcée d'un ver pour retirer du lac, à l'instant même, un de ces poissons de près d'un mètre quatre-vingt.

Nos amis ne se souciant pas de vivre uniquement d'anguilles, ne consacrèrent que peu de temps à ce genre de pêche; mais ils furent très-satisfaits de la découverte de ces grasses créatures qui, par leur nombre, leur assuraient dans tous les cas un aliment sain, facile à se procurer, et dont on pouvait abuser sans crainte d'en voir tarir la source.

Enfin, au bout de six jours, le vent souffla du bon côté. Le cerf-volant fut tiré du hangar et reporté à l'endroit où il avait été lancé d'abord. Il fut enlevé comme la première fois, prit son essor de la même manière, gagna le haut de la falaise, et s'abattit sur le flanc de la montagne.

Obtenu du premier coup, ce beau résultat fit la joie de nos captifs; mais, hélas! c'est à cela que devait se borner leur succès.

Ils tirèrent sur la corde pour savoir si les grappins avaient mordu, et reçurent avec chagrin une réponse négative. La seule résistance que la corde opposa à leur effort provenait de son frottement sur la crête du rocher et du glissement de l'appareil sur la neige.

La corde arriva peu à peu, d'abord par coudées, ensuite par brasses, amenant toujours l'oiseau postiche, dont la poitrine finit par se projeter au sommet de la falaise.

Il eut bientôt reprit son essor, et plana aussi haut dans l'air que put le permettre la longueur de son amarre ; puis on le laissa descendre.

Ramassé par Karl, tandis que Gaspard et l'Hindou reprenaient leur course en arrière, il s'enleva de nouveau, plana au-dessus de la muraille, décrivit sur le ciel une courbe dont la vue, au lieu de faire naître l'espérance comme celle de l'arc d'Iris, n'apporta que désappointement et chagrin à nos amis.

Nouvel essor, et nouvelle chute ! Même résultat une quatrième, une cinquième fois ; et toujours et toujours, jusqu'à entier épuisement des forces de nos captifs.

Mais il ne s'agissait pas d'un plaisir, ou d'une expérience scientifique. Il y allait pour eux de la liberté, et le besoin qu'ils avaient de réussir n'était pas moins vif que si leurs jours en avaient dépendu.

Quelle que fût donc leur fatigue, ils ne voulurent pas céder, et continuèrent la même manœuvre, bien que leur espoir allât en décroissant.

Plus de vingt fois déjà le cerf-volant avait été enlevé, plus de vingt fois il était revenu au bord de la muraille, pas toujours au même point, car les travailleurs avaient changé de place.

C'était partout la même chose ; le cerf-volant ne se fixait ni au rocher, ni aux glaçons, ni aux bancs de neige durcie qui étaient sur la montagne.

L'autre fois, cependant, il s'était bien attaché ! S'ils n'avaient pas eu cette première expérience, les captifs auraient cru la chose impossible ; mais puisqu'elle avait réussi, elle était donc praticable ; et cette lueur d'espoir engageait nos amis à faire de nouvelles tentatives.

Le cerf-volant fut encore enlevé cinq ou six fois ; puis comme il y revenait toujours en dépit de leurs efforts, les travailleurs, à bout de force et de courage, laissèrent l'oiseau de papier au sommet de la falaise, où il semblait perché en attendant qu'il s'envolât.

Malheureusement, à force de glisser sur la neige, de se heurter aux angles des roches et des glaçons, il s'était sérieusement avarié. Tandis qu'il planait dans l'air, on apercevait le jour en maint endroit de sa rude enveloppe ; et il n'avait plus cette allure majestueuse qui le caractérisait au début.

Évidemment il était nécessaire de le réparer, et non moins pour discuter cette question que pour savoir s'il ne conviendrait pas de transporter ailleurs le théâtre de leurs expériences, les captifs avaient interrompu leurs efforts.

Ils étaient tous les trois à quelques pas de la falaise, où pendait la corde qu'ils venaient de lâcher, et dont l'extrémité rampait sur le sol.

Ne pensant guère qu'elle pouvait leur échapper, ils n'avaient pas eu la précaution de l'assujettir ; et il n'était plus temps de le faire quand ils comprirent leur négligence.

Au moment où ils s'y attendaient le moins, la corde s'agita brusquement, et se releva comme si une main invisible l'eût attirée vers le ciel.

Ils s'élancèrent tous les trois pour la ressaisir; mais il était trop tard : déjà l'extrémité de la corde frétillait à une hauteur que le plus grand d'entre eux n'atteignait pas du bout du doigt.

L'Hindou fit des bonds surprenants; Gaspard courut chercher une perche qu'il voyait aux environs; tandis que son frère escaladait l'échelle placée contre la muraille, et qui était près de l'endroit où pendillait la corde.

Tout cela fut inutile; le lien du cerf-volant se balança pendant quelques instants au-dessus de leur tête, juste à la hauteur voulue pour qu'ils ne pussent pas l'atteindre, et comme pour se jouer de leurs efforts; puis la main invisible qui l'agitait lui imprima une nouvelle secousse; il fut enlevé rapidement, gagna le haut de la falaise, et disparut derrière le roc.

CHAPITRE XLVIII.

PLUS DE DAPHNÉS!

Il n'y avait rien de mystérieux dans le fait que l'on vient de lire; le cerf-volant n'était plus en haut de la muraille; le vent l'avait emporté, et la corde l'avait naturellement suivi.

Quand la première surprise fut passée, les trois captifs échangèrent des regards qui exprimaient plus que du désappointement. Le nombre des tentatives qui, ce jour-là, avaient échoué, était certainement considérable; mais enfin le cerf-volant s'était fixé une fois d'une manière sérieuse, et l'on pouvait croire avec raison que les mêmes circonstances se représenteraient.

Il y avait d'ailleurs d'autres endroits où la falaise n'était pas plus élevée, où elle était même moins haute, et il était possible qu'un essai tenté à ces différentes places eût été plus heureux.

Avec le temps, ils auraient pu sortir de leur prison au moyen de leur échelle de corde; mais il n'y fallait plus songer; toutes les chances qu'ils avaient d'y réussir étaient perdues; il avait suffi pour les détruire d'une simple bouffée de vent.

Pourtant, dites-vous, ce malheur n'était pas irréparable. Un second cerf-volant pouvait être construit aussi bien que le premier, en employant les mêmes matériaux.

Voilà ce que c'est que de parler sans savoir.

La même pensée était venue à l'un des captifs quand il avait vu que le cerf-volant se déchirait.

« Il vaut mieux en faire un autre, avait dit Gaspard.

— Ce n'est pas possible, ou du moins j'en ai peur, avait répondu Karl. Il nous reste assez de papier pour raccommoder celui-ci; mais je ne crois pas qu'il y en ait suffisamment pour en couvrir un second.

— Qui nous empêche d'en refaire?

— Il n'y a pas moyen, avait dit le botaniste en hochant la tête.

— Mais pourquoi cela? s'était écrié Gaspard; est-ce qu'il n'y a plus de daphnés?

— Il est probable que non, avait répondu Karl. Nous avons pris l'écorce de tous ceux qui étaient dans le fourré, tu te le rappelles. Depuis lors, pensant que nous pouvions en avoir besoin, j'ai battu la vallée dans tous les sens, et je n'ai pas vu un seul bholoua. Je suis presque certain qu'il n'y en a plus. »

A l'époque où ce dialogue se passait entre les deux frères, la disparition du cerf-volant n'avait pas encore eu lieu. Une fois l'événement arrivé, ils savaient à quoi s'en tenir, et n'avaient pas même à se consulter à cet égard, puisque la perte qu'ils venaient de faire était irréparable.

Ils se demandèrent néanmoins quelle était la direction qu'avait prise le cerf-volant. Ne pouvait-il pas avoir été poussé contre la falaise, et rabattu dans la vallée?

Comme la chose était possible, les trois captifs s'éloignèrent de la muraille afin de mieux l'embrasser du regard. Ils attendirent longtemps, les yeux fixés sur l'enceinte, espérant que le cerf-volant reviendrait au lieu de sa naissance; mais il ne reparut pas, et nos amis finirent par comprendre qu'ils ne le reverraient jamais.

Ils comprirent en effet, quand ils y réfléchirent, que la direction du vent ne rendait pas seulement son retour improbable, mais impossible. Comment serait-il revenu dans la vallée, puisqu'il en était chassé par une forte brise, qui le poussait vers la montagne? Il avait sans doute remonté la pente neigeuse qui se dressait derrière la falaise, en avait franchi le sommet, ou bien s'était logé dans quelque ravin profond où le vent ne pouvait plus l'atteindre. Dans tous les cas il était perdu pour les captifs.

« Faut-il avoir du malheur! s'écria Gaspard d'un air vexé, lorsqu'il vit qu'il n'y avait plus d'espoir. Quelle mauvaise étoile que la nôtre.

— Ah! frère, lui dit Karl d'un ton de reproche, n'accuse pas la fortune de ce qui vient d'arriver. Le malheur est grand pour nous, je le reconnais, mais c'est notre faute; nous ne pouvons l'attribuer qu'à nous-mêmes. C'est notre négligence qui nous a fait perdre le cerf-volant, et peut-être avec lui le dernier moyen de recouvrer la liberté.

— Hélas! répondit Gaspard, tu as raison; c'est notre faute; et ce n'en est pas moins triste.

« Mais es-tu bien sûr, reprit-il après une pause, qu'il n'y a plus ici d'arbre à papier?

— Je ne l'affirme pas d'une manière positive, reprit le chasseur de plantes; je le crois, et ne peux rien dire de plus. C'est, du reste, une question facile à résoudre par de nouvelles recherches. En supposant qu'il n'y ait plus de bholouas, il est possible que nous trouvions à les remplacer. Il y a dans les montagnes du Népaul et du Thibet un bouleau, dont l'écorce présente de larges feuillets au nombre de huit ou dix; ces lames sont presqu'aussi minces que du papier ordinaire, et peuvent servir....

— Peut-on en faire un cerf-volant? interrompit Gaspard.

— Assurément, répondit Karl; il conviendrait même mieux que le daphné: et si j'avais pensé qu'il y en eût ici, je l'aurais préféré au bholoua; mais je ne crois pas que nous en trouvions; je n'ai encore aperçu aucun bouleau dans ce bassin; et l'espèce dont nous parlons se plaît, de même que la plupart des *bétulacées*, dans un climat plus froid que celui-ci. Il est probable qu'il croît sur les montagnes qui nous dominent, ce qui, hélas! nous est complétement inutile; si nous pouvions l'atteindre nous n'aurions pas besoin de son écorce. Mais il ne faut pas désespérer, ajouta le botaniste en montrant plus de courage qu'il n'en avait réellement; il est possible que nous rencontrions des bouleaux ou des daphnés ; commençons vite nos recherches. »

Karl était loin de croire à ses propres paroles; et cela valait mieux pour lui que de se faire illusion; car, après avoir exploré la vallée pendant trois grands jours avec une attention minutieuse, il ne découvrit ni bouleaux, ni daphnés d'aucune sorte; pas la moindre matière dont on pût faire un cerf-volant.

Il fallut donc abandonner ce projet, qui avait fait naître tant d'espoir ; et nos amis n'y pensèrent plus.

CHAPITRE XLIX.

AÉROSTAT.

Il est presque impossible de parler de cerf-volant sans penser à cette autre machine aérienne qu'on appelle un ballon.

Karl y avait songé tout d'abord; Gaspard avait eu la même idée, et pour ainsi dire à la même minute; car c'était le mot de cerf-volant qui la leur avait suggérée.

On se demande pourquoi ils n'y avaient pas donné suite; un ballon était bien autrement capable de les faire sortir de prison qu'un cerf-volant quelconque; ils auraient dû au moins prendre cette idée en considération.

C'est précisément ce qu'avait fait le botaniste; il l'avait méditée, examinée sous toutes les faces. Quant à son frère, il n'y avait plus pensé, persuadé qu'il était de l'impossibilité de construire le moindre aérostat. Karl était bien arrivé à la même conclusion; mais seulement parce que les matériaux manquaient. Ceux-ci étant donnés, il se sentait de force à construire un ballon, non pas d'un travail délicat; mais pouvant très-bien servir à l'usage auquel il le destinait.

Tout en s'occupant de la fabrication du papier, Karl y avait réfléchi, car ce projet ne lui sortait pas de la tête.

Il faut dire qu'il n'avait jamais eu pleine confiance dans l'efficacité du cerf-volant. Plus il pensait au ballon, au contraire, plus il était persuadé de l'excellence du moyen; mais il fallait construire l'appareil. Il y revenait toujours, s'efforçant de retrouver dans sa mémoire ce qu'il avait étudié à ce sujet, examinant sans rien dire tout ce qui frappait ses yeux, dans l'espérance de rencontrer quelque matière dont il pourrait se servir.

Malheureusement il avait beau y songer, il ne voyait absolument rien dont il pût faire un ballon. Le daphné lui-même, eût-il été commun dans la vallée, n'aurait pas servi davantage; le papier, quelle que fût sa force, n'aurait pas résisté à la pression de l'air extérieur, du moins à l'égard d'un ballon de taille suffisante pour enlever un poids considérable.

Mais à quoi bon penser même au papier, puisqu'il n'y avait pas moyen d'en faire? Le chasseur de plantes avait donc fini par ne plus s'occuper d'un aérostat, puisqu'il ne trouvait rien qui permît de le construire.

Il savait qu'un ballon doit être hermétiquement fermé; en conséquence il avait songé un instant à faire le sien avec la dépouille de certains quadrupèdes; mais des peaux, en nombre suffisant pour constituer une sphère de dimension convenable, auraient été beaucoup trop lourdes.

Nos amis possédaient bien du chanvre, et en grande abondance; ils pouvaient en faire de la toile, et recouvrir celle-ci d'un enduit végétal; car il y avait dans la vallée des arbres qui produisaient de la gomme. Mais la question était de savoir si nos ouvriers parviendraient à faire un tissu à la fois assez solide et assez léger pour offrir la résistance voulue, et ne pas excéder une certaine pesanteur. Il était même douteux qu'ils pussent fabriquer de la toile. Dans tous les cas, il leur faudrait faire un long apprentissage pour mener à bien leur entreprise.

Le succès était beaucoup trop incertain pour qu'on s'arrêtât plus longtemps à cette idée, et Karl n'y pensa plus.

A cette époque, l'épreuve du cerf-volant n'avait pas encore eu lieu; la première tentative ayant fort bien réussi, avait rejeté plus loin que jamais la pensée du ballon. Mais quand la perte du cerf-volant eut détruit toutes les espérances, l'idée d'un aérostat vint peu à peu se représenter à l'esprit de Karl, et même à celui de Gaspard, qui, pour la première fois, en parla au botaniste.

« Nous avons de la corde autant qu'il nous en faut, lui dit-il; mais cela ne nous sert à rien, puisque nous n'avons pas d'étoffe. N'est-ce pas avec de la soie que les aéronautes font leurs ballons?

—Oui, répondit Karl; c'est la meilleure matière dont ils puissent faire usage, en ce sens qu'elle réunit, à un plus haut degré que toute autre, la légèreté et la force à un tissu très-serré.

— Mais ne peut-on pas employer autre chose ?

— Oui, certainement ; on peut faire des ballons avec une foule de substances ; on ferait emporter un objet de plusieurs livres par un simple ballon de papier ; il y a même des gens qui ont été assez cruels pour envoyer ainsi dans les airs un chat ou un petit chien, sans s'inquiéter de ce que deviendraient les pauvres bêtes.

— C'est affreux ! s'écria Gaspard, qui, tout chasseur qu'il était, n'en avait pas moins le cœur sensible ; de pareilles gens mériteraient qu'on les attachât eux-mêmes à des ballons de papier.

— Oui, si le papier était assez fort pour les emporter ; malheureusement pour nous un ballon de cette nature ne peut pas soulever un homme ; il faut quelque chose qui offre plus de résistance.

— Mais on peut trouver cela, cherchons toujours.

— Hélas ! frère, il y a longtemps que je cherche.

— La toile peut-elle servir ? Y as-tu songé ?

— Certainement ; mais celle que nous ferions serait trop commune et trop lourde.

— En se donnant beaucoup de peine, est-ce qu'on ne pourrait pas la faire assez fine ? Ossaro est, dans son genre, une véritable Omphale ; je parie qu'en fait de quenouille il l'emporte sur Hercule.

— Oh ! s'écria le chasseur de plantes avec surprise, comme nous sommes classiques dans nos paroles, ce matin ! Je ne te croyais pas si savant ; où diable as-tu appris l'histoire d'Hercule, toi qui n'as jamais mis le pied dans un collége ?

— Tu oublies que c'est toi qui m'as enseigné ces

belles choses. A vrai dire, si ce n'est qu'elles me servent à orner de temps en temps mes discours, j'en ai retiré peu d'avantages, et ne crois pas qu'elles me soient jamais très-utiles.

— C'est probable, répondit le chasseur de plantes; tu sais que moi-même je ne soutiens pas les études classiques. Je t'ai appris quelques bribes de ce qu'elles m'ont fait connaître; mais seulement quand j'étais inoccupé et que tu n'avais rien à faire; j'aurais, sans cela, considéré la chose comme une perte de temps. Je te l'ai déjà dit : suivant moi, ce qu'on appelle les études classiques ne sert pas plus à un homme raisonnable qu'une profonde connaissance de la mnémonique chinoise. Le temps que j'ai passé à l'étude des langues mortes est bel et bien perdu; tout ce qu'il m'a fait acquérir ne me grandit pas d'une semelle. Je te le demande, à quoi cela nous sert-il? Ce n'est pas ce que j'ai appris de Jupiter et de Junon qui nous donnera les moyens de sortir d'ici, pas plus que ma connaissance de Mercure ne me fournira des ailes. Tu as l'esprit inventif, Gaspard; n'as-tu pas l'idée de ce qui pourrait nous servir à faire un aérostat?

— Mais en supposant qu'on te donnât l'étoffe, saurais-tu faire un ballon? demanda Gaspard, croyant qu'il fallait être un habile aéronaute pour construire une machine aussi merveilleuse.

— Bah! répondit le chasseur de plantes, ce n'est pas plus difficile à faire qu'une bulle de savon; un sac imperméable que l'on remplit d'air chaud devient un aérostat. Toute la question est de savoir quel est le poids qu'il enlèvera, en sus de la matière dont il sera composé.

— Mais comment feras-tu pour le remplir ?

— En faisant du feu au-dessous de l'ouverture qui sera placée au bas du sac.

— Est-ce que cet air-là ne sera pas bien vite refroidi?

— Oui, répondit le botaniste, et le ballon descendra à mesure que son contenu se mettra en équilibre avec l'air du dehors. Je n'ai pas besoin de te dire que l'air chaud est beaucoup plus léger que celui qui est froid. C'est pour cela qu'un ballon, rempli d'air que l'on a échauffé, s'élève jusqu'à ce qu'il soit arrivé à la hauteur où l'air, étant raréfié, n'est pas plus lourd que celui dont il est plein; non-seulement alors il ne monte plus, mais il descend en raison de la pesanteur de son enveloppe. Une vessie gonflée d'air, ou même un bouchon que tu plongerais dans l'eau te donnerait l'exemple du fait.

— Je n'ai pas besoin de cela pour comprendre, répondit Gaspard légèrement piqué d'être traité comme un enfant; mais je croyais que, pour enlever un ballon, il était indispensable qu'il y eût du feu constamment sous l'appareil. Ainsi, quand même nous aurions de la soie pour en construire un, comment ferions-nous la grille qui doit contenir le feu, puisque nous n'avons pas de fer ?

— Il n'y a pas besoin de la grille dont tu parles, répliqua le chasseur de plantes. On n'en fait usage que lorsqu'on veut séjourner longtemps dans l'air. S'il ne s'agit que d'une ascension de courte durée, il suffit de remplir le sac avec de l'air chaud ; et nous sommes précisément dans ce cas-là. Mais si une grille nous était nécessaire, je suppose que tu as assez d'imagination pour vaincre la difficulté ?

— Je n'en suis pas sûr du tout, s'écria Gaspard. Je te demanderai même comment tu y arriverais ?

— En faisant un panier ordinaire que je doublerais d'argile, répondit Karl ; cela tiendrait le feu tout aussi bien qu'un vase de fonte ou de fer battu, au moins pour quelque temps.

Aujourd'hui on ne se sert plus de feu pour gonfler les ballons ; l'hydrogène est bien préférable à l'air chaud pour cet objet; mais comme nous n'avons pas le moyen de nous procurer ce gaz, nous emploierons l'ancienne méthode; celle qui a servi aux frères Montgolfier, les inventeurs de l'aérostat.

— Ainsi, reprit Gaspard, tu crois que nous pouvons nous dispenser de la grille, en supposant que nous découvrions une substance qui nous permette de faire une immense poche capable de contenir de l'air ?

— Oui, répondit Karl; fournis-moi cette substance, et je te promets de faire le ballon. »

Mis en demeure de trouver la matière d'une étoffe, Gaspard fit travailler son esprit, qui, nous le savons, était fort ingénieux. Il garda le silence pendant quelque temps, et parut plongé dans une méditation profonde. Tous les objets que la vallée pouvait offrir lui passèrent dans la tête, et furent examinés tour à tour.

« Il faut que ce soit léger, imperméable et fort ? demanda-t-il enfin, comme s'il avait en vue quelque chose où ces trois qualités fussent réunies.

— Oui, répondit le botaniste; il faut, comme tu dis, que ce soit léger, imperméable et fort.

— Quant aux deux derniers points, j'en suis sûr, reprit Gaspard; il n'y a que la légèreté qui me paraisse douteuse.

— Qu'est-ce que c'est? demanda le botaniste, de manière à prouver l'intérêt qu'il prenait à la chose.

— De la peau d'anguille, » lui fut-il répondu.

CHAPITRE L.

LE BALLON.

« Oui, de la peau d'anguille, répéta Gaspard, en voyant que son frère ne disait rien. Est-ce que tu crois que ce n'est pas bon? »

Karl avait sur le bout de la langue que c'était excellent; mais quelque chose l'empêchait de se prononcer d'une manière aussi absolue.

« Il est possible que oui, répondit-il comme s'il avait débattu la question en lui-même; oui, très-possible; mais j'ai peur....

— De quoi? demanda Gaspard; crois-tu que ce n'est pas assez fort?

— Oh! ce n'est pas cela qui m'effraye, répondit Karl.

— Est-ce que l'air traverse la peau d'anguille?

— Non; ce n'est pas à craindre.

— Peut-être passera-t-il par les coutures, insinua Gaspard; mais on peut les faire avec soin, et les recouvrir avec de la gomme. Je garantis, d'ailleurs, que le Shikarri s'en acquittera aussi bien qu'un cordonnier. »

Le botaniste en convint sans peine ; ce n'était pas là ce qui l'inquiétait.

« Est-ce la pesanteur ? poursuivit Gaspard.

— Justement, répondit Karl ; je crains que ce ne soit trop lourd. Apportes-en une, Ossaro, nous allons voir. »

L'Hindou se rendit à la cabane, et en rapporta bientôt un long objet ratatiné que personne n'aurait pris pour une peau d'anguille.

Nos captifs en avaient beaucoup d'autres ; une sorte de pressentiment qu'un jour elles pourraient leur être utiles, leur avait fait garder les dépouilles de toutes les anguilles qu'ils avaient pêchées. Leur prévoyance leur rendait un vrai service.

Le botaniste ayant pris la peau qu'apportait le Shikarri, la mit sur sa main et la soupesa avec attention.

Gaspard regardait son frère, et attendait avec anxiété ce qu'il allait dire.

Pour toute réponse, Karl secoua la tête d'un air de doute.

« On peut les rendre plus légères, dit Gaspard ; il est facile de les racler ; et pourquoi ne les ferait-on pas bouillir ? cela en détacherait toutes les parties grasses, et les allégerait d'autant.

— C'est une idée, répondit le chasseur de plantes ; il est certain que l'ébullition les rendrait moins lourdes. Dans tous les cas nous pouvons essayer. »

En disant ces mots, Karl se dirigea vers la source d'eau chaude, et y plongea la dépouille qu'il avait à la main.

Celle-ci fut reprise au bout d'une heure, et bien raclée avec la lame d'un couteau. Puis grattée suffisamment, elle fut étendue sur le roc, pour y sécher au soleil.

Nos amis attendirent que la dessiccation fût complète; et cela sans s'occuper d'autre chose, tant le résultat leur offrait d'intérêt.

Lorsque la peau fut entièrement desséchée, le botaniste la replaça en équilibre sur sa main, et la soupesa de nouveau.

Malgré le peu d'exactitude de ce moyen de pesage, il était évident que la peau d'anguille était beaucoup plus légère qu'avant d'avoir bouilli; et le regard que lui jeta le botaniste prouva que sa pesanteur était moins inquiétante. Karl, cependant, n'avait pas encore à ce sujet une entière certitude, ainsi que le témoignèrent ses paroles, qui furent la répétition de ce qu'il avait déjà dit.

« Peut-être cela fera-t-il l'affaire ; la chose est possible; dans tous les cas, on ne risque rien d'essayer; pourquoi n'essayerions-nous pas? »

C'était dire : « Faisons le ballon ; » du moins les autres le comprirent ainsi; et tous les deux approuvèrent cette décision.

Comme rien ne les empêchait de commencer tout de suite, il fut décidé qu'on se mettrait immédiatement en besogne; et c'est en effet ce qui arriva.

Bien que le nombre des peaux d'anguille qu'avaient nos amis fût considérable, il était loin de suffire à la couverture d'un ballon. Ossaro se dirigea donc vers le lac avec ses engins de pêche, afin d'en prendre quelques centaines de plus.

Il était facile au chasseur de plantes de déterminer la quantité de peaux qui leur serait nécessaire, tout au moins d'une manière approximative. Il prit pour base de ses calçuls une sphère de douze pieds de diamètre; car il savait qu'un ballon de moindre volume n'aurait pas assez de force pour enlever un homme.

Savoir quelle était la surface d'un globe dont il connaissait le diamètre, n'était qu'un jeu pour le botaniste. Il n'avait qu'à multiplier le diamètre par la circonférence, ou le carré du diamètre par le nombre fixe 3,1416; ou bien encore à trouver la surface convexe du cylindre circonscrit; s'il n'aimait pas mieux chercher quelle était l'aire du grand cercle de la dite sphère, et ensuite quadrupler le chiffre qu'il aurait obtenu. L'une ou l'autre de ces méthodes pouvait lui apprendre le nombre dont il avait besoin.

Tout compte fait, il trouva qu'une sphère de douze pieds de diamètre avait quatre cent cinquante-deux pieds de surface plus une fraction insignifiante. Il fallait donc quatre cent cinquante-deux pieds carrés de peaux d'anguille pour recouvrir cette sphère, ou en d'autres termes pour constituer l'aérostat.

Les anguilles du lac étant de belle taille (la plupart avaient près d'un mètre de longueur, sur une largeur moyenne de dix centimètres), chaque dépouille devait offrir une surface d'environ un pied carré, sans la tête et la queue. Faisant la part du déchet, Karl estima qu'il fallait cinq cents peaux d'anguille pour représenter la surface du ballon. En outre comme il était nécessaire d'en couper en biais un certain nombre, pour que

Ossaro se dirigea vers le lac avec ses engins de pêche. (Page 287.)

l'enveloppe affectât la forme sphérique, il fut arrêté que les lignes bien et dûment amorcées, resteraient dans l'eau jusqu'au moment où l'on serait sûr d'avoir la quantité de peaux voulue.

Ossaro avait encore une autre tâche; et celle-là était plus longue et plus difficile que la pêche des anguilles. Une fois les hameçons pourvus d'appât, et les lignes posées, il n'avait plus qu'à aller voir de temps en temps si le poisson avait mordu, et à le tirer hors de l'eau.

Ce n'était donc pas une occupation continue; celle dont nous parlons, était bien plus absorbante; il y avait à faire le fil qui devait servir aux coutures ; et cette opération était beaucoup plus délicate; puisqu'il fallait absolument que ce fil eût deux qualités qui s'excluent d'ordinaire : la finesse et la force. Mais Gaspard l'avait dit : Ossaro maniait la quenouille avec une rare habileté; et plusieurs gros écheveaux du plus beau fil, ne tardèrent pas à sortir de ses mains adroites.

Lorsqu'il y en eut assez, l'Hindou se mit à faire des cordes, pour retenir le ballon captif en attendant que tout fût près pour l'ascension; et il leur donna plus de force qu'il n'aurait été nécessaire pour l'amarrage du bateau.

Pendant ce temps-là, Gaspard avait dépouillé les anguilles, en avait fait bouillir les peaux, les avait raclées, et les avait fait sécher; tandis que son frère, en sa qualité d'ingénieur en chef, surveillait les travaux, achevait de préparer l'étoffe, et la découpait de manière à lui donner la forme qu'elle devait avoir.

Il avait fait en outre une excursion dans la forêt et en

avait rapporté une grande quantité de gomme, une espèce de caoutchouc qu'il avait extrait d'un arbre de la famille des figuiers, dont les représentants sont nombreux dans les parties inférieures de l'Himalaya. C'était pour en enduire les coutures qu'il avait été faire cette récolte, afin que le ballon ne laissât pas échapper l'air qui s'y trouverait renfermé.

Après avoir travaillé pendant une semaine, chacun à la tâche qui lui était dévolue, nos amis pensèrent avoir réuni tous les matériaux dont ils avaient besoin; et l'Hindou, à qui cette besogne revenait de droit, commença à faire les coutures. Il avait heureusement des aiguilles, cet objet ayant fait partie de ceux dont Karl s'était muni au début de l'expédition.

Karl et Gaspard n'ayant jamais su manier ces petits instruments aigus, il leur fut impossible de seconder le Shikarri; et il fallut à celui-ci encore une huitaine de jours pour terminer sa tâche.

Enfin il arrêta son dernier point, et l'énorme sac fut prêt à recevoir l'enduit gommeux qui devait empêcher la fuite de l'air. Un jour suffit pour cette besogne; et un autre fut employé à fixer la nacelle qui devait porter nos amis dans leur course aérienne.

CHAPITRE LI.

PRÉPARATIFS.

Karl était le seul des trois captifs qui sût quelque chose à l'égard des ballons, et connût un peu la manière de les goufler. Si l'intention du chasseur de plantes avait été de naviguer dans l'air, il lui aurait fallu emporter un appareil qui pût contenir du feu. Nous avons dit pourquoi; et nous avons vu qu'il aurait trouvé le moyen d'y pourvoir. Une simple corbeille en osier, doublée d'argile, aurait parfaitement suffi; mais comme il n'avait d'autre but que de franchir la falaise, un foyer ne lui était pas nécessaire; et l'idée ne lui vint pas de s'en occuper.

Quant à la nacelle qui devait contenir les passagers, c'était autre chose; elle était indispensable, et aurait exigé beaucoup de travail si elle avait dû servir à un plus long voyage.

Mais dans la circonstance, une espèce de hotte ou de panier devait suffire. Nos captifs l'avaient déjà préparé;

il ne restait plus qu'à l'attacher au-dessous du ballon avec de fortes cordes.

Au fond du sac, c'est-à-dire à la partie inférieure de l'enveloppe où l'air devait être contenu, se trouvait une ouverture circulaire, bordée d'un cerceau de bambou, auquel était fixée la couverture de l'aérostat, et qui devait recevoir les amarres de la nacelle.

L'objet de cette ouverture est facile à comprendre : c'était par elle que l'air chaud devait pénétrer dans le ballon de manière à le gonfler.

Et comment cet air chaud devait-il être obtenu ?

A cette question le botaniste pouvait seul répondre. Naturellement il emploierait du feu pour cela. Mais comment ferait-il pour introduire l'air dans la poche qui devait le renfermer?

Karl en savait le moyen ; toutefois, il ne consentit à l'expliquer aux deux autres, que lorsque le moment fut arrivé d'en faire l'expérience.

L'enveloppe du ballon, dont l'ouverture regarderait le sol, devait être maintenue verticalement par de fortes perches enfoncées dans la terre. Cette opération terminée, ainsi que divers autres préparatifs, on allumerait du feu sous l'énorme sac; et l'air chaud, en s'élevant, pénétrerait dans celui-ci par l'ouverture qui lui était ménagée. L'air froid, contenu dans le ballon, s'en échapperait au contraire peu à peu; et quand l'aérostat serait entièrement gonflé, comme il serait plein d'un air moins lourd que l'air extérieur, ce qui le rendrait plus léger que celui-ci, il monterait nécessairement en vertu de la pression atmosphérique.

Tel devait être en effet le cours des choses. Mais à franchement parler, Karl avait peu de confiance dans le succès de l'entreprise. Malgré l'attention qu'on avait eue de gratter les peaux d'anguille, elles étaient bien loin d'être aussi légères que de la soie; et il n'en fallait pas davantage pour empêcher l'affaire de réussir.

Notre ingénieur avait encore un autre sujet d'inquiétude ; il ne lui avait pas échappé que l'endroit où ils se trouvaient alors, et qui formait le point de départ de leur ascension, était situé à plus de trois kilomètres au-dessus du niveau de la mer. Il n'ignorait pas qu'à cette hauteur l'air est extrêmement raréfié, et qu'un ballon qui, partant du rivage, s'élèverait sans peine à plus d'un kilomètre, ne quitterait pas la terre si on le plaçait en haut d'une montagne de trois mille mètres d'élévation.

Voilà ce qui tourmentait l'esprit du jeune savant, et l'empêchait de croire au succès.

Plus d'une fois en songeant à cela, il avait été sur le point d'abandonner l'entreprise. Cependant comme les lois de la navigation aérienne ne lui étaient pas assez familières pour qu'il fût certain d'un échec, il avait résolu de courir les quelques chances qui pouvaient lui rester.

L'affaire en était là quand un beau matin il fut décidé que le ballon serait lancé le jour même.

Il était encore de bonne heure lorsqu'on eut fini tous les préparatifs. L'énorme sac de peau d'anguille était attaché à ses piquets, et solidement retenu par de fortes amarres. La corbeille qui devait contenir les voyageurs était à sa place. Un petit fourneau avait été construit pour chauffer l'air qui devait emplir le ballon; et près de lui se trouvait le combustible qui devait l'alimenter.

Ce n'était pas du bois qui avait été choisi pour cet objet; on aurait pu s'en servir; mais le chasseur de plantes connaissait quelque chose de meilleur.

Il se rappelait que les frères Montgolfier, ainsi que les aéronautes de la période où l'on n'employait pas l'hydrogène, avaient fait usage de laine et de paille hachée, qu'ils regardaient comme bien préférables à toute autre substance pour gonfler les aérostats.

A l'exemple de ses illustres devanciers, Karl s'était muni d'herbe sèche, au lieu de paille, et avait remplacé la laine de mouton par le duvet des deux bouquetins, cette matière précieuse dont on fabrique les châles de cachemire, ainsi que nous l'avons dit plus haut.

L'espèce de hotte qui remplaçait la nacelle, et qui était solidement fixée au ballon, n'avait pas trois pieds de diamètre. Évidemment, elle n'était pas assez large pour contenir trois individus, sans parler d'un énorme chien, car il va sans dire que Fritz devait être de la partie. Le fidèle animal avait partagé trop longtemps la fortune de ses maîtres pour qu'on pût l'abandonner.

Mais la corbeille avait une dimension suffisante pour le contenu qui lui était destiné.

Karl savait bien que le ballon n'était pas assez fort pour les enlever tous les trois. S'il avait eu la certitude que l'un d'eux seulement pût gagner le haut de la falaise, il n'en aurait pas souhaité davantage. Peu lui importait ce que le ballon deviendrait ensuite; il le laissait bien libre d'aller où il voudrait, soit à Calcutta, en prenant vers le sud, ou à l'orient, du côté de Hong-Kong, s'il aimait mieux la Chine.

Celui d'entre eux qui aurait franchi la falaise, descendrait la montagne, ce qu'il ferait sans beaucoup de peine ; il gagnerait aisément les villages que nos voyageurs avaient rencontrés sur leur chemin; villages qui ne se trouvaient qu'à une ou deux journées de marche. Arrivé là, il s'entendrait avec les habitants ; on prendrait une échelle de corde, ayant la dimension voulue, et accompagné d'un certain nombre d'hommes il reviendrait chercher les autres.

En supposant même qu'il n'y eût pas de secours à attendre du dehors, la délivrance des captifs n'en était pas moins assurée, dès que l'un d'eux aurait mis le pied sur la falaise. Celui-là pourrait faire lui-même l'échelle de corde, l'assujettir en haut du rocher, et donner ainsi aux deux autres le moyen d'escalader la muraille.

Il n'est pas besoin de dire que c'était le Shikarri qui devait être l'aéronaute ; il avait demandé qu'on lui confiât cette mission périlleuse, et son offre avait été acceptée.

Non pas que les deux autres fussent effrayés du danger qu'il y avait à courir ; ce n'était pas la peur qui leur faisait agréer la proposition d'Ossaro. S'ils consentaient à le laisser partir à leur place, c'est qu'une fois hors de la vallée, il reconnaîtrait mieux sa route dans la montagne, et qu'il se ferait mieux comprendre des naturels, dont il parlait un peu le langage.

CHAPITRE LII.

GONFLEMENT DU BALLON.

L'heure où nos amis devaient apprendre si leur nef aérienne pourrait s'enlever arriva enfin.

Ils entouraient l'endroit où l'herbe coupée et la laine des ibex avaient été disposées en un léger monceau auquel on allait mettre le feu.

Karl avait à la main une torche flambante, son frère tenait l'une des amarres pour empêcher le ballon de s'élever trop rapidement; tandis qu'Ossaro, équipé comme pour un voyage, était à côté de la hotte qui devait lui servir de nacelle, tout prêt à s'y emballer dès que le moment serait venu.

Hélas ! on connaît la fragilité des prévisions humaines; que de fois les calculs les mieux établis ont été déjoués par les faits! Au moins, dans la circonstance qui nous occupe, l'échec était prévu. Dès le premier jour, Karl avait douté de la réussite de leur projet, et ce fut du chagrin qu'il éprouva, plutôt qu'une déception réelle.

Gonflement du ballon.

Il n'était pas écrit dans le livre du destin qu'Ossaro dût mettre le pied dans la hotte qui l'attendait, ou même qu'il dût jamais s'élever en ballon.

Karl approcha sa torche du petit fourneau placé sous l'aérostat. Immédiatement l'herbe sèche et la laine s'embrasèrent. On jeta au foyer de nouveaux aliments; l'air échauffé s'introduisit par l'ouverture qui dominait le fourneau, la sphère se déploya peu à peu, et finit par avoir tout le volume qu'elle pouvait acquérir.

On la vit trembler; elle se balança, pareille à un monstre enchaîné qui essayerait de briser ses liens. Puis elle s'enleva, atteignit une hauteur de quelques palmes, retomba, s'enleva de nouveau, pour retomber encore; rebondit çà et là mainte et mainte fois; mais hélas! elle n'eut jamais assez de puissance pour faire monter la hotte, même au niveau de la tête des spectateurs.

Karl entretenait toujours le feu; il continuait de l'alimenter avec de l'herbe et de la laine, et sans aucun succès. L'air que renfermait le ballon était assez chaud pour enlever celui-ci à plusieurs milles de hauteur, si l'expérience avait eu lieu au bord de la mer, et si l'aérostat lui-même avait été plus léger.

Mais en dépit de tous les efforts, le ballon ne s'éleva tout au plus qu'à deux mètres. Il n'aurait pas emporté un chat, à plus forte raison un homme. Bref il n'y avait plus à y compter; c'était un nouvel échec à enregistrer, une nouvelle déception à joindre à toutes celles qu'avaient éprouvées nos amis.

Le chasseur de plantes continua d'alimenter le feu

pendant une heure encore ; il essaya de l'activer en y jetant des brins de bois résineux, espérant qu'une chaleur plus intense finirait par déterminer l'ascension ; mais il n'y eut pas de différence sensible dans le mouvement de l'aérostat. Celui-ci continua d'osciller entre la terre et une hauteur de deux ou trois brasses, et refusa obstinément de s'enlever.

A la fin perdant patience, et n'ayant plus aucun espoir, l'ingénieur se détourna de cette machine qu'il avait pris tant de peine à construire. Il hésita un instant à s'en éloigner ; puis il reprit le chemin de la cabane, en songeant avec douleur à l'inutilité de leurs efforts.

Gaspard suivit son frère, dont il partageait l'amertume.

Quant à l'Hindou, qui s'était rapproché de la boule monstrueuse, il la contempla en silence pendant quelques instants, comme s'il eût réfléchi à l'énorme quantité de points qu'elle lui avait coûté ; puis donnant cours à sa mauvaise humeur, il proféra dans sa langue maternelle une exclamation énergique. « Bon à rien, ajouta-t-il, pas plus sur la terre et sur l'eau que pour le reste. » Et lançant un coup de pied dans la machine, il le fit avec une telle violence que le bout de sa sandale pénétra dans la peau distendue.

Après avoir satisfait sa colère, Ossaro jeta sur l'indigne ballon un dernier regard de mépris, et l'abandonna à son triste sort.

Deviens ce que tu veux, lui avait dit Ossaro en partant. Mais la pauvre machine allait bientôt ne plus pouvoir rien devenir. L'air chaud dont elle était pleine, se refroidissant peu à peu, finit par se trouver à la même température que celle de l'air extérieur.

L'énorme boule commença alors à se dégonfler, et tomba sur les charbons qui brûlaient au-dessous d'elle.

La peau d'anguille, les cordes, le cerceau de bambou, tout cela prit feu au contact de la braise. Les flammes coururent le long de cette enveloppe huileuse, qu'elles léchèrent comme des langues de serpent ; et, quand arrivés à la porte de la cabane, les aéronautes se retournèrent, ils virent que leur ballon était en feu.

Si la chose fût arrivée deux heures auparavant, elle eût causé à nos captifs la douleur la plus poignante. C'eût été à leurs yeux la plus affreuse calamité. Maintenant ils regardaient cet incendie avec autant d'indifférence que Néron en montra, suivant l'histoire, quand il vit brûler Rome, la ville aux sept collines.

CHAPITRE LIII.

DÉCOURAGEMENT.

Jamais, depuis leur séjour au fond de la vallée, nos captifs n'avaient été plus abattus qu'après l'anéantissement de leur ballon, cette énorme bulle d'air qui venait de disparaître, et ne laissait après elle que de pénibles souvenirs.

Ils avaient dépensé dans cette dernière entreprise tout ce qu'ils avaient d'adresse, de patience et d'industrie; ils croyaient n'avoir plus rien à tenter; et cette conviction était si profonde chez eux, que ni l'un ni l'autre ne pensait à faire un nouvel effort. Ce n'était pas la prostration qui naît de la fatigue, ou le regret qui suit un échec douloureux; c'était du désespoir.

Non pas ce désespoir exalté de l'individu qui voit approcher une mort certaine; la position de nos amis n'était pas à beaucoup près aussi critique; et cependant ils éprouvaient une grande amertume. Ils n'avaient rien à craindre pour leurs jours; l'existence qu'ils mèneraient dans cette vallée pouvait être aussi longue que celle des autres hommes ; mais qu'importe la vie aux malheureux qui sont retranchés du monde, et qui n'auront plus aucun rapport avec leurs semblables ?

Pas un des trois amis n'était du bois dont on fait les anachorètes. La vie d'un Simon Stylite n'avait rien qui les tentât ; au contraire, rien que d'y songer, ils en frémissaient tous les trois.

Vous supposez peut-être qu'avec des livres et l'étude de la nature, Karl se serait tiré d'affaire. Assurément, avec de pareils compagnons, il aurait coulé des jours moins ennuyeux que les autres ; mais il est douteux qu'il en eût fait usage, alors même qu'il les eût possédés. Un homme qui serait isolé du monde, avec la conviction de rester toujours seul, ne se soucierait guère, je crois, ni des livres, ni de la nature.

Quant à Gaspard, il lui suffisait de penser qu'ils étaient là à perpétuité pour que le sang lui figeât dans les veines.

Ossaro n'était pas moins affligé que ses compagnons d'infortune ; il soupirait après sa case de bambou, et les plaines brûlantes du Bengale, tout autant que les deux autres après le foyer qu'ils avaient en Bavière.

Leur position, il est vrai, était bien moins pénible que si chacun d'eux avait été seul ; que de naufragés ont été plus malheureux ! Nos captifs le reconnaissaient eux-mêmes. Ils avaient chacun deux compagnons, deux amis ; c'était un bonheur qu'ils savaient apprécier. Mais ils ne pouvaient s'empêcher de prévoir le moment où, dans un avenir peut-être peu éloigné, l'un d'eux quitterait la vallée sans avoir besoin d'échelle ou de ballon; puis un autre le suivrait, laissant le troisième dans une solitude affreuse.

C'est au milieu de ces tristes réflexions qu'ils passèrent la soirée, et toute la journée suivante. Les heures s'écoulèrent sans qu'ils fissent rien pour les remplir; à peine eurent-ils le courage de préparer leurs repas. L'activité d'esprit, non moins que celle du corps, semblait les avoir entièrement abandonnés.

Toutefois cet état de choses ne pouvait pas durer; l'âme humaine, ainsi que nous l'avons dit, renferme en elle-même la faculté de résurrection. Tant que le souffle lui reste, l'homme peut conserver l'espoir de se relever, quelle que soit la force du coup dont il soit abattu. Le désespoir complet est plus apparent que réel; même le cœur le plus brisé a des moments où il se retrouve intact. L'esclave dans ses chaînes, le prisonnier dans son cachot, le naufragé dans son île, ont tous leurs éclairs de joie, peut-être aussi brillants et aussi durables que ceux dont les monarques jouissent sur le trône, ou les conquérants sur leur char de victoire.

S'il n'est pas sur terre de bonheur sans mélange, il n'est pas non plus de chagrin que le temps ne puisse soulager.

Le surlendemain du jour où nos amis avaient eu leur dernière déception, ils commencèrent à se ranimer tous les trois; et les besoins matériels, qui en dépit de nous-même se font toujours sentir, réclamèrent leur attention.

Karl fut le premier à qui la voix impérieuse de la nature se fit entendre.

« Si nous devons, dit-il, passer nos jours dans cette vallée, et maintenant la chose ne paraît pas douteuse, à quoi bon nous laisser abattre et nous draper dans la tristesse, comme les pleureurs à gages dans leurs crêpes funéraires? Mieux vaut cent fois mener une vie active, et la rendre aussi agréable que possible. Avec de l'industrie, nous pouvons avoir une nourriture abondante ; ce n'est pas là du bonheur, je le reconnais; mais pendant qu'on travaille, on est moins malheureux qu'en restant inactif à couver son chagrin. »

Le botaniste, en parlant ainsi, cherchait à relever le moral de Gaspard, dont l'accablement n'était pas l'état normal. Ossaro avait aussi besoin d'être encouragé, et Karl avait pris à tâche de raviver l'énergie de ses compagnons.

Il obtint d'abord peu de succès ; mais peu à peu la nécessité d'agir se fit comprendre. Le garde-manger était vide, il fallait y pourvoir sous peine de mourir de faim ; et sans plus de retard, nos captifs se livrèrent de nouveau à l'industrie qui, jusqu'à présent, leur avait procuré des vivres.

Gaspard retourna à la chasse comme autrefois, pendant qu'Ossaro allait à la pêche, attendu qu'il était beaucoup plus habile que les deux autres à manier le filet et la ligne.

Le botaniste de son côté se remit à chercher des graines, des racines, des herbes, enfin tout ce qu'il put trouver d'alimentaire, sans négliger les plantes médicinales, qui pouvaient servir en cas de maladie. Il lui était arrivé maintes fois d'en rencontrer; et il en avait pris note afin d'y avoir recours s'il était nécessaire.

Jusqu'ici, par bonheur, pas un d'entre eux n'en avait eu besoin, et il fallait espérer qu'ils n'auraient pas l'occasion d'employer les simples que le botaniste avait découvertes. Malgré cela le chasseur de plantes n'en recueillit pas moins de plusieurs espèces ; et après les avoir fait sécher afin de pouvoir les conserver, il les serra précieusement.

De tous les produits alimentaires que fournissait la flore de la vallée, celui qui avait le plus d'importance était la graine du pin comestible. Cet arbre précieux qui est le *pinus gerardiana*, porte des cônes de la grosseur d'un artichaut, dont les écailles recouvrent des amandes qui ont l'aspect et le volume de la pistache.

L'amarante sauvage donna également à nos amis des graines nutritives, que l'Hindou réduisit en farine après les avoir fait griller, et dont il fabriqua du pain. Celui-ci, très-inférieur au pain de ménage, ou même à la dernière qualité du pain de boulanger, n'en était pas moins très-mangeable, surtout pour des gens qui n'en avaient pas d'autre.

Le lac, outre le poisson qu'y trouvait l'Hindou, renfermait un certain nombre de végétaux dont plusieurs étaient comestibles ; entre autres, le chasseur de plantes y reconnut la macre, ou châtaigne d'eau (*trapa bicornis*), que les habitants des contrées himalayennes appellent *singara*, et dont ils font une grande consommation.

On y voyait encore une plante magnifique, à larges feuilles, à grandes fleurs roses et blanches qui, d'après le botaniste, avait non-seulement des graines comestibles, mais encore des tiges bonnes à manger. Karl du moins avait lu quelque part que ces dernières entrent dans l'alimentation des gens pauvres de la vallée de Cachemire, où cette espèce de nénufar, le *nélumbo* brillant, est très-commun dans les lacs.

La première fois que le botaniste avait remarqué la présence de cette belle plante dans leur étang, où elle croissait en abondance, il avait profité de l'occasion pour apprendre à son frère et au Shikarri les divers usages auxquels elle est employée par les habitants de cette région. Il leur raconta que les jeunes bateliers cachemiriens, quand la chaleur est très-forte, ont l'habitude de cueillir une des grandes feuilles lustrées du nélumbo, s'en couvrent la tête pour se préserver du soleil: et que le pétiole de la feuille étant creux, il leur sert de tasse ou de gobelet.

Il y avait à dire une foule de choses curieuses au sujet de cette plante admirable; et le jeune savant ne manqua pas de le faire; mais de tous les détails qu'il avait à donner à cet égard, il n'en était pas de plus intéressant pour ses compagnons que ceux qui concernaient les propriétés nutritives des semences et des tiges du nélumbo, puisqu'elles leur offraient de nouvelles ressources contre la disette.

CHAPITRE LIV.

LA FÈVE DE PYTHAGORE OU FÈVE ÉGYPTIENNE.

La découverte du nélumbo n'était pas une chose récente ; il y avait déjà longtemps que nos amis l'avaient faite, et depuis lors ils avaient fréquemment visité la petite baie où cette plante admirable croissait en abondance. Cette merveille aquatique avait appelé leur attention dès le premier jour de leur arrivée, non par ses larges feuilles qui, appliquées à la surface de l'eau, se voyaient à peine du rivage, mais par ses fleurs roses, dont la splendeur attirait le regard, quelle que fût la distance à laquelle on pût se trouver.

Toutefois, ce qui avait engagé les trois chasseurs à s'approcher de l'endroit où brillait cette fleur extraordinaire, et à l'examiner, c'était un singulier phénomène qui se rattachait à cette plante curieuse, et qui, pendant quelque temps leur parut inexplicable.

De la place où ils étaient campés, dans l'origine, ils distinguaient à merveille la couche de nélumbos dont la petite baie était couverte, et qui, à cette époque, se trouvaient en pleines fleurs. Or, tous les matins, au lever du soleil, et quelquefois dans la journée, des oiseaux venaient prendre leurs ébats autour de ce parterre aquatique, et offraient à nos amis un spectacle bizarre, très-bizarre en effet, car ces oiseaux paraissaient marcher à la surface du lac.

C'étaient de grands volatiles, au corps élancé, porté sur de longues jambes, et qui furent reconnus par les deux frères pour appartenir à la même famille que les poules d'eau, c'est-à-dire à celle des *rallidées*.

Cela ne faisait pas le moindre doute, ils marchaient bien sur l'eau, quelquefois avec lenteur, quelquefois d'un pas rapide ; chose plus extraordinaire, on les voyait par moments rester immobiles sur la surface mouvante; enfin, ce qui pouvait paraître plus surprenant encore, ils accomplissaient ce tour de force aquatique, en se posant sur une seule jambe.

Le fait aurait pu sembler mystérieux, si Karl n'avait pas soupçonné la cause de ce phénomène, qui paraissait en contradiction flagrante avec les lois de la gravité spécifique. Il pensa qu'il existait à la surface du lac des feuilles plus ou moins grandes, qui offraient à ces oiseaux un point d'appui.

C'était d'après ses souvenirs qu'il raisonnait de la sorte. Il avait lu, peu de temps avant son départ, la description d'un nymphéa gigantesque, appelé *victoria regia*, qui avait été découvert quelques années auparavant dans la région équatoriale de l'Amérique, et il se rappelait que dans le compte rendu de cette découverte, on avait parlé de grands oiseaux de la famille des grues[1] qui, perchés sur les énormes feuilles du victoria, jouaient à la surface de l'eau avec autant de fermeté que s'ils avaient été sur terre.

Ayant ce détail présent à la mémoire, le botaniste en conjectura que les poules d'eau[2] qu'il voyait batifoler autour des grandes fleurs roses devaient avoir un support de la même nature, et couraient non pas sur l'onde, mais sur une espèce de plate-forme.

Cette conclusion était juste ; Karl s'en assura peu de temps après en visitant l'endroit où perchaient les oiseaux, et vit alors les grandes feuilles orbiculaires du nélumbo brillant, qui sont presque aussi larges que celles du victoria.

De temps en temps, Karl avait appris à ses compa-

1. L'oiseau dont il s'agit ici est le *jacana*, et probablement le *jacana bronzé*, qui habite le Bengale. Il appartient en effet à l'ordre des échassiers dont les grues font partie; mais il n'est pas de la même famille que ces dernières. Chez la grue, qui est voyageuse, les ailes sont longues, les doigts courts, réunis à leur base par une membrane; et le pouce relevé ne touche pas le sol. Chez le jacana, qui est sédentaire, les ailes sont plus courtes, moins bien disposées pour le vol, et armées d'un éperon qui n'existe pas chez la grue. Mais ce qui caractérise surtout le jacana et le distingue des autres échassiers, ce sont des doigts extrêmement longs, bien que très-minces, prolongés par des ongles d'une très-grande longueur, particulièrement celui du pouce, qui est deux ou trois fois aussi long que le pouce même. (*Note du traducteur.*)

2. La poule d'eau appartient aussi à la famille des rallidées; mais n'est pas un jacana; elle diffère de celui-ci par ses doigts moins longs, et qui, bordés d'une membrane festonnée, ont des ongles courts. Il résulte de cette différence que la poule d'eau nage, ce que ne fait pas le jacana, qui, en revanche, doit à ses grands doigts, prolongés par ses grands ongles, la faculté de courir sur les feuilles de nénufar. (*Note du traducteur.*)

gnons quelques détails plus ou moins curieux sur le grand lis des lacs himalayens. Un jour, par exemple, il leur avait dit que ce nélumbo donnait la fève de Pythagore, dont les Grecs, principalement Théophraste et Hérodote, ont parlé dans leurs ouvrages.

D'après ces derniers écrivains, cette plante admirable était fort commune autrefois en Égypte, où sans aucun doute on la cultivait de leur temps, bien que de nos jours elle y ait complétement disparu. On la voit représentée dans les sculptures des anciens Égyptiens; et la description qu'en ont laissée les Grecs est d'une exactitude qui ne laisse aucun doute sur son identité.

Le nélumbo est l'une des plantes que l'on croit être le fameux *lotus* des anciens. La supposition paraît assez fondée, puisque non-seulement les tiges de cette espèce de nénufar, mais encore ses noix, ont été mangées de tout temps par les peuples des contrées dont le nélumbo habite les eaux tranquilles.

L'amande que produit cette plante magnifique est un aliment sain, fortifiant, et qui a la propriété de vous rafraîchir lorsque vous avez soif.

En Chine, où le nélumbo est nommé *lienwha*, on en prend les amandes et les rhizomes ou tiges souterraines, on coupe ces dernières par tranches minces, on y ajoute des noyaux d'abricot, des châtaignes, et ce mélange, disposé par couches alternant avec un lit de glace, constitue l'un des mets les plus recherchés du pays ; il fut offert par les grands mandarins aux ambassadeurs de la Grande-Bretagne, lorsque ceux-ci visitèrent le Céleste-Empire.

Les Chinois font provision des rhizomes du nélumbo, et les conservent pour l'hiver en les mettant dans du vinaigre auquel ils ajoutent du sel.

Au Japon, le nélumbo est également rangé parmi les plantes alimentaires ; il y est sacré, et jouit d'une vénération égale à celle dont on entoure les idoles, que l'on représente souvent assises sur les larges feuilles de cette plante. non moins utile que belle.

Lorsque les fleurs du nélumbo brillant sont épanouies, elles répandent une odeur délicieuse qui a quelque chose d'anisé; les noix, dont la forme est celle d'un gland, ont la saveur et la délicatesse des amandes les plus fines.

CHAPITRE LV.

UNE MOISSON AQUATIQUE.

Les trois amis savaient depuis longtemps la plupart des faits que nous venons de rapporter ; ils connaissaient surtout les qualités alimentaires des amandes du nélumbo, et Gaspard, ainsi que le Shikarri, avait reconnu que non-seulement on pouvait s'en nourrir, mais encore s'en régaler.

C'est en raison de l'expérience qu'ils avaient acquise à cet égard que nos trois amis songeaient à ces énormes fleurs, aux nombreux pétales roses qu'ils ne voyaient plus à la surface du lac, et dont la disparition annonçait que les amandes étaient mûres et prêtes à être écalées.

Si l'on en jugeait par la quantité de fleurs qu'il y avait eues, la cueillette promettait d'être abondante, et les trois amis s'y préparaient avec joie.

Ils s'étaient pourvus chacun d'un panier en roseau, que le Shikarri avait tressé pendant les longues soirées d'hiver, pour un objet tout différent; mais qui, par sa forme et par sa dimension, convenait à merveille pour recueillir des amandes.

Karl et Gaspard avaient relevé leurs pantalons au-dessus du genou, afin de ne pas les mouiller; mais le Shikarri ne possédant aucune espèce de culotte, avait simplement roulé sa tunique, et l'avait fourrée sous la courroie qui lui servait de ceinture.

Ainsi accoutrés, nos pêcheurs se rendirent à l'endroit où il y avait le moins de chemin à faire pour gagner les nélumbos. En les voyant approcher, les jacanas quittèrent les feuilles qui leur servaient de perchoir, et allèrent se réfugier dans les joncs et les roseaux du voisinage.

Entrés dans la petite baie, les glaneurs aquatiques ramassèrent les fruits remplis d'amandes, et en versèrent le contenu dans leurs paniers.

Ils étaient déjà venus dans cette partie du lac, et savaient par expérience que l'eau n'y était pas assez profonde pour qu'ils eussent rien à craindre.

Les paniers étaient presque remplis, et nos pêcheurs songeaient à regagner la rive, quand une ombre épaisse flotta à la surface du lac, et fut suivie d'une autre exactement pareille, soit pour la forme, soit pour l'étendue.

Ces deux ombres les ayant frappés, les trois amis levèrent la tête pour voir à qui elles pouvaient appartenir, et ils eurent alors un spectacle bien fait pour les surprendre et les intéresser vivement.

Précisément au-dessus d'eux un couple d'oiseaux

gigantesques tournoyait dans l'air. Chacun de ces oiseaux était soutenu par de grandes ailes qui, d'une pointe à l'autre, ne mesuraient pas moins de quatre mètres et demi.

De la portion antérieure du corps placé entre ces deux ailes, partait comme une flèche, un cou d'une longueur énorme qui s'étendait horizontalement, et finissait par un bec très-effilé d'une forme particulière. On aurait pu le comparer au pistil à graine d'un pélargonium; ou plutôt comparer celui-ci au bec dont nous parlons; puisque c'est en raison de cette ressemblance que le pélargonium a été gratifié du nom qu'il porte.

Ces deux oiseaux étaient des cigognes; non pas de ces cigognes de l'espèce ordinaire, qui habitent la Hollande, et qui trouvent un asile encore plus hospitalier chez les Hongrois sur les arbres touffus des plaines de Puszta, mais une cigogne beaucoup plus grande, la plus grande de la famille; en un mot, celle qu'on appelle *adjudant*[1].

Karl et Gaspard reconnurent celui-ci à première vue. Il ne fallait pour cela ni un long examen, ni des connaissances bien profondes en histoire naturelle. Quiconque a jeté les yeux sur une vitrine où la dépouille de l'adjudant est empaillée, ou qui même n'a vu cet oiseau qu'en peinture, ne peut manquer de le reconnaître; mais les deux frères avaient eu l'occasion de le voir

1. On dit que ce nom a été donné à l'*argala* parce que de loin il ressemble à un soldat en gilet et en culottes blanches.
(*Note du traducteur.*)

en chair et en os dans les plaines de l'Inde, aux environs mêmes de Calcutta.

Quant au Shikarri, pouvait-il se méprendre sur la nature de ces grands oiseaux qu'il avait rencontrés mille fois, marchant d'un air d'importance sur les rives sacrées du Gange ? Il était impossible qu'il ne reconnût pas immédiatement les deux créatures qui jetaient leur ombre sur le lac ; et la certitude qu'il avait sous les yeux la grande cigogne, l'oiseau sacré de Brahma, lui causa une telle émotion qu'il jeta des cris frénétiques, et laissa tomber dans l'eau son panier rempli d'amandes.

Il n'avait pas besoin de regarder les cigognes du Gange pour se dire qu'elles avaient le manteau d'un brun noir, et le dessous du corps vêtu de blanc.

Un coup d'œil lui avait suffi pour reconnaître ce grand cou dénudé, comme celui des vautours, et muni d'une poche goîtreuse d'un rouge de brique ; enfin pour apercevoir sous la queue des adjudants, ces plumes délicates recherchées par les dames, et qui, d'une légèreté sans pareille, portent le nom de marabouts.

Reconnaissant les deux oiseaux plus vite que les deux frères, il avait jeté son exclamation, et laissé tomber son panier avant que Karl et Gaspard eussent saisi les traits des nouveaux venus.

Les adjudants volaient avec lenteur, d'un mouvement laborieux, et comme accablés de lassitude. Ils paraissaient chercher un endroit où ils pussent s'arrêter, et se reposer de leurs fatigues.

Évidemment c'était pour cela qu'ils avaient pénétré dans la vallée ; car après avoir fait le tour du lac pour en inspecter les bords, ils cessèrent d'agiter leurs ailes; et, les repliant tout à coup, ils se posèrent tous les deux sur la rive.

L'endroit qu'ils avaient choisi pour perchoir était une légère éminence, située à l'extrémité d'une petite presqu'île. Cette dernière avançait pour ainsi dire jusqu'au champ de nélumbos; c'était justement de ce promontoire que les pêcheurs d'amandes étaient entrés dans le lac.

Au moment dont nous parlons, nos trois amis, toujours au milieu des plantes aquatiques, ayant de l'eau jusqu'aux genoux, n'étaient guère à plus de vingt pas du perchoir que les adjudants avaient choisi.

Les marabouts, une fois posés, restèrent immobiles, droits sur leurs jambes, et sans paraître plus s'inquiéter de la présence des trois pêcheurs que si ces derniers avaient été des nélumbos d'une taille exceptionnelle, et ne pouvant pas leur nuire.

CHAPITRE LVI.

LES ADJUDANTS.

Le moins qu'on pût dire au sujet des énormes oiseaux qui venaient de se poser au bord du lac, c'est qu'ils étaient fort laids, et d'une laideur grotesque.

On fouillerait en effet dans tous les coins du monde ornithologique, sans y trouver une créature dont l'extérieur fût à la fois plus ridicule et plus désagréable que celui de l'adjudant.

Immobile sur ses longues échasses, cette grande cigogne a environ un mètre quatre-vingts centimètres de hauteur, bien qu'en réalité, elle mesure deux mètres vingt-cinq à partir de la pointe du bec à l'extrémité des ongles. Son bec il est vrai a plus d'un pied de long sur plusieurs pouces de large; et ses mandibules qui s'incurvent légèrement vers la terre, présentent vers le milieu une dilatation qui les rend bossues.

L'envergure d'un adjudant, parvenu au terme de sa

croissance, est, ainsi que nous l'avons dit plus haut, de quatre mètres cinquante centimètres, ce qui est exactement celle de l'albatros et du condor des Andes.

On peut décrire ainsi le costume de cet échassier : manteau noir, ventre blanc; mais d'un noir louche et d'un blanc douteux.

La partie supérieure est lavée de brun, d'une teinte verdasse et crasseuse, tandis qu'un mélange de plumes grisâtres, et principalement toutes les saletés au milieu desquelles l'adjudant se plonge avec bonheur, ternissent le dessous du corps.

Sans la fange qui les recouvre, les jambes de l'*argala*, ainsi qu'on appelle encore l'adjudant, seraient d'une couleur foncée; mais on ne les voit jamais sans une couche de poussière et de crasse, tombée du plumage et de la peau, sorte de badigeon qui en dissimule complétement la nuance.

La queue, d'un noir terne, est blanche par-dessous, et recouvre ces marabouts vaporeux qui fournissent aux élégantes l'un des plus charmants objets de leur toilette. Ce nom de marabouts, toutefois, leur est donné à tort, et provient d'une méprise de Temminck, un savant naturaliste, qui a confondu l'argala des Indes avec le marabout du Sénégal, une autre cigogne du même genre, mais d'une espèce différente.

L'un des caractères de l'adjudant asiatique, et certes l'un des traits qui l'enlaidissent le plus, est un cou déplumé, dont la peau calleuse, d'un rouge livide, est ridée et couverte de poils bruns. Ces crins, plus épais dans le jeune âge, s'éclaircissent peu à peu, et, disparaissant avec les années, finissent par laisser la tête et le cou entièrement nus.

Offerte également par les vautours, cette particularité n'est pas le seul point de ressemblance qu'il y ait entre l'argala et cet oiseau; on peut même considérer l'adjudant comme le vautour de la tribu des échassiers.

Ajoutez à ce cou abominable, un sac de même étoffe, qui pend sur la poitrine, quelquefois de plus de trente centimètres, et qui passe par toutes les nuances dont la gorge se revêt, depuis le rose blafard de la chair maladive, jusqu'au rouge vif de la peau enflammée.

Un autre appareil, non moins difforme, est placé derrière le cou, et fait pendant à la besace que nous venons de décrire. C'est une espèce de vessie pouvant se remplir d'air, et dont les savants n'ont pas encore déterminé l'usage. On suppose que c'est une bouée aérienne donnée à l'argala pour l'assister dans son vol; et cette opinion paraît assez raisonnable. Comme on a vu cette poche se dilater sous l'influence du soleil, on doit en conclure que la raréfaction de l'air joue un rôle sérieux dans cette dilatation; et comme la cigogne à sac vole souvent à une grande hauteur, il est possible qu'elle ait besoin de cet aérostat pour se soutenir dans l'atmosphère, dont la densité diminue à mesure qu'on s'y élève.

Les migrations annuelles, qui forcent l'adjudant à passer au-dessus de l'Himalaya, seraient peut-être impossibles, ou tout au moins d'une difficulté beaucoup plus grande, si l'oiseau n'avait pas le moyen de diminuer sa pesanteur.

Ainsi que tous les oiseaux du même genre, l'argala

est un mangeur vorace et peu scrupuleux sur le choix de sa nourriture. Carnivore au plus haut degré, il préfère les charognes et les débris les plus immondes à tout autre aliment.

Il tue néanmoins, et avale même en vie, des grenouilles, des serpents, de petits quadrupèdes, et quelquefois des oiseaux d'assez belle taille, puisqu'on lui a vu engouffrer un poulet d'un seul coup.

Un chat ou un lièvre passerait de même dans son large gosier; mais il n'est pas d'humeur à tuer l'un ou l'autre de ces animaux; car, en dépit de sa grande taille, l'adjudant est l'une des créatures les plus lâches qu'il y ait au monde. Il suffit d'un enfant armé d'une baguette pour le chasser honteusement; et une poule qui le voit rôder autour de ses poussins, n'a pas grand'peine à le mettre en fuite.

Toutefois, il ne se retire pas sans bruit; il prend une attitude menaçante, sa gorge s'enflamme, et de son énorme bec, largement ouvert, s'échappe un grondement sonore pareil à celui d'un ours ou d'un tigre.

Mais tout cela n'est que pure bravade; car si l'ennemi ne faiblit pas, cette belle ardeur se refroidit immédiatement; et le poltron déguerpit sans donner un coup de bec.

Tels sont à peu près tous les détails que l'on possède au sujet de l'argala. Nous ajouterons seulement que l'on connaît deux ou trois autres espèces de grandes cigognes, moins grandes néanmoins que l'adjudant du Bengale, et qui pendant longtemps ont été confondues avec lui.

De ce nombre est le *marabout*, qui habite les régions tropicales de l'Afrique, et produit également les plumes vaporeuses si appréciées du monde élégant. Celles-ci, toutefois, sont bien moins belles, et ont beaucoup moins de valeur que le panache de l'argala. Ce sont à dire vrai les plumes sous-caudales de ce dernier qui portent réellement le nom de marabouts, en raison de l'erreur qui fut commise par Temminck, et propagée par Cuvier.

Une autre cigogne du même genre, bien qu'elle diffère de l'argala asiatique et du marabout africain, se trouve dans l'île de Sumatra. Elle y est désignée par les naturels sous le nom de *Bourong cambay*. Enfin une quatrième espèce d'adjudant habite l'île de Java; mais c'est peut-être le Bourong cambay de l'île voisine.

Une chose singulière c'est que de pareilles créatures soient restées si longtemps inconnues du monde savant. Il n'y a pas beaucoup plus d'une cinquante d'années que les voyageurs ont décrit la cigogne à sac avec exactitude; et même aujourd'hui on a peu de détails sur son histoire et ses mœurs.

C'est d'autant plus bizarre que l'adjudant est l'un des oiseaux les plus communs des bords du Gange; que même à Calcutta, on le voit rôder constamment, et s'introduire dans les enclos avec autant d'assurance que s'il faisait partie des gens de la maison.

Les services qu'il rend, en qualité de boueur, l'ont placé dans l'Inde sous la sauvegarde publique. Il n'y est pas seulement toléré, mais encouragé dans ses allures familières, bien qu'il se permette d'être souvent fort indiscret à l'égard des poussins, des canetons et autres jeunesses qui peuplent la basse-cour.

Parfois, non content de ce qu'il trouve au dehors, l'argala pénètre dans le bungalow[1], s'empare du morceau de viande qui fume sur la table, et l'avale avant que le maître ou les valets aient pu arracher cette proie savoureuse de ses mandibules tenaces.

Quand une bande d'argalas traverse l'eau à gué, les ailes largement étendues, comme ils font en pareille circonstance, on croirait apercevoir une flottille de petits batelets. Lorsqu'on les voit ensuite marcher au bord du fleuve, s'arrêter çà et là pour ramasser les débris cadavéreux qui jonchent les rives du Gange, on les prendrait pour une troupe de femmes occupées aux mêmes travaux.

Il arrive souvent de les rencontrer auprès d'une charogne dégoûtante qu'ils dévorent avec avidité ; et il n'est pas rare de les trouver sur un cadavre à l'état de putréfaction, le corps de quelque victime des superstitions de Jaggernaut, que le fleuve soi-disant sacré, a rejeté sur la rive pour y être disputé par les chiens parias, les vautours et les grues gigantesques du Gange[1].

1. Maison hindoue.

2. C'est Latham, le premier qui ait décrit l'adjudant, qui lui a donné le nom de *grue gigantesque* ; mais l'argala est une cigogne et non pas une véritable grue. (*Note du traducteur.*)

CHAPITRE LVII.

SOMMEIL BIZARRE.

La venue des adjudants produisit une impression très-vive sur l'esprit des deux frères, et plus encore sur celui du Shikarri. C'était pour Ossaro comme la visite d'anciens amis qui venaient le trouver dans sa prison; et bien qu'il ne comptât pas sur eux pour recouvrer sa liberté, l'émotion qu'il éprouva en les voyant n'en fut pas moins agréable.

Ces deux créatures, quelle que fût leur laideur, étaient associées dans sa mémoire aux lieux qu'il avait habités dans son enfance. Il ne pouvait pas s'empêcher de se figurer que les deux visiteurs qui venaient le surprendre ainsi, étaient les deux argalas, mâle et femelle, qu'il avait vus tant de fois se percher sur les branches d'un énorme figuier banian qui ombrageait la cabane de son père.

Ce ne pouvait être qu'une illusion de la part d'Ossaro. Il aurait été bien étonnant, que dans les milliers d'argalas qui se rendent, chaque année, des plaines de l'Inde, au nord des monts himalayens, le couple qui venait de s'arrêter près de nos amis fût précisément celui qui remplissait l'office de boueur dans le village de notre Hindou.

Bien que cette idée ne fût pas sérieuse et qu'un instant eût suffi pour la détruire, Ossaro, comme nous l'avons dit, était joyeux de l'arrivée des deux cigognes; elles venaient probablement du Bengale, et s'étaient promenées sans aucun doute sur les rives de ce glorieux fleuve, où il aspirait si vivement à mouiller encore ses pieds.

La vue de ces énormes oiseaux inspirait à Gaspard des pensées bien différentes. Il se demandait en regardant ces grandes ailes, qui frappaient l'air d'un mouvement facile et régulier, si elles ne pourraient pas accomplir la tâche qui avait excédé les forces du bearcout, et dans laquelle le cerf-volant avait échoué.

« Ne crois-tu pas, s'écria-t-il au moment où cette idée lui traversait l'esprit, ne crois-tu pas, frère, que l'un de ces adjudants serait assez vigoureux pour enlever, une corde, et la déposer en haut de la falaise? A les voir on les dirait assez robustes pour emporter l'un de nous jusqu'au sommet de la montagne. »

Karl ne répondit rien; mais son silence était causé par ce qu'il venait d'entendre; et c'était l'idée de son frère qui le faisait réfléchir.

« Si nous pouvions seulement en attraper un vivant! reprit Gaspard. Crois-tu qu'ils finiront par se poser?

« On dirait qu'ils veulent descendre, ajouta-t-il ; qu'en penses-tu Ossaro ? tu connais mieux leurs habitudes que nous.

— Oui, jeune sahib ; ils vont bientôt s'abattre répondit l'Hindou ; ils viennent de très-loin ; c'est facile à voir. Comme ils sont fatigués ! En outre ils ont faim et soif ; et puisqu'ils trouvent de l'eau, ils vont se poser bien sûr. »

Ossaro avait à peine achevé sa prédiction qu'elle était accomplie. Une des cigognes avait replié ses ailes ; la seconde en avait fait autant ; et, comme nous l'avons dit plus haut, elles s'étaient posées toutes les deux à vingt pas de l'endroit où nos amis récoltaient leurs amandes.

Rien de plus drôle à voir que les allures de ces argalas. Dès que leurs pieds eurent touché la terre, au lieu de se pencher vers l'eau, ou de se mettre en quête de nourriture, comme les spectateurs s'y attendaient, les deux bipèdes à long bec agirent tout différemment. Ni l'un ni l'autre ne parurent se soucier de boire ou de manger. S'ils avaient faim et soif, le besoin de repos était encore plus pressant chez eux ; et c'est à ce dernier qu'ils donnèrent satisfaction.

Il n'y avait pas dix secondes qu'ils étaient posés lorsque chacun d'eux rentra son grand cou entre ses épaules, où il s'emboîta comme dans un étui, ne laissant au dehors que la moitié supérieure de la tête, et l'énorme bec en forme de faux, qui, appuyé sur la poitrine, se dirigeait diagonalement vers la terre.

En même temps, chose qui indiquait également chez

ces oiseaux le désir de se reposer, l'une des échasses qui soutenaient le corps des argalas disparut au milieu des plumes du ventre.

Cette manœuvre s'était opérée avec tant d'ensemble de la part des adjudants, qu'on aurait pu croire que ceux-ci n'avaient à eux deux qu'un seul et même moteur; et ce mouvement exécuté, mâle et femelle s'endormirent profondément. Leurs yeux du moins étaient clos, et le regard le plus attentif ne découvrait pas chez eux le moindre tressaillement ni des ailes, ni du corps, ni du bec.

Il était vraiment risible de voir ces grandes cigognes, perchées sur une seule échasse droite et menue, se tenir en équilibre sur une simple baguette, sans paraître avoir peur de culbuter; et dormir, ainsi perchées, sans la plus légère inquiétude; il est vrai que celle-ci n'aurait pas eu de motif.

L'Hindou avait trop l'habitude d'un pareil spectacle pour y voir quelque chose qui pût prêter à rire; mais Gaspard y trouvait, au contraire, de puissants motifs de gaieté. La manière toute simple dont les argalas s'étaient plantés sur une jambe, la posture qu'ils avaient prise, leur sommeil dans cette attitude pittoresque offraient trop de singularité pour que le botaniste lui-même pût garder son sérieux; et il mêla son rire à celui de Gaspard, dont les échos de la falaise répétaient les éclats bruyants.

On pourrait croire que cette explosion de gaieté réveilla les dormeurs, et les effraya suffisamment pour les faire déguerpir.

Il n'en fut rien. Les deux cigognes, en entendant ce joyeux vacarme, se bornèrent à ouvrir les yeux, à tendre légèrement leur grand cou, à hocher la tête, et à relever le bec dont les mandibules, après avoir fait entendre un claquement rapide, se refermèrent tranquillement et reprirent leur ancienne position.

Le flegme incroyable des deux cigognes ne fit qu'accroître l'hilarité des deux jeunes gens, qui, toujours à la même place, continuèrent leurs éclats de rire pendant quelques minutes sans pouvoir s'en empêcher.

CHAPITRE LVIII.

ESCAPADE DE FRITZ.

Cependant, on ne peut pas toujours rire; et lorsque Gaspard se fut livré à cet agréable exercice jusqu'à en avoir les côtes rompues, son hilarité cessa naturellement.

Comme les paniers étaient déjà remplis d'amandes quand les adjudants avaient fait leur apparition, nos trois amis décidèrent qu'on les porterait à la cabane, et qu'on reviendrait ensuite pour s'emparer des deux cigognes. Le Shikarri affirmait que cela ne serait pas difficile; les deux oiseaux lui paraissaient tellement apprivoisés qu'il se faisait fort d'aller droit à eux, et de leur passer un nœud coulant autour du cou, sans les faire partir ni l'un ni l'autre.

Il n'aurait pas attendu plus longtemps pour en donner la preuve, s'il avait eu ce qu'il lui fallait pour cela; mais il ne possédait ni courroie, ni bout de ficelle; pas autre chose que les paniers remplis d'amandes. Il fallait absolument revenir à la cabane pour y prendre de quoi faire un lacet.

Au fond, nos trois amis n'avaient pas de motif arrêté pour s'emparer des deux cigognes, à moins qu'ils ne voulussent donner suite à la pensée de Gaspard, renouveler avec elles l'expérience où avait échoué le bearcout. . . . .

Ossaro, lui, avait une autre idée, que pouvaient aussi partager les deux frères; en supposant que les deux argalas ne pussent leur être d'aucune utilité, il serait amusant, pensait-il, de les avoir auprès de soi comme bêtes de compagnie.

Le pauvre Hindou avait souvent pensé aux longs jours de solitude qui les attendaient au fond de cette vallée close; et en face d'une telle perspective, la société de ces adjudants à l'air grave, à la démarche solennelle, pouvait elle-même sembler précieuse.

Stimulés par ces pensées et par quelques autres plus vagues, nos chasseurs s'éloignèrent avec l'intention de revenir au plus vite s'emparer des argalas.

Toujours dans l'eau, ils s'orientèrent de façon à ne pas réveiller les dormeurs. Karl et Gaspard, maintenant qu'ils avaient leur idée, avaient grande envie de réussir; ils levaient les pieds et les reposaient tout doucement; vous auriez dit qu'ils marchaient sur des œufs. L'Hindou s'amusait de leurs précautions.

« A quoi bon, leur disait-il; est-ce que rien les effarouche? vous pouvez être sûrs qu'ils ne partiront pas. »

Et l'Hindou avait raison. Dans la plupart des contrées qui bordent le Gange, les argalas, protégés à la fois par les idées superstitieuses, et par des lois qui défendent de leur nuire, se sont tellement familiarisés avec le voisinage de l'homme, que c'est tout au plus s'ils se dérangent pour éviter les gens qu'ils rencontrent.

Il était possible néanmoins que les adjudants en question fissent partie de quelqu'une des bandes sauvages qui habitaient les marais des Sunderbunds, et fussent par conséquent d'une humeur beaucoup moins sociable. On aurait alors une certaine difficulté à les approcher, et c'est pour cela qu'Ossaro avait fini par user des mêmes précautions que le botaniste, précautions que celui-ci l'avait fortement engagé à prendre.

Il faut dire que le chasseur de plantes avait sur les argalas des vues plus sérieuses que l'un ou l'autre de ses deux compagnons. Elles lui étaient venues pendant qu'il faisait sa partie dans ce duo d'éclats de rire qu'il exécutait avec son frère, et c'est à elles qu'il avait dû, au grand étonnement de Gaspard, de s'arrêter brusquement au milieu de cette explosion de gaieté.

Il avait gardé depuis lors à ce sujet un mystérieux silence, que les questions de Gaspard n'avaient pu lui faire rompre. Sur tout le reste il parlait sans réserve, distribuait des conseils, recommandait une foule de précautions qui devaient assurer la capture des cigognes, et le faisait avec une ardeur qui ne laissait pas d'intriguer les deux autres.

Une fois sortis du lac, ils furent à la cabane en moins de quelques minutes. Karl avait pris les devants et courut si bien qu'il arriva le premier. Les corbeilles, remplies d'amandes, furent jetées par terre comme si elles avaient été vides ; et la corde, les lignes, les bouts de ficelle que renfermait la cabine furent tirés de leurs cachettes, et soumises à un examen rigoureux.

Un nœud coulant fut bientôt fait par les doigts agiles d'Ossaro ; et la ficelle fut attachée avec non moins de prestesse à l'extrémité d'une longue tige de bambou.

Ainsi armés, nos chasseurs repartirent de chez eux, et se dirigèrent en toute hâte du côté des cigognes.

En approchant du lac, ils virent avec joie que les deux oiseaux continuaient leur méridienne. Il fallait que ces deux cigognes eussent fait un long voyage pour dormir d'un tel sommeil. Leurs ailes tombantes indiquaient d'ailleurs une extrême lassitude.

Peut-être ce couple fatigué se voyait-il en rêve sur le haut d'un figuier-banian, ou sur la tour d'un ancien temple consacré à Brahma ou à Vichnou ; peut-être rêvait-il du Gange, et de ces épaves odorantes, de ces lambeaux savoureux de chair putréfiée où il plongeait avec délices son bec en forme de pioche.

Ossaro, à qui le lacet avait été confié, ne s'inquiéta pas du rêve que pouvaient faire les deux cigognes ; il ne se demanda même pas si elles rêvaient ; il lui suffisait de voir qu'elles continuaient de dormir.

Avançant donc en rampant, sans faire plus de bruit qu'un tigre qui se faufile à travers les jungles, Ossaro parvint à se glisser tout près des argalas. Encore un mètre à franchir, et il se serait trouvé à la distance voulue pour faire usage de son lacet.

Encore un mètre à franchir et il se serait trouvé à la distance voulue pour faire usage de son lacet. (Page 334.)

Mais entre la coupe et les lèvres il y a loin, dit le proverbe. Le Shikarri en eut cette fois la preuve.

Son lacet n'avait pas eu le temps de retomber, il était encore tout droit au bout de son manche que les deux cigognes, le cou allongé, les mandibules claquant comme des castagnettes, étaient déjà bien haut, et s'élevant de plus en plus, jetaient dans l'air un cri furieux semblable au rugissement du lion.

Toutefois, ce n'était pas à Ossaro qu'il fallait attribuer cet échec; il était dû à l'imprudence de quelqu'un qui l'avait suivi sans qu'il s'en doutât ; et ce quelqu'un c'était Fritz.

Au moment où le Shikarri levait son bambou pour en faire retomber le lacet sur les épaules de l'une des cigognes, Fritz, qui apercevait les dormeuses pour la première fois, se précipita vers celle dont il était le plus près, et la saisit par la queue.

Son intention aurait été de se procurer une botte de marabouts qu'il n'aurait pas mieux fait, car presque tout le panache de l'adjudant lui resta dans la gueule.

Mais ce n'était pas là le motif qui l'avait porté à faire une action pareille, et certainement imprévue. Qui aurait pu supposer qu'un chien si bien dressé aurait attaqué l'animal que son maître voulait surprendre ? Jamais Fritz n'avait rien commis de semblable.

C'était la nature de ce gibier exceptionnel qui l'avait fait sortir de sa réserve ordinaire ; car de tous les animaux qu'il avait rencontrés dans l'Inde, c'étaient les argalas qui lui inspiraient le plus d'antipathie.

Pendant tout le temps qu'il avait passé au jardin

botanique de Calcutta, où ses maîtres, on se le rappelle, avaient fait un assez long séjour, Fritz avait eu de fréquents rapports avec deux de ces énormes oiseaux, qui étaient également les hôtes de ce célèbre établissement. Il lui arrivait souvent de les rencontrer dans l'intérieur des enclos, où ils avaient la permission d'aller et de venir, et où ils ramassaient les débris de toute sorte que leur jetaient les domestiques du directeur.

Ces deux argalas étaient devenus si familiers qu'ils prenaient tout ce qui leur était offert, mangeaient dans la main de tout le monde, et s'emparaient avec la même assurance de tous les morceaux qui étaient à portée de leurs énormes becs, alors qu'on ne les leur donnait pas.

Fritz avait assisté maintes fois à ces vols de provisions, et fut un jour spectateur intéressé de l'un de ces détournements, que selon toute apparence il ne devait pas oublier. Les deux voraces lui avaient tout bonnement pris un superbe morceau de viande que lui avait donné le cuisinier en personne, et dont il se disposait à faire son repas. Il y avait déjà mordu, quand l'un de ces audacieux vint le lui arracher d'entre les dents, et l'avala tellement vite, que la goulée avait disparu avant qu'il ait pu s'opposer au larcin dont il était victime.

A partir de cette époque, Fritz avait conçu une haine profonde pour les cigognes en général, et en particulier pour tous les argalas. C'était donc par suite de sa rancune envers cette espèce dévorante, qu'en apercevant les adjudants, qu'il n'avait pas pu voir jusque-là, étant resté près de la cabane, il s'était précipité sur l'un d'eux, et lui avait arraché ses marabouts.

Il n'est pas besoin de dire que l'oiseau attaqué de cette façon indécente, avait pris la fuite immédiatement, et avait été suivi de son compagnon qui, pour être plus heureux, n'en était pas moins effrayé.

CHAPITRE LIX.

CAPTURE DES ARGALAS.

Tout en suivant les argalas dans leur fuite, les yeux des trois chasseurs exprimaient un vif déplaisir; et il s'en fallut de bien peu que Fritz ne reçût une correction sévère. Il l'avait certes bien méritée; et déjà Gaspard avait la baguette levée sur lui, quand un cri du botaniste arrêta la main du jeune homme, et sauva la peau de Fritz des coups dont elle était menacée.

Mais ce n'était pas pour cela que le chasseur de plantes avait laissé échapper ce cri ému qui avait attiré l'attention de Gaspard, et l'avait détournée du coupable pour la fixer sur un objet différent.

Karl avait la tête levée, et suivait du regard l'un des fugitifs, celui dont Fritz avait traité la queue avec une liberté inqualifiable.

Était-ce le reste du panache avarié, dont les lambeaux pendaient au croupion de l'adjudant que regardait le chasseur de plantes? Non; c'était sur les grandes jambes qui, projetées en arrière, dépassaient de beaucoup l'extrémité de la queue de l'oiseau, que le botaniste avait les yeux rivés, ou pour mieux dire sur quelque chose qui s'y trouvait attaché, et dont l'éclat métallique avait frappé sa vue au moment où l'argala s'était trouvé au soleil.

Cet objet brillant était jaune, comme aurait été de l'or ou du cuivre poli; mais le scintillement des rayons lumineux qui s'y réfléchissaient ne permettait pas aux spectateurs d'en distinguer la forme et de deviner ce que cela pouvait être.

Gaspard et Ossaro, du moins, auraient été bien embarrassés de le dire; mais Karl n'ignorait pas quel était ce brillant météore qui l'avait ébloui, en lui montrant la possibilité de la délivrance, météore dont l'éloignement le replongeait dans sa misère.

« Quel malheur! s'écria-t-il en regardant toujours la cigogne qui s'élevait de plus en plus; oh! Gaspard, quel malheur!

— Que veux-tu dire? lui demanda son frère.

— Tu ne sais pas, répondit-il, combien nous avons été près de la liberté; et voilà qu'elle nous échappe! Oh! mon Dieu! mon Dieu!

— Parles-tu des adjudants? reprit Gaspard; il est vrai que nous les perdons; mais pourquoi s'en désoler? Ils n'auraient certainement pas enlevé la corde; leur chair n'est pas mangeable, et nous n'avons pas besoin de marabouts; il était donc inutile de les prendre.

— Oh! ce n'est pas cela, répondit Karl d'un ton douloureux; si tu savais!...

— Mais explique-toi, s'écria Gaspard, qui n'y comprenait rien.

— Est-ce que tu ne vois pas? répondit le botaniste en lui montrant l'une des cigognes; tu ne vois pas briller quelque chose?

— Sur la jambe? demanda Gaspard; assurément, je vois un morceau de cuivre. Qu'est-ce que cela peut être?

— Je le sais, moi, répondit Karl d'un ton de regret. Comment tu ne devines pas?... Ah! si nous l'avions pris..., c'est alors que nous pourrions espérer.... Mais à quoi bon, puisque les voilà partis! et c'est toi, Fritz, qui as causé un pareil malheur.... Un malheur que nous aurons peut-être à déplorer tant que nous vivrons.

— Je ne te comprends pas du tout, frère, dit Gaspard; mais si tu as tant de chagrin de la fuite des cigognes, il est possible que tu sois consolé. Malgré la réception peu hospitalière qu'elles ont reçue, les deux fugitives ne me semblent pas très-pressées de partir; les voilà même qui tournoient comme si elles voulaient redescendre. Et puis, le brave Ossaro leur présente quelque chose; il connaît parfaitement leurs habitudes; je parie qu'il va les ramener.

— Père miséricordieux, fais qu'il y parvienne! s'écria le botaniste en détournant son regard des adjudants pour le reporter sur l'Hindou. Et toi, Gaspard, retiens Fritz! ne le laisse pas échapper; fais-y bien attention, je t'en conjure! Il y va de ton salut et du nôtre? »

Gaspard, très-surpris de l'agitation où il voyait son frère, n'en fit pas moins ce qui lui était demandé; il s'élança vers Fritz, le plaça entre ses jambes, et, le retenant des mains et des genoux, il le serra comme dans un étau.

Les yeux des deux frères, même ceux du chien se tournèrent du côté de l'Hindou; Gaspard suivait les mouvements de celui-ci avec un vague intérêt, tandis que le botaniste les épiait avec la plus vive anxiété.

Le rusé Shikarri ne s'était pas mis en campagne les mains vides. Prévoyant quelque difficulté dans la capture des cigognes, il s'était pourvu d'un appât qui devait les attirer à portée de son bambou, si par hasard elles étaient plus farouches qu'il ne l'avait supposé. Il avait donc emporté de la cabane un gros poisson, qu'il tenait maintenant en évidence, de manière à le faire voir aux argalas. Il s'était éloigné un peu des autres, particulièrement de Fritz, qu'il avait chassé d'à côté de lui, avant que Gaspard l'eût empoigné; et s'étant placé au bord du lac, sur une petite éminence, il y déployait tous ses moyens de séduction pour faire oublier aux cigognes l'attaque imprévue qui les avait réveillées.

Il était évident pour Ossaro, comme pour les autres, que les deux argalas avaient pris leur volée à contrecœur; ils étaient fatigués, et c'était malgré eux qu'ils avaient renoncé à dormir.

Était-ce le besoin de repos qui les ramenait vers la terre? L'Hindou ne chercha pas à le savoir; mais dès qu'à leurs mouvements il eut compris que les deux cigognes avaient aperçu le poisson qu'il tenait à la main, il jeta ce morceau friand à quelques pas de lui, et attendit ce qui allait arriver.

La réussite fut complète, et arriva promptement.

Il n'y avait rien dans l'aspect d'Ossaro ni dans son attitude qui pût exciter la défiance des argalas. Sa peau, couleur de bistre, et son costume hindou leur étaient familiers; et, bien qu'il se trouvât dans un de ces coins perdus où l'on ne voit jamais une âme, ce n'était pas une raison pour le considérer comme ennemi.

Fritz était l'unique objet de leurs craintes; mais il se tenait à distance, et il ne paraissait plus y avoir à le redouter.

Raisonnant ainsi, peut-être sous l'influence d'un estomac vide, les deux argalas séduits par la vue de ce poisson qui gisait sur l'herbe, sans que personne eût l'air de s'en occuper, triomphèrent de toute inquiétude, et n'hésitèrent plus à s'abattre à côté de lui.

Tous les deux, au même instant, saisirent la proie convoitée; et chacun s'efforça d'en avoir la meilleure part.

Celui-ci tenant la queue, celui-là ayant la tête, ce fut à qui arracherait la plus grosse partie du corps; les deux becs avançant toujours, se rencontrèrent au milieu du poisson, et craquèrent en se heurtant l'un contre l'autre.

Ni le premier, ni le second ne voulant céder, la lutte se prolongea pendant quelques instants, sans amener de résultat.

Combien aurait-elle duré si les deux champions avaient été abandonnés à eux-mêmes? on ne peut faire à ce sujet que de simples conjectures. Pendant qu'ils étaient là, ne voulant rendre gorge ni l'un ni l'autre,

Ossaro se jeta sur eux les bras ouverts, et les saisit d'une telle étreinte qu'ils essayèrent vainement de s'enfuir.

Karl, et Gaspard qui venait d'attacher Fritz à un arbre, vinrent au secours du Shikarri, et les deux grandes cigognes furent liées de façon à ne pas pouvoir bouger.

CHAPITRE LX.

UNE JAMBE ÉTIQUETÉE.

« C'est bien cela ! je ne m'étais pas trompé, s'écria le chasseur de plantes qui, se baissant tout à coup, avait saisi l'échasse de l'un des adjudants.

— Quoi donc? demanda Gaspard.

— Regarde, frère; vois ce que la cigogne a autour de la jambe; est-ce que tu ne te rappelles pas avoir déjà vu cet anneau de cuivre?

— Si, répondit Gaspard; il y avait au jardin botanique un adjudant qui portait à la cheville un anneau pareil à celui-ci; je me le rappelle très-bien. Comme c'est bizarre!

— Pareil à celui-ci! répéta le chasseur de plantes. Mieux que cela, frère, c'est bien le même, regarde-le de plus près; vois-tu ces lettres?

— *Calcutta, R. B. G.*, dit lentement Gaspard en lisant l'inscription qui était gravée sur l'anneau. *R. B. G.*, que veulent dire ces initiales?

— Il n'est pas difficile de les expliquer, reprit le botaniste ; elles ne peuvent signifier qu'une chose : *Royal botanical Garden* [1].

— Tu as raison ! s'écria Gaspard ; alors ces deux argalas doivent être ceux que nous avons vus là-bas ?

— Les mêmes, répondit Karl ; cela ne fait pas le moindre doute.

— Et Fritz les aura reconnus ; voilà pourquoi il les a si mal accueillis. Tu te rappelles qu'ils se querellaient toujours ?

— Oui ; mais il ne faut pas qu'il recommence, j'ai besoin de mes adjudants.

— Pourquoi faire ?

— La chose la plus importante, si importante qu'il faudra soigner ces hideux oiseaux du mieux que nous pourrons ; et non-seulement il faudra en prendre soin, mais veiller sur eux comme s'ils étaient le feu sacré que nous fussions chargés d'entretenir.

— Vraiment ! dit Gaspard d'un ton légèrement ironique.

— Oui, frère, mes paroles sont sérieuses ; la conservation de ces deux cigognes nous est essentielle ; notre salut en dépend ; si elles venaient à mourir ou à prendre la fuite, si l'une ou l'autre seulement venait à s'échapper, nous serions perdus ; c'est notre dernier espoir, j'en ai la conviction.

— Mais quel espoir peux-tu fonder sur ces oiseaux ?

1. Jardin botanique.

demanda Gaspard, plus étonné que jamais de la folie apparente de son frère.

— C'est plus que de l'espoir, reprit Karl avec exaltation ; il m'est impossible de ne pas reconnaître dans ce curieux incident un effet de la bonté divine ; le Seigneur a eu pitié de nous ; c'est lui qui nous envoie ces oiseaux; j'en suis certain, ce sont des messagers du ciel.»

Les yeux de Karl exprimaient à la fois une joie profonde et une vive gratitude ; il n'y avait pas à se méprendre sur la nature des sentiments qui l'agitaient ; mais Gaspard tout en voyant la joie de son frère, ne savait pas l'interpréter.

Ossaro n'était pas moins intrigué des paroles et des regards du jeune sahib ; toutefois l'Hindou s'en préoccupait moins ; son attention était presque entièrement absorbée par les adjudants qu'il pressait tour à tour dans ses bras, comme s'ils avaient été ses frères.

Dès que la corde avait été passée à la jambe des argalas, de manière à être sûr qu'ils ne pouvaient pas s'en aller, le Shikarri avait découpé le poisson en bouchées d'une grosseur convenable, et il les servait aux deux cigognes avec autant de délicatesse et de prévenance que s'il avait eu en face de lui deux de ses amis mourant de faim après un long voyage.

Les argalas ne manifestaient pas la moindre timidité, au contraire ; ce sentiment n'était pas dans leur nature. Ils gobaient les morceaux avec autant d'avidité et de hardiesse que s'ils avaient été au bord de l'étang du jardin de Calcutta.

La vue du chien était la seule chose qui leur causât

quelque malaise, et lorsqu'on eut éloigné Fritz, ils témoignèrent la confiance la plus absolue.

Gaspard toujours dans les nuages quant aux espérances de son frère, interrogea de nouveau le chasseur de plantes à ce sujet.

« En vérité, répondit Karl, je ne t'ai jamais vu aussi peu de compréhension. Tu ne devines pas pourquoi l'arrivée de ces oiseaux me rend si joyeux ?

— Non ; à moins....

— Allons, tu dois y être.

— A moins que tu ne veuilles leur faire porter une corde....

— Rien de pareil, interrompit le chasseur de plantes ; et cependant tu as raison ; c'est quelque chose comme cela ; mais je tiens à ce que tu le devines ; il faut exercer ton intelligence.

— Frère ! je t'en prie....

— Non, je ne te le dirai pas, cela vaut bien la peine d'être cherché ; mettez-vous-y, Ossaro et toi, et à vous deux il est impossible que vous ne le trouviez pas. »

Ainsi défiés Gaspard et l'Hindou commençaient une série de conjectures, lorsque le botaniste vint les interrompre.

« Allons, dit-il, ce n'est pas le moment de s'occuper de cela ; vous aurez tout le temps d'exercer votre esprit quand vous serez à la maison. Il faut avant tout s'assurer des adjudants ; la corde qui les attache est beaucoup trop mince ; ils pourraient fort bien la limer avec leurs becs, et nous brûler la politesse. C'est à peine si la plus grosse de nos cordes sera suffisante. Allons,

Ossaro, porte l'un des argalas ; moi, je prendrai l'autre, et Gaspard se chargera du chien ; ce dernier sera mis à l'attache à partir d'aujourd'hui, et ne sortira plus qu'en laisse. Il ne faut pas qu'une imprudence quelconque vienne déranger le meilleur plan qui ait jamais été fait pour notre délivrance. »

En disant ces mots, Karl s'empara de l'un des adjudants ; le Shikarri prit l'autre dans ses bras, et les deux cigognes furent transportées à la cabane, en dépit des rugissements qui s'échappaient de leurs gosiers et du bruit de castagnettes que faisaient leurs mandibules.

Déposées au logis, elles y furent soigneusement attachées avec de fortes cordes, fixées elles-mêmes aux poutrelles qui soutenaient la toiture, et désormais la porte fut close toutes les fois que les maîtres de la maison avaient été obligés de s'éloigner.

CHAPITRE LXI.

MESSAGES.

Ce ne fut qu'après avoir ramassé les amandes de nélumbo, et les avoir mises à leur place, que Gaspard et le Shikarri eurent le temps de reprendre leurs conjectures.

Ils allèrent s'asseoir devant la porte, sur les grosses pierres où ils avaient parlé tant de fois de leurs projets d'évasion, et là ils commencèrent à réfléchir.

Ni l'un ni l'autre ne communiquait ses pensées; ils démêlaient en silence le fil embrouillé de leurs suppositions, comme s'il y avait eu gageure entre eux, et en effet, c'était à qui devinerait le premier quel était le plan du botaniste.

Karl, de son côté, ne paraissait pas moins absorbé que ses compagnons; mais ce n'était pas l'idée générale qui le préoccupait, il n'avait pas le moindre doute à cet égard; ce qu'il cherchait, c'était le moyen de la réaliser le mieux possible.

Les deux argalas étaient attachés dehors à un tronc d'arbre qui gisait près de la cabane. On les avait fait sortir pour les accoutumer à leur nouvelle résidence, et en outre pour compléter leur repas; car le poisson que l'Hindou leur avait partagé, était loin d'avoir apaisé leur faim vorace.

Gaspard, tout en songeant, regardait celui des argalas dont l'échasse portait un anneau de cuivre.

A la fin, l'inscription qui était gravée sur l'anneau lui révéla ce qu'il cherchait. Cette inscription indiquait la place d'où était venue la cigogne, et ce renseignement, apporté de Calcutta, aurait pu être donné tout le long du chemin par l'oiseau qui l'avait à la jambe. Ne pouvait-on pas se servir du même moyen pour faire savoir là-bas?...

« J'y suis! j'y suis! s'écria Gaspard sans achever sa pensée. Je comprends maintenant, je devine, Karl; et par Jupiter, c'est une fameuse idée!

— Enfin! dit le chasseur de plantes, d'un air un peu railleur, il vaut mieux tard que jamais. La vue de cet anneau et l'inscription qu'il porte auraient dû te faire trouver cela plus vite. Mais dis-nous ce que tu penses, afin que je voie si tu as deviné juste.

— Oh! j'en suis sûr, répondit Gaspard d'un air joyeux. Tu veux faire changer ces oiseaux de profession. N'est-ce pas, frère?

— Comment cela?

— Ne sont-ils pas dans l'armée, puisque ce sont des adjudants?

— Après.

— Je ne sais pas jusqu'à quel point ils t'en auront de la reconnaissance, il faut avouer que tu ne leur donnes pas d'avancement. J'ignore quelle est à cet égard l'opinion des oiseaux; mais je sais que parmi les hommes il en est peu qui se soucieraient de passer de l'état militaire à un emploi civil.

— Je demande à mon tour ce que tu veux dire, Gaspard ?

— Si je ne me trompe, répondit celui-ci, tu veux donner à tes adjudants, une place de courrier, ou si tu l'aimes mieux, une place de facteur.

— Bien dit ! Gaspard, s'écria le botaniste en riant; tu as deviné mon projet à la lettre; c'est bien là ce que je veux faire.

— Par les roues du char de Jaggernaut ! s'écria le Shikarri à son tour, c'est un fameux projet ! Les deux cigognes retourneront à Calcutta; la chose est sûre, elles porteront la lettre aux sahibs ferringhis; eux alors d'apprendre que nous sommes en prison; et eux tout de suite de venir nous délivrer, après avoir reçu la lettre. »

Quittant la pierre où il était assis, l'Hindou se mit à danser autour de la cabane, en poussant des cris de joie, comme s'il avait été subitement privé de raison.

Malgré leur peu d'élégance, les paroles du Shikarri avaient fort bien rendu la pensée du botaniste.

Dès la première apparition des cigognes, ce projet s'était offert vaguement à l'esprit du chasseur de plantes; mais lorsque celui-ci avait aperçu le métal que le soleil faisait briller à la jambe de l'oiseau, il avait arrêté son plan d'une manière définitive.

Enfin quand les argalas ayant été pris, le botaniste déchiffra l'inscription qui lui prouvait que c'étaient bien les cigognes du jardin botanique, il ne douta plus que ces messagers ne vinssent du ciel, pour ainsi dire, et ne fussent destinés à lui rendre, ainsi qu'à ses compagnons, la liberté qu'ils croyaient avoir à jamais perdue.

. . . .

Les deux cigognes furent lâchées. (Page 358.)

CHAPITRE LXII.

CONCLUSION.

Nos captifs eurent encore à subir quelques mois de cette vie monotone; mais la délivrance finit par arriver.

Il fallut qu'ils attendissent le retour de la saison des pluies, alors que, près de déborder, les rivières qui traversent les grandes plaines de l'Hindoustan, renferment dans leur sein bourbeux cette abondance qui provient non de la vie, mais de la mort, et qui invite les argalas à venir chercher pâture sur leurs rives plantureuses.

A cette époque, la cigogne à sac abandonne les froides régions qu'elle a visitées; elle se dirige vers le sud, en passant au-dessus des sommets de l'Imaüs; et les deux adjudants de nos amis, guidés par le même instinct, devaient retourner à Calcutta.

Pour le chasseur de plantes cela ne faisait pas le moindre doute; il en était aussi persuadé que s'il avait été sur les bords du Gange, et qu'il les eût vus descendre du haut des airs dans le jardin botanique. Le directeur de ce jardin lui avait dit maintes fois que ces deux argalas revenaient ainsi chaque année, et que l'époque de leur arrivée, comme celle de leur départ, était si régulière, qu'il n'était pas un employé de l'établissement qui ne pût l'indiquer d'une manière précise.

Karl heureusement n'avait pas oublié cette date; il lui aurait été difficile de dire exactement le jour où ses hôtes le quitteraient; mais il savait quelle était la semaine où les cigognes se disposeraient à partir, et il ne lui en fallait pas davantage.

Pendant tout le temps de leur captivité, les argalas avaient été l'objet des soins les plus assidus; on aurait pu croire qu'ils étaient adorés par ceux qui les avaient pris.

Ossaro leur fournissait du poisson et de la viande en abondance, leurs aliments étaient variés; et non-seulement on prévenait leurs besoins, mais on éloignait d'eux tout ce qui pouvait leur nuire; on les protégeait contre les ennemis qu'ils semblaient craindre, même contre Fritz qui depuis longtemps avait oublié sa rancune. Bref, il ne leur manquait rien, si ce n'est la liberté, et le moment arriva où celle-ci leur fut rendue.

Un beau jour, par une de ces matinées telles qu'un oiseau pouvait la choisir pour se mettre en voyage, les deux cigognes furent lâchées avec la permission d'aller où elles voudraient.

La seule chose qui embarrassât leur vol était un petit sac de peau qu'on leur avait attaché au cou et qui était placé prudemment hors de la portée de leurs mandi-

L'ascension de Fritz s'exécuta sur les épaules du Shikarri. (Page 361.)

bules. Chacun des argalas était pourvu de cette poche additionnelle, car le botaniste à qui les feuilles de son carnet avaient permis de le faire, craignant que sa dépêche ne vînt à s'égarer, en avait confié une copie à tous les deux.

Les cigognes parurent tout d'abord peu disposées à quitter les compagnons qui les avaient nourries et choyées si longtemps; mais l'instinct qui les poussait à rechercher les plaines lumineuses du Bengale finit par prévaloir, et jetant dans l'air un cri d'adieu auquel répondirent les acclamations des captifs qu'elles laissaient dans la vallée, les deux voyageuses prirent leur essor d'un vol grave et solennel, atteignirent le sommet des rocs, et disparurent derrière la falaise.

Dix jours après, sur la crête de ces mêmes rochers apparaissaient une vingtaine d'individus que les trois captifs saluèrent avec ivresse, et que Fritz lui-même acclama de sa voix joyeuse.

Sur le ciel bleu, où se détachait leur silhouette, il était facile de voir que les arrivants portaient des morceaux de bois, des rouleaux de corde, et autres engins pouvant servir à une escalade.

Nos amis reconnurent alors que l'une ou l'autre de leurs dépêches, sinon toutes les deux, était parvenue à Calcutta, où ils arrivèrent bientôt eux-mêmes.

Aidés par leurs libérateurs qui leur tendirent des échelles de corde, ils gagnèrent tous les trois le haut de la muraille, sans parler de Fritz dont l'ascension s'exécuta sur les épaules du Shikarri.

Suivis de leur chien fidèle, et accompagnés de ceux

qui étaient venus les délivrer, ils descendirent tous les trois la pente méridionale de l'Himalaya et se retrouvèrent sur les bords du Gange. Ils franchirent de nouveau les portes hospitalières du jardin botanique, et renouvelèrent connaissance non-seulement avec les amis qu'ils y avaient laissés, mais avec ces messagers aériens dont l'entremise les avait arrachés à la tombe où ils étaient ensevelis tout vivants, et les avait rendus à la vie active et à la société.

FIN.

TABLE DES CHAPITRES.

FIN DE LA TABLE DES CHAPITRES.

PARIS. — IMPRIMERIE GÉNÉRALE DE CH. LAHURE
Rue de Fleurus, 9

BIBLIOTHÈQUE VARIÉE

NOUVELLE COLLECTION IN-18 JÉSUS.

On peut se procurer chaque volume de cette collection relié; le prix de la demi-reliure, dos en chagrin, est de 1 franc 50 centimes; tranches dorées, 1 fr. 75 c.; avec plats dorés, 2 fr. 10 c.

I. LITTÉRATURE CONTEMPORAINE.

(1re SÉRIE A 3 FR. 50 C. LE VOLUME.)

About (Ed.) : *La Grèce contemporaine.* 4e édition. 1 vol.
— *Nos artistes au Salon de 1857.* 1 vol.
— *Théâtre impossible.* 1 vol.
Ackermann (L.): *Contes et poésies* 1 vol.
Anonyme : *L'enfant*, par M***. 1 vol.
Arnould (Edm.) : *Sonnets et poëmes.* 1 v.
Balzac (H. de) : *Théâtre*, contenant *Vautrin, les Ressources de Quinola, Paméla Giraud, la Marâtre.* 1 vol.
Barrau (Th. H.) : *Histoire de la révolution française* (1789-1799). 2e édition. 1 vol.
Bautain (l'abbé) : *La belle saison à la campagne.* 3e édition. 1 vol.
— *La chrétienne de nos jours.* 2 vol.
— *Le chrétien de nos jours.* 2 vol.
Bayard (J. F.) : *Théâtre*, avec une Notice de M. Eugène Scribe, de l'Académie française. 12 vol.
Chaque volume se vend séparément.
Bellemare (A.) : *Abd-el-Kader;* sa vie politique et militaire. 1 vol.
Belloy (marquis de) : *Le chevalier d'Aï;* ses aventures et ses poésies. 1 vol.
— *Légendes fleuries.* 1 vol.
Beulé : *Phidias*, drame antique. 1 vol.
Bouquet (A.): *Le poème des heures.* 1 v.
C... (Jules) : *Chasses et voyages.* 1 vol.
Cammas et Lefebvre : *La vallée du Nil.* 1 vol.
Caro (E.) : *Études morales sur le temps présent.* 1 vol.
Ouvrage couronné par l'Académie française.
Castellane (comte P. de) : *Souvenirs de la vie militaire en Afrique.* 3e édition. 1 vol.
Champfleury : *Contes d'été.* 1 vol.
Charpentier (J. P.) : *Les écrivains latins de l'empire.* 1 vol.
Cherbuliez (V.) : *Le comte Kostia.* 1 vol
Chevalier (Michel) : *Le Mexique* ancien et moderne. 1 vol.
Dargaud (J. M.) : *Histoire de Marie Stuart.* 2e édition. 1 vol.
— *Voyage aux Alpes.* 1 vol.
— *Voyage en Danemark.* 1 vol.
Daumas (général E.) : *Mœurs et coutumes de l'Algérie* (Tell, Kabylie, Sahara). 3e édition. 1 vol.
Deschanel (É.) : *A pied et en wagon.* 1 v.
Deville : *Excursions dans l'Inde.* 1 vol.
Didier (Ch.) : *Les amours d'Italie.* 1 v.
— *Les nuits du Caire.* 1 vol.
Énault (L.) : *Constantinople et la Turquie*, tableau historique, pittoresque, statistique et moral de l'empire ottoman. 1 vol.

Énault (L.). *La Norvége.* 1 vol.

— *La terre sainte*, voyage des quarante pèlerins de 1853, avec la carte de la Palestine et le panorama de Jérusalem. 1 vol.

Ferri Pisani : *Lettres sur les États-Uni d'Amérique.* 1 vol.

Ferry (Gabriel) : *Le coureur des bois* ou les chercheurs d'or. 1 vol.

— *Costal l'Indien*, scènes de l'indépendance du Mexique. 1 vol.

Figuier (L.) : *Histoire du merveilleux dans les temps modernes.* 4 vol.

— *L'alchimie et les alchimistes*, ou essai historique et critique sur la philosophie hermétique. 3e édit. 1 vol.

— *Les applications nouvelles de la science à l'industrie et aux arts*, introduction à *l'Année scientifique et industrielle.* 1 vol.

— *L'Année scientifique et industrielle*, sept années (1856-1862). 7 vol. dont chacun se vend séparément.

Forgues : *La révolte des Cipayes.* 1 vol.

Fromentin (Eug.) : *Dominique.* 1 vol.

Gerardy Saintine : *Trois ans en Judée.* 1 vol.

Giguet (P.) : *Le livre de Job*, précédé des livres de *Ruth*, *Tobie*, *Judith* et *Esther*, traduit du grec des Septante, par P. Giguet. 1 vol.

Gotthelf (J.) : *Nouvelles bernoises*, traduites par M. Max Buchon. 2e édit. 1 vol.

Guizot (F.): *Un projet de mariage royal*, étude historique. 1 vol.

Heuzé : *L'année agricole*, quatre années (1860-1863). 4 vol. dont chacun se vend séparément.

Hommaire de Hell (Mme) : *Voyage dans les steppes de la mer Caspienne et dans la Russie méridionale.* 1 vol.

Houssaye (A.) : *Histoire du quarante et unième fauteuil de l'Académie française.* 6e édition. 1 vol.

— *Le violon de Franjolé.* 6e éd. 1 vol.

— *Philosophes et comédiennes.* 3e édition. 1 vol.

— *Poésies complètes.* 4e édition. 1 vol.

Houssaye (A.) : *Voyages humoristiques.* 1 vol.

Hugo (Victor) : *Notre-Dame de Paris.* 2 vol.

— *Bug-Jargal; le dernier jour d'un condamné; Claude Gueux.* 1 vol.

— *Odes et ballades.* 1 vol.

— *Orientales ; Feuilles d'automne, Chants du crépuscule.* 1 vol.

— *Les voix intérieures; Les rayons et les ombres.* 1 vol.

— *Les contemplations.* 2 vol.

— *Légende des siècles.* 1 vol.

— *Théâtre.* 4 volumes.

— *Les enfants*, livre des mères, extrait des œuvres poétiques de l'auteur. 1 vol.

Jacques : *Contes et causeries.* 1 vol.

Jouffroy (Th.) : *Cours de droit naturel.* 3e édition. 2 vol.

— *Cours d'esthétique.* 2e édition. 1 vol.

— *Mélanges philosophiques.* 3e édition. 1 vol.

— *Nouveaux mélanges philosophiques.* 2e édition. 1 vol.

Jourdan (L.) : *Contes industriels.* 1 vol.

Jurien de la Gravière (l'amiral E.) : *Souvenirs d'un amiral.* 1 vol.

La Landelle (G. de) : *Tableau de la mer* (La vie navale). 1 vol.

Lamartine (Alph. de) : *Œuvres.* 10 vol.

Méditations poétiques. 2 vol.
Harmonies poétiques. 1 vol.
Recueillements poétiques. 1 vol.
Jocelyn. 1 vol.
La chute d'un ange. 1 vol.
Voyage en Orient. 2 vol.
Lectures pour tous. 1 vol.

— *Histoire des Girondins.* 6 vol.

— *Histoire de la Restauration.* 8 vol.

Lanoye (Ferd. de) : *L'Inde contemporaine.* 2e édition. 1 volume contenant une carte.

— *Le Niger* et les explorations de l'Afrique centrale, depuis Mungo-Park jusqu'au docteur Barth. 2e édit. 1 vol.

Lasteyrie (Ferd. de) : *Causeries politiques.* 1 vol.

Laugel : *Études scientifiques.* 1 vol.

La Vallée (J.) : *Zurga le chasseur*. 1 vol.
Lecoq (Henri) : *La vie des fleurs*. 1 vol.
Lenient : *La satire en France au moyen âge*. 1 vol.
Ouvrage couronné par l'Acad. franç.
Libert : *Histoire de la chevalerie en France*. 1 vol.
Loiseleur (J.) : *Les crimes et les peines dans l'antiquité et dans les temps modernes*. 1 vol.
Lutfullah : Mémoires traduits de l'anglais et annotés par l'auteur de l'*Inde contemporaine* (F. de Lanoye). 1 vol.
Macaulay (lord) : *Œuvres diverses*, traduites par MM. Am. Pichot, Adolphe Joanne et E. D. Forgues. 2 vol.
Marcoy (Paul) : *scènes et paysages dans les Andes*. 2 vol.
Marmier (X.) : *En Alsace* : *L'avare et son trésor*. 1 vol.
— *En Amérique et en Europe*. 1 vol.
— *Gazida*, fiction et réalité. 1 vol.
Ouvrage couronné par l'Acad. franç.
— *Hélène et Suzanne*. 1 vol.
— *Les fiancés du Spitzberg*. 2e édit. 1 v.
Ouvrage couronné par l'Acad. franç.
— *Lettres sur le Nord*. 5e édition. 1 vol.
— *Un été au bord de la Baltique et de la mer du Nord* (Danzig ; Oliva ; Marienbourg ; la côte de Poméranie ; l'île de Rugen ; Hambourg ; l'embouchure de l'Elbe ; Helgoland). 1 vol.
Mas (D. Sinibaldo de) : *La Chine et les puissances chrétiennes*. 2 vol.
Mathews (C.) : *Légendes indiennes*. 1 vol.
Michelet : *La femme*. 2e édition. 1 vol.
— *La mer*. 3e édition. 1 vol.
— *L'amour*. 4e édition. 1 vol.
— *L'insecte*. 5e édition. 1 vol.
— *L'oiseau*. 7e édition. 1 vol.
Milne (W. C.) : *La vie réelle en Chine*, traduite de l'anglais par M. Tasset, et annotée par G. Pauthier. 2e édit. 1 vol.
Moges (le Mis de) : *Souvenirs d'une ambassade en Chine et au Japon*. 1 vol.
Molènes (Paul de) : *Les caprices d'un régulier* ; — *les souffrances d'un houzard* ; — *le soldat en* 1709. 1 vol.
Monnier (Marc) : *L'Italie est-elle la terre des morts?* 1 vol.
Mornand (F.) : *La vie des eaux*, contenant les bains de mer et les eaux thermales, avec des notes sur la vertu curative des eaux, par le Dr *Roubaud*. 2e édition. 1 vol.
Mortemart-Boisse (baron de) : *La vie élégante à Paris*. 2e édition. 1 vol.
Nisard (Charles) : *Curiosités de l'étimologie française*. 1 vol.
Nodier (Ch.) : *Les sept châteaux du roi de Bohême* ; *Les quatre talismans*. Edition illustrée. 1 vol.
Nourrisson (J. F.) : *Les Pères de l'Église latine*, leur vie, leurs écrits, leur temps. 2 vol.
Orsay (comtesse d') : *L'ombre du bonheur*. 1 vol.
Patin (Th.) : *Études sur les tragiques grecs*. 2e édition. 4 vol.
Perint (Ch.) : *Le presbytère de Plouguern*, récits bretons. 1 vol.
Perrens (F. T.) : *Jérôme Savonarole*, d'après les documents originaux et avec des pièces justificatives en grande partie inédites. 3e édition. 1 vol.
Ouvrage couronné par l'Acad. franç.
— *Deux ans de révolution en Italie* (1848-1850). 1 vol.
Pfeiffer (Mme Ida) : *Voyage d'une femme autour du monde*, traduit de l'allemand, avec l'autorisation de l'auteur, par *W. de Suckau*. 1 vol.
— *Mon second voyage autour du monde*, traduit de l'allemand, avec l'autorisation de l'auteur, par *W. de Suckau*. 1 vol.
— *Voyage à Madagascar*, traduit de l'allemand avec l'autorisation de la famille de l'auteur, par *W. de Suckau*, et précédé d'une notice historique sur Madagascar, par Francis Riaux. 1 vol.
Quatrefages (A. de) : *Unité de l'espèce humaine*. 1 vol.
Raymond (Xavier) : *Les marines de la France et de l'Angleterre* (1815-1863) 1 vol.
Rendu (V.) : *L'intelligence des bêtes*. 1 v.
Rougebief (Eug.) : *Un fleuron de la France*. 1 vol.
Russell de Killough (le comte Henry) : *Seize mille lieues à travers l'Asie et l'Océanie*. 2 vol.
Saintine (X.-B.) : *La mythologie du Rhin*. 2e édition. 1 vol.

Saintine (X.-B.) : *Le chemin des écoliers.* 2e édition 1 vol.
— *Picciola.* 1 vol.
— *Seul !* 3e édition. 1 vol.
Sand (George) : *Elle et lui.* 2e édit. 1 v.
— *Jean de La Roche.* 1 vol.
Scudo (P.) : *Critique et littérature musicales.* 2 vol.
— *L'Année musicale*, trois années (1859-1861). 4 vol. dont chacun se vend séparément.
— *Le chevalier Sarti.* 1 vol.
Simon (Jules) : *La liberte.* 2e édit. 2 vol.
— *La liberté de conscience.* 3e édit. 1 v.
— *La religion naturelle.* 5e édit. 1 vol.
— *Le devoir.* 6e édition. 1 vol.
Ouvrage couronné par l'Acad. franç.
— *L'Ouvrière.* 4e édition. 1 vol.
Taine (H.) : *Essai sur Tite Live.* 2e édition. 1 vol.
Ouvrage couronné par l'Académie française.
— *Essais de critique et d'histoire.* 1 vol.
— *La Fontaine et ses fables.* 3e édition. 1 vol.
— *Les philosophes contemporains.* 2e édition. 1 vol.
— *Voyage aux Pyrénées.* 4e édit. 1 vol.
Texier (Edmond) : *La chronique de la guerre d'Italie.* 1 vol.
Théry : *Conseils aux mères.* 2 vol.
Ouvrage couronné par l'Acad. franç.
Töpffer (R.) : *Nouvelles genevoises.* 1 v.
— *Rosa et Gertrude.* 1 vol.
— *Le presbytère.* 1 vol.
— *Réflexions et menus propos d'un peintre genevois*, ou Essai sur le beau dans les arts. 1 vol.
Troplong : *De l'influence du christianisme sur le droit civil des Romains.* 1 vol.
Ulliac-Trémadeure (Mlle) : *La maîtresse de maison.* 2e édition. 1 vol.
Vapereau : *L'année littéraire*, cinq années (1858-1861). 5 vol. dont chacun se vend séparément.
Viardot (L.) : *Les musées d'Allemagne.* 3e édition. 1 vol.
— *Les musées d'Angleterre, de Belgique, de Hollande, de Russie.* 3e édit. 1 v.
— *Les musées d'Espagne.* 3e édit. 1 vol.
— *Les musées de France* (Paris). 2e édition. 1 vol.
— *Les musées d'Italie.* 3e édition. 1 vol.
Viennet : *Épîtres et satires.* 5e édition. 1 vol.
Vigneaux (Ern.) : *Souvenirs d'un prisonnier de guerre au Mexique* (1854-1855). 1 vol.
Vivien de Saint-Martin : *L'année géographique*, 1re année (1862), 1 vol.
Warren (comte Édouard de) : *L'Inde anglaise avant et après l'insurrection de 1857.* 3e édition, revue et considérablement augmentée. 2 vol.
Wey (Francis) : *Dick Moon en France*, journal d'un Anglais de Paris. 2e éd. 1 v.
Widal (Aug.) : *Études littéraires et morales sur Homère.* 1 vol.
Zeller (J.) : *Épisodes dramatiques de l'histoire d'Italie.* 1 vol.
— *L'année historique*, quatre années (1859-1862). 4 vol. dont chacun se vend séparément.

(2e SÉRIE A 3 FRANCS LE VOLUME.)

About Ed.) : *Madelon.* 2e édition. 2 volumes.
Achard (Amédée) : *Les coups d'épée de M. de la Guerche.* 2 volumes.
Berthet (Élie) : *Les catacombes de Paris.* 2 volumes.

II. ŒUVRES DES PRINCIPAUX ÉCRIVAINS FRANÇAIS.

(1re SÉRIE A 2 FRANCS LE VOLUME.)

Barthélemy : *Voyage du jeune Anacharsis en Grèce dans le milieu du IVe siècle avant l'ère chrétienne.* 3 vol.
Atlas pour le Voyage du jeune Anacharsis, dressé par J. D. Barbié du Bocage, revu par A. D. Barbié du Bocage. In-8. 3 fr.
Boileau : *Œuvres complètes.* 1 vol.
Bossuet : *Œuvres choisies.* 5 vol.
Corneille : *Œuvres complètes.* 5 vol.
Fénelon : *Œuvres choisies.* 4 vol.
La Fontaine : *Œuvres complètes.* 2 vol.
Marivaux : *Œuvres choisies.* 2 vol.
Molière : *Œuvres complètes.* 3 vol.

Montesquieu : *Œuvres complètes*. 2 vol.

Pascal (B.) : *Œuvres complètes*. 2 vol.

Racine (J.) : *Œuvres complètes*. 2 vol

Rousseau (J. J.) : *Œuvres complètes* 8 vol.

Saint-Simon (le duc de) : *Mémoires complets et authentiques* sur le siècle de Louis XIV et la Régence, collationnés sur le manuscrit original par M. Chéruel, et précédés d'une notice de M. Sainte-Beuve, de l'Académie française. 13 vol.

Sedaine : *Œuvres choisies*. 1 vol.

Voltaire : *Œuvres complètes*. 35 vol.

(2e SÉRIE A 3 FR. 50 C. LE VOLUME.)

Chateaubriand : *Le genie du Christianisme*. 1 vol.

— *Les martyrs* : — *le dernier des Abencerages*. 1 vol.

— *Atala* ; — *René* ; — *les Natchez*. 1 v.

Fléchier : *Mémoires sur les grands jours d'Auvergne en* 1665, annotés par M. Chéruel et précédés d'une notice par M. Sainte-Beuve. 1 vol.

Malherbe : *Poésies*. 1 vol.

Montaigne (Michel de) : *Essais*, précédés d'une lettre à M. Villemain sur l'éloge de Montaigne, par P. Christian. 1 très-fort volume.

Sévigné (Mme de) : *Lettres de Mme de Sévigné, de sa famille et de ses amis*, réimprimées pour le texte sur la nouvelle édition publiée par M. Monmerqué dans la Collection des grands écrivains de la France. Tomes I, II et III. Cette édition ne comprend pas les notes

III. LITTÉRATURES ÉTRANGÈRES.

(A 3 FR. 50 C. LE VOLUME.)

Byron (lord) : *Œuvres complètes*, traduites de l'anglais par *Benjamin Laroche*, quatre séries :

1re série : *Childe-Harold*. 1 vol.

2e série : *Poëmes*. 1 vol.

3e série : *Drames*. 1 vol.

4e série : *Don Juan*. 1 vol.

Dante : *La Divine Comédie*, traduite de l'italien par *P. A. Fiorentino*. 1 vol.

Nibelungen (les). Traduction nouvelle par Émile Laveleye. 1 vol.

Ossian : Poëmes gaéliques recueillis par *Mac-Pherson*, traduits de l'anglais par *P. Christian*, et précédés de recherches sur Ossian et les Calédoniens. 1 vol.

Pouchkine : *Œuvres dramatiques*, traduites du russe par L. Viardot et I. Tourguéneff. 1 vol.

IV. BIBLIOTHÈQUE DES MEILLEURS ROMANS ÉTRANGERS.

(A 2 FR. LE VOLUME.)

Ainsworth (W. Harrison) : *Abigaïl*, ou la Cour de la reine Anne, roman historique traduit de l'anglais par M. Révoil. 1 vol.

— *Crichton*, roman traduit par M. A. Rolet. 1 vol.

— *La Tour de Londres*, roman traduit par Ed. Scheffter. 1 vol.

Anonymes : *César Borgia*, ou l'Italie en 1500, traduit de l'anglais par Éd. Scheffter. 1 vol.

— *Paul Ferroll*, traduit de l'anglais par Mme H. Loreau. 1 vol.

Anonymes : *Les pilleurs d'épaves*, traduits de l'anglais par Louis Stenio. 1 v.

— *Violette* ; — *Éléanor Raymond*. Imité de l'anglais par Old-Nick. 1 vol.

— *Whitefriars*, traduit de l'anglais par M. Ed. Scheffter. 1 vol.

— *Whitehall*, traduit de l'anglais, par M. Éd. Scheffter. 1 vol.

Beecher Stowe (Mrs) : *La case de l'oncle Tom*, traduit de l'anglais par Louis Énault. 1 vol.

— *La fiancée du ministre*, traduit de l'anglais par H. de l'Espine. 1 vol.

Bersezio (V.) : *Nouvelles piémontaises*, traduites avec l'autorisation de l'auteur, par Amédée Roux. 1 vol.

Bulwer Lytton (sir Edward) : *Œuvres*, traduites de l'anglais, avec l'autorisation de l'auteur, sous la direction de P. Lorain. 14 vol.

On vend séparément :

— *Devereux*, traduit par William L. Hughes. 1 vol.

— *Ernest Maltravers*, traduit par Mlle Collinet. 1 vol.

— *Le dernier des barons*, traduit par Mme Bressant. 2 vol.

— *Le désavoué*, trad. par M. Corréard. 1 vol.

— *Les derniers jours de Pompéi*, traduits par M. Hippolyte Lucas. 1 vol.

— *Mémoires de Pisistrate Caxton*, traduits par Éd. Scheffter. 1 vol.

— *Mon roman*, traduit par M. H. de l'Espine. 1 vol.

— *Paul Clifford*, traduit par M. Virgile Boileau. 1 vol.

— *Qu'en fera-t-il?* traduit par M. Amédée Pichot. 2 vol.

— *Rienzi*, traduit sous la direction de M. Lorain. 1 vol.

— *Zanoni*, traduit par M. Sheldon. 1 vol.

Caballero (Fernan) : *Nouvelles andalouses*, traduites de l'espagnol par A. Germond de Lavigne. 1 vol.

Cervantès : *Don Quichotte*, traduit de l'espagnol par L. Viardot. 2 vol.

— *Nouvelles*, traduites par le même. 1 v.

Cummins (miss) : *L'allumeur de réverbères*, traduit de l'anglais par MM. Belin de Launay et Éd. Scheffter. 1 vol.

— *Mabel Vaughan*, traduite de l'anglais, avec l'autorisation de l'auteur, par Mme H. Loreau. 1 vol.

— *La rose du Liban*, traduite de l'anglais par M. Ch. Bernard-Derosne. 1 vol.

Currer Bell (Miss Brontë) : *Jane Eyre*, ou les Mémoires d'une institutrice, roman traduit de l'anglais, avec l'autorisation de l'auteur, par Mme Lesbazeilles-Souvestre. 1 vol.

— *Le professeur*, trad. avec l'autorisation de l'auteur, par Mme H. Loreau. 1 vol.

— *Shirley*, traduit par M. A. Rolet. 1 v.

Dickens (Charles) : *Œuvres*, traduites de l'anglais, avec l'autorisation de l'auteur, sous la direction de P. Lorain. 22 vol.

On vend séparément :

— *Aventures de M. Pickwick*. 2 vol.

— *Barnabé Rudge*. 2 vol.

— *Bleak-House*. 1 vol.

— *Contes de Noël*. 1 vol.

— *David Copperfield*. 2 vol.

— *Dombey et fils*. 2 vol.

— *La petite Dorrit*. 2 vol.

— *Le magasin d'antiquités*. 2 vol.

— *Les temps difficiles*. 1 vol.

— *Nicolas Nickleby*. 2 vol.

— *Olivier Twist*. 1 vol.

— *Paris et Londres en 1793*. 1 vol.

— *Vie et aventures de Martin Chuzzlewit*. 2 vol.

Disraeli : *Sybil*, traduit de l'anglais, avec l'autorisation de l'auteur, par ***. 1 vol.

Freytag (G.) : *Doit et avoir*, traduit de l'allemand, avec l'autorisation de l'auteur, par W. de Suckau. 1 vol.

Fullerton (lady) : *L'Oiseau du bon Dieu*, traduit de l'anglais par Mlle de Saint-Romain, et publié avec l'autorisation de l'auteur. 1 vol.

Fullon (S. W.) : *La comtesse de Mirandole*, roman anglais traduit par Ch. Roquette. 1 vol.

Gaskell (Mrs) : *Œuvres*, traduites de l'anglais, avec l'autorisation exclusive de l'auteur. 4 vol.

On vend séparément :

— *Autour du sofa*, traduit par Mme H. Loreau. 1 vol.

— *Marie Barton*, traduit par Mlle Morel. 1 vol.

— *Marguerite Hall*, traduit par Mmes H. Loreau et H. de l'Espine. 1 vol.

— *Ruth*, traduit par M. ***. 1 vol.

Gerstäcker : *Les pirates du Mississipi*, traduits de l'allemand par B. H. Révoil. 1 vol.

— *Les deux convicts*, traduits par B. H. Révoil. 1 vol.

Gogol (Nicolas) : *Les âmes mortes*, traduit du russe par Ernest Charrière. 1 vol.

Gran (James): *Les mousquetaires écossais*, roman anglais traduit par M. Émile Ouchard. 1 vol.

Hackländer : *Boutique et comptoir*, traduit de l'allemand, avec l'autorisation de l'auteur, par M. Materne. 1 vol.

— *Le moment du bonheur*, roman traduit par M. Materne. 1 vol.

Hauff (Wilhem) : *Nouvelles*, traduites de l'allemand par A. Materne. 1 vol.

— *Lichtenstein*, épisode de l'histoire du Wurtemberg, traduit par MM. E. et H. de Suckau. 1 vol.

Heiberg (L.) : *Nouvelles danoises*, traduites par M. X. Marmier. 1 vol.

Hildreth : *L'esclave blanc*, nouvelle peinture de l'esclavage en Amérique, trad. de l'anglais par M. Mornand. 1 vol.

Immermann : *Les paysans de Vestphalie*, traduit par M. Desfeuilles. 1 vol.

James : *Léonora d'Orco*, traduite de l'anglais, avec l'autorisation de l'auteur, par Mme de Morvan. 1 vol.

Kavanagh (Julia) : *Tuteur et pupille*, traduit de l'anglais, avec l'autorisation de l'auteur, par Mme H. Loreau. 1 vol.

Kingsley : *Il y a deux ans*, roman anglais, traduit avec l'autorisation de l'auteur, par H. de l'Espine. 1 vol.

Lennep (J. Van) : *Les aventures de Ferdinand Huyck*, traduites du hollandais, avec l'autorisation de l'auteur, par MM. Wocquier et D. Van Lennep. 1 vol.

— *Brinio*, traduit du hollandais, avec l'autorisation de l'auteur, par F. Douchez. 1 vol.

— *La rose de Dekama*, traduit du hollandais, avec l'autorisation de l'auteur, par MM. Wocquier et D. Van Lennep. 1 vol.

Lever (Ch.) : *Harry Lorrequer*, traduit de l'anglais, avec l'autorisation de l'auteur, par M. Baudéan. 2 vol.

— *L'homme du jour*, traduit de l'anglais, avec l'autorisation de l'auteur, par M. A. Baudéan. 1 vol.

Ludwig (Otto) : *Entre ciel et terre*, traduit de l'allemand, avec l'autorisation de l'auteur, par M. Materne. 1 vol.

Marvel (Isaac) : *Le rêve de la vie*, roman anglais, traduit, avec l'autorisation de l'auteur, par Mme Mezzara. 1 vol.

Mayne-Reid : *La piste de guerre*, traduite de l'anglais, avec l'autorisation de l'auteur, par V. Boileau. 1 vol.

— *La Quarteronne*, roman anglais, traduit, avec l'autorisation de l'auteur, par L. Stenio. 1 vol.

Mügge (Th.) : *Afraja*, traduit de l'allemand, avec l'autorisation de l'auteur, par W. et E. de Suckau. 1 vol.

Smith (J. F.) : *L'héritage*, traduit de l'anglais, avec l'autorisation de l'auteur, par Éd. Scheffter. 2 vol.

— *La femme et son maître*, traduit, avec l'autorisation de l'auteur, par H. de l'Espine. 2 vol.

Stephens (miss A. S.) : *Opulence et misère*, traduit de l'anglais par Mme Loreau. 1 vol.

Thackeray : *Œuvres*, traduites de l'anglais, avec l'autorisation de l'auteur. 7 vol.

On vend séparément

— *Henry Esmond*, traduit par Léon de Wailly. 1 vol.

— *Histoire de Pendennis*, traduite par Éd. Scheffter. 2 vol.

— *La foire aux vanités*, traduite par G. Guiffrey. 2 vol.

— *Le livre des Snobs*, traduit par le même. 1 vol.

— *Mémoires de Barry Lyndon*, traduits par Léon de Wailly. 1 vol.

Tourguéneff : *Scènes de la vie russe*, traduites du russe avec l'autorisation de l'auteur, par X. Marmier et L. Viardot. 1 vol.

— *Mémoires d'un seigneur russe*, traduits par E. Charrière. 2e édition. 1 vol.

Trollope (Francis) : *La pupille*, roman anglais traduit par Mme Sara de la Fizelière. 1 vol.

Wilkie Collins : *Le secret*, roman anglais, traduit, avec l'autorisation de l'auteur, par Old-Nick. 1 vol.

Zschokke : *Addrich des Mousses*, roman allemand traduit par W. de Suckau. 1 vol.

— *Le château d'Aarau*, traduit de l'allemand par W. de Suckau. 1 vol.

V. LITTÉRATURES ANCIENNES.

(A 3 FR. 50 C. LE VOLUME.)

LITTÉRATURE GRECQUE.

Anthologie grecque, traduite sur le texte publié par Jacob, avec des notices biographiques et littéraires. 2 vol.

Aristophane : *Œuvres complètes*, traduction nouvelle, avec une introduction et des notes, par C. Poyard. 1 vol.

Hérodote : *Œuvres complètes*, traduction nouvelle avec une introduction et des notes, par M. P. Giguet. 1 vol.

Homère : *Œuvres complètes*, traduction nouvelle, suivie d'un Essai d'encyclopédie homérique, par M. P. Giguet 6e édition. 1 vol.

Lucien : *Œuvres complètes*, traduction nouvelle, suivie d'une table analytique, par M. Talbot. 2 vol.

Thucydide : *Histoire de la guerre du Péloponèse*, traduction nouvelle, avec une notice et des notes, par M. Bétant, directeur du Gymnase de Genève. 1 vol.

Xénophon : *Œuvres complètes*, traduction nouvelle, suivie d'une table analytique, par M. Talbot. 2 vol.

Des traductions d'Eschyle, d'Euripide, de Plutarque, de Sophocle et de Strabon sont sous presse ou en préparation.

LITTÉRATURE ROMAINE.

Sénèque le philosophe : *Œuvres complètes*, traduction nouvelle avec une notice et des notes, par J. Baillard, de l'Académie Stanislas. 2 vol.

Tacite : *Œuvres complètes*, traduites en français avec une introduction et des notes, par J. L. Burnouf. 1 vol.

VI. CHEFS-D'ŒUVRE DE LA PHILOSOPHIE ANCIENNE ET MODERNE

(A 3 FR. 50 C. LE VOLUME.)

Bossuet : *Œuvres philosophiques*, comprenant les Traités de la connaissance de Dieu et de soi-même, et du Libre arbitre, la Logique, et le Traité des causes, publiées par M. de Lens. 1 vol.

Descartes, Bacon, Leibnitz, recueil contenant : 1° Discours de la Méthode; 2° Traduction nouvelle en français du *Novum organum*; 3° Fragments de la Théodicée, avec des notes, par M. Lorquet, professeur de philosophie au lycée Saint-Louis. 1 volume.

Fénelon : *Traité de l'Existence de Dieu* et *Lettres sur divers sujets de métaphysique*, publiées par M. Danton, inspecteur général de l'instruction publique. 1 vol.

Nicole : *Œuvres philosophiques et morales*, comprenant un choix de ses essais et publiées avec des notes et une introduction, par M. Charles Jourdain, professeur agrégé de philosophie près les Facultés des lettres 1 volume.

Paris. — Imprimerie générale de Ch. Lahure, rue de Fleurus, 9.

BIBLIOTHÈQUE ROSE ILLUSTRÉE

POUR LES ENFANTS ET POUR LES ADOLESCENTS

FORMAT IN-18 JÉSUS

On peut se procurer chaque volume, relié en percaline, tranches jaspées, moyennant 75 centimes ; en percaline, tranches dorées, moyennant 1 franc en sus du prix marqué.

Andersen : *Contes choisis*, traduits du danois 1 vol. 2 fr.

Anonyme : *Douze histoires pour les enfants de quatre à huit ans*, par une mère de famille 1 vol. 2 fr.
Chien et Chat. 1 vol. 2 fr.
— *Les enfants d'aujourd'hui*, par le même auteur. 1 vol. 2 fr.
— *Les fêtes d'enfants* 1 vol. 2 fr.

Barrau : *Amour filial*. 1 vol. 2 fr.

Bawr (Mme de) : *Nouveaux contes* 1 vol. couronné par l'Académie française 2 fr.

Belèze : *Jeux des adolescents*. 1 vol. 2 fr.

Berquin : *Choix de petits drames et de contes* 1 vol. 2 fr.

Boileau (P.) : *Légendes* recueillies ou composées pour les enfants. 1 vol. 2 fr.

Carraud (Mme Z.) : *La petite Jeanne*, ou le Devoir. 1 vol. 2 fr.
Ouvrage couronné par l'Acad. française.
— *Historiettes véritables* pour les enfants de quatre à huit ans. 1 vol. 2 fr.
— *Les métamorphoses d'une goutte d'eau*; *Les aventures d'une fourmi* 1 vol. 2 fr.

Castillon : *Récréations physiques* 2 fr.

Catlin : *La vie chez les Indiens*, traduit de l'anglais. 1 vol. 2 fr.

Cervantès : *Histoire de don Quichotte de la Manche*; édition à l'usage des enfants. 1 vol. 2 fr.

Chabreul (Mme de) : *Jeux et exercices des jeunes filles*. 1 vol. 2 fr.

Colet (Mme L.) : *Enfances célèbres*. 1 vol. 2 fr.

Edgeworth (miss) : *Contes de l'adolescence*, traduits de l'anglais. 1 vol. 2 fr.
— *Contes de l'enfance*, traduits de l'anglais 1 vol. 2 fr.

Fénelon : *Fables* 1 vol. 1 fr.

Foé (de) : *Robinson Crusoé*, édition abrégée, à l'usage des enfants. 1 vol 2 fr.

Genlis (Mme de) : *Contes moraux*. 1 v. 2 fr.

Gouraud (Mlle Julie) : *Lettres de deux Poupées*. 1 vol. 2 fr.

Grimm (les frères) : *Contes choisis*, traduits de l'allemand. 1 vol. 2 fr.

Hauff : *La caravane*, traduite de l'allemand. 1 vol. 2 fr.
— *L'auberge du Spessart*, traduite de l'allemand. 1 vol. 2 fr.

Hawthorne : *Le livre des merveilles*, traduit de l'anglais. 2 vol. 4 fr.
Chaque volume se vend séparément

Hervé et de Lanoye : *Voyage dans les glaces du pôle arctique*. 1 vol. 2 fr.

Isle (Mlle Henriette d') : *Histoire de deux âmes*. 1 vol. 2 fr.

Lanoye (Ferd de) : *Les grandes scènes de la nature*. 1 vol. 2 fr.
— *La mer polaire*. Voyage de l'Érèbe et de la Terreur. 1 vol. 2 fr.

Le Sage : *Gil Blas*; édition destinée à l'adolescence. 1 vol. 2 fr.

Mayne-Reid (le capitaine). Ouvrages traduits de l'anglais :
— *A fond de cale*. 1 vol. 2 fr.
— *A la mer !* 1 vol. 2 fr.
— *Le chasseur de plantes*. 1 vol. 2 fr.
— *Le chasseur d'ours* 1 vol. 2 fr.
— *Les veillées de chasse*. 1 vol 2 fr.
— *Les exilés dans la forêt*. 1 vol. 2 fr.
— *Les peuples étranges* 1 vol. 2 fr.
— *Les vacances des jeunes Boers*. 1 v. 2 fr.
— *L'habitation du désert*. 1 vol. 2 fr.

Pape-Carpantier (Mme) : *Histoires et leçons de choses pour les enfants*. 1 v. 2 fr.
Ouvrage couronné par l'Acad. française

Perrault, et Mmes d'Aulnoy et Le Prince de Beaumont : *Contes des fées*. 1 vol. 2 fr.

Porchat (J.) : *Contes merveilleux*. 1 v. 2 fr.

Ségur (Mme la comtesse de) : *La Sœur de Gribouille*. 1 vol. 2 fr.
— *Nouveaux contes de fées*. 1 vol. 2 fr.
— *Les bons enfants*. 1 vol. 2 fr.
— *Les deux nigauds*. 1 vol. 2 fr.
— *Les petites filles modèles*. 1 vol. 2 fr.
— *Les malheurs de Sophie*. 1 vol. 2 fr.
— *Les vacances* 1 vol. 2 fr.
— *Mémoires d'un âne*. 1 vol. 2 fr.
— *Pauvre Blaise*. 1 vol. 2 fr.
— *L'Auberge de l'Ange-Gardien*. 1 v. 2 fr.
— *Le vieux général Dourakine*. 1 vol. 2 fr.

Swift : *Voyages de Gulliver à Lilliput et à Brobdingnag*, traduits de l'anglais, édition à l'usage des enfants. 1 vol. 2 fr.

Vimont (Ch.) : *Histoire d'un navire* 1 vol. 2 fr.

Paris. — Imprimerie de Ch. Lahure, rue de Fleurus, 9.

www.ingramcontent.com/pod-product-compliance
Lightning Source LLC
LaVergne TN
LVHW020603110826
845149LV00002B/363

* 9 7 8 2 0 1 1 8 6 4 2 3 9 *